LA DIALÉCTICA DE LA IDENTIDAD EN LA POESÍA CONTEMPORÁNEA

BIBLIOTECA ROMÁNICA HISPÁNICA

DIRIGIDA POR DÁMASO ALONSO

II. ESTUDIOS Y ENSAYOS, 317

ANTONIO CARREÑO

LA DIALÉCTICA DE LA IDENTIDAD EN LA POESÍA CONTEMPORÁNEA

LA PERSONA, LA MÁSCARA

UNAMUNO, A. MACHADO, FERNANDO PESSOA, V. ALEIXANDRE, J. L. BORGES, OCTAVIO PAZ, MAX AUB, FÉLIX GRANDE

BIBLIOTECA ROMÁNICA HISPÁNICA
EDITORIAL GREDOS
MADRID

EDITORIAL GREDOS, S. A.

Sánchez Pacheco, 81, Madrid. España.

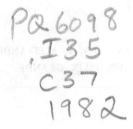
Depósito Legal: M. 43367 - 1981.

ISBN 84-249-0171-1. Rústica.
ISBN 84-249-0172-X. Tela.

Impreso en España. Printed in Spain.

Gráficas Cóndor, S. A., Sánchez Pacheco, 81, Madrid, 1982. — 5380.

Para Tony, por
su presencia

PRÓLOGO

Al igual que el Renacimiento heredó de los clásicos una serie de temas y motivos recurrentes, en los que inciden autores y géneros diversos, en distintas literaturas y lenguas, nuevos lugares comunes concurren en las letras contemporáneas. Tal es el concepto de «máscara» como expresión de un «yo enajenado»; como juego lúdico de *«alter egos»*; como duplicación y diferencia de personas, lenguas y literaturas. Filosofía y antropología, literatura y psicoanálisis, religión y creencias míticas (folklore) se dan la mano en la exégesis del tema. Su complejidad es asombrosa, pero no menos los varios niveles de significación que establece tal tópico; o las formas de expresión en que se manifiesta. Nos importa tan sólo, en los presentes ensayos, definir y diferenciar la «retórica» de tal concepto a partir de varios autores españoles e hispanoamericanos (Fernando Pessoa es la única excepción) de continua actualidad: de Miguel de Unamuno, Antonio Machado y Vicente Aleixandre a Jorge Luis Borges y Octavio Paz. Consideramos también, si bien más brevemente, *Antología traducida* (1972) de Max Aub, y el libro de Félix Grande, *Las Rubáiyátas de Horacio Martín* (1978), galardonado con el Premio Nacional de Literatura (Madrid, 1979). Seguimos el sabio consejo de Lionel Trilling: la literatura ha de ser analizada de acuerdo con los elementos que ella misma pone en juego.

La mayoría de los ensayos han sido previamente publicados, en algunos casos, en versiones bastante distintas; también expuestos, a modo de conferencias, en varias universidades (Yale,

Columbia, Illinois). Sin embargo, ya juntos y dentro de una misma unidad temática y estructural, fueron nuevamente elaborados; algunos totalmente reescritos y ampliados. Su procedencia es la siguiente:

a) El ensayo sobre Fernando Pessoa vio la luz, en su primera versión, en *Cuadernos Hispanoamericanos*, núm. 275 (1973), págs. 258-269, lo mismo que el relativo a Antonio Machado, núms. 304-307 (1975-76), I, págs. 527-536, Octavio Paz, núms. 343-345 (1979), págs. 573-590, y Vicente Aleixandre, núms. 353-354 (1979), págs. 524-535. Los tres últimos en números de «Homenaje» a estos poetas. El artículo sobre Antonio Machado conoció una segunda versión, ya más ampliada, en *Cuadernos Americanos*, vol. CCXIX, 4 (1978), págs. 196-210.

b) En *Ínsula*, núms. 392-393 (1979), pág. 3, y en colaboración con mi asistente en investigación José M. González, de la Universidad de Puerto Rico, Recinto de Mayagüez, salió el artículo sobre Félix Grande. Y en la misma revista (núm. 406, 1980, págs. 1, 10) apareció el ensayo sobre Max Aub.

c) En *Texto Crítico*, de la Universidad Veracruzana de Xalapa, México, salió el estudio sobre la lírica de Borges (núm. 18, 1980), y un estudio comparado sobre las «Rubáiyátas» de Fernando Pessoa, Borges y Félix Grande se publicó en la *Revista de Letras* de la Universidad de São Paulo.

d) En *Letras de Deusto* (Universidad de Deusto, Bilbao) salió el artículo sobre la lírica de Miguel de Unamuno (núm. 22, 1981).

Quiero agradecer a los directores de estas publicaciones (José Antonio Maravall, Félix Grande, José Luis Cano, Jorge Ruffinelli, Ignacio Elizalde) su estímulo y amistad. También a mis asistentes, José M. González y Francisco Cevallos Candau, quienes con ayudas del *Research Board* de la Universidad de Illinois (1978, 1979) me ayudaron a la extensión de lecturas y textos. Y no menos a varios de mis colegas, especialmente a Richard Preto-Rodas, Maximiano del Pozo y Michael Palencia-Roth, quienes leyeron pacientemente el manuscrito y contribuyeron a mejorarlo con útiles sugerencias; gracias en particular a Michael por sus buenas ayudas con las versiones de textos del alemán. El nombramiento de investigador agregado en el Centro de Estudios Avanzados de la Universidad de Illinois (primavera de 1980), al igual que una oportuna beca de investigación de la Universidad de Columbia, en New York (*Council for Research in the Humanities*), que me facilitó una estancia de dos meses en la Universidad de Coímbra (1977), en cuya biblioteca pude documentar extensamente el estudio sobre Pessoa, cooperaron finalmente a la unificación de estas páginas. Y no menos la generosa ayuda del *Center of Latin American Studies*, su director Paul Drake; Joseph Casagrande, el *Research Board* de la Universidad de Illinois, quienes hicieron posible esta publicación. Quiero finalmente agradecer las muchas atenciones de Sara de Mundo Lo, de la Sección de Lenguas Modernas de la Biblioteca de dicha Universidad; también a Manolo Vilanova por esa continua amistad.

Urbana, primavera de 1980.

INTRODUCCIÓN

«I cannot understand myself, but I am
always conscious of myself as two»
(Walt Whitman, *Leaves of Grass*)

«J'écrit toujours avec un masque sur le visage»
(Valery Larbaud, «Le Masque», *Poésies*)

«Zwei Seele wohnen, ach! in meiner Brust,
Die eine will sich von der andern trennen».

(Goethe, *Faust*)

El concepto de persona como identificación, diferencia, negación o búsqueda, es sumamente complejo. A partir ya del Orácu-
lo de Delfos se aconseja al hombre el conocerse a sí mismo.
Cada época, cada literatura, varía tal concepción. Y su retórica,
la de un yo desplazado, doblado o superpuesto, viene a ser
una constante en las letras contemporáneas; no menos en la
lírica hispano-portuguesa. De acuerdo, en este sentido, con el
sabio dicho de Fernando Pessoa, para quien en prosa era «mais
difícil otrear» que en poesía. Diversos son los campos que abarca tal acto; no menos sus posibles aproximaciones críticas: de
la sociología, antropología y lingüística al psicoanálisis. Pero no
menos complejo es en el campo de la filosofía [1]. La alteración
(*Anderswerden*) es, por ejemplo, para Hegel la acción por la
cual un ser en sí se transforma en otro (*Anderssein*): un cam-

---

[1] Pedro Laín Entralgo, *Teoría y realidad del otro*, I (Madrid, Revista
de Occidente, 1961), págs. 99-115.

bio en la realidad física y psico-espiritual. En el primer caso,
la alteración excluye toda forma anterior; en el segundo, es
consecuencia de su proceso histórico. Pero esta búsqueda se
torna en el siglo xx en un radical aislamiento; en despersonalización. Ser yo es situarse en el campo del otro; y este otro
(máscara) pasa a ser, paradójicamente, metáfora de lo que ya
no se es: del yo ausente. Se anula la individualidad y se confirman las dudas sobre la propia existencia. Por otra parte, la
máscara viene a ser, en literatura, la alegoría de la nueva persona, asumida o aparente. Objetiviza el deseo de evadir la propia personalidad; la crisis de su inestabilidad en el texto. La
máscara que representa a un animal poderoso, o se adorna con
pinturas grotescas, impone una nueva persona, pero permanece
latente la que manipula o contorsiona el artificio grotesco bajo
el que se esconde. La metamorfosis tiene en este sentido una
rica tradición: del mito a la asunción metapsíquica[2]. Lo que
nos sitúa a un paso, a la vez, del tema del doble[3].

LA PERSONA, LA MÁSCARA

El término «máscara» posee un rico campo semántico. Sinó-
nimo de careta, disfraz, de él se deriva «mascarar», equivalente
a «tiznar», y «máscara», igual a «tizne». La acepción que nos
interesa seguir es la asociada con el término «careta» y «cará-
tula». Equivale el primero, ya documentado en Juan de Valdés
(*Diálogo de la lengua*, 145, 2) y en Nebrija, consciente éste de
su derivación latina, a *persōna* (*BRAE.*, X, pág. 573). El término
es frecuente en el Siglo de Oro: «máscara» es toda «persona
disfrazada» (*Don Quijote*, I, xix); «mascarada» se aplica al fes-
tejo en que toma parte «gente disfrazada»[4]. A su derivación lati-

---

[2] Arturo Castiglioni, *Encantamiento y magia*, trad. Guillermo Pérez
Enciso (México, Fondo de Cultura Económica, 1972), págs. 106-107.

[3] Véase una valiosa introducción en A. E. Crawley, «Doubles», *Encyclopaedia of Religion and Ethics*, ed. James Hastings, 13 vols. (New
York, Charles Scribner's Sons, 1912), IV, págs. 853-860.

[4] Joan Corominas, *Diccionario Crítico Etimológico de la Lengua Castellana*, III (Madrid, Editorial Gredos, 1954), págs. 281b-285a.

na, como artificio teatral, refiere el término Sebastián de Cobarruvias en *Tesoro de la Lengua Castellana o Española* (1611)[5]. «Es un rostro o una cara contrahecha», escribe, «para dissimularse los que representan en el teatro». Y continúa: «Los muy antiguos representantes se dissimulavan untándose el rostro con las hezes del vino o con el bermellón, y después con hojas de higuera, y porque también usavan de las hojas del lampaço, se llamó *personata*, a *persona*» (pág. 792b). A dichas carátulas, formadas de cortezas de árboles, destacando narices, boca y ojos, contrahaciendo al natural los rasgos de otras personas, aluden con frecuencia los autores latinos: Virgilio, Horacio, Marcial. Como instrumento teatral la describe Horacio en su *Arte poética* (o *Epist. ad Pis.*): «Ignotum tragicae genus invenisse Camenae / Dicitur, et plaustris vexisse poemata Thespis, / Quae canerent, agerentque, peruncti faecibus ora; / Post hunc personae, pallaeque repertor honestae / Aeschylus, et modicis instravit pulpita tignis. / Et docuit magnumque loqui, nitique cothurno» («Se dice que fue Tespis quien creó la tragedia. / Llevóla en carros para que los farsantes, / embermejados el rostro con heces de vino / la representaran con el canto y la acción. / Después les dió Esquilo la máscara y la decente vestidura, / les enseñó a expresarse con digna majestad, / introdujo el tablado y el uso del coturno»), (vers. 275-280). Persona y máscara vienen a ser, pues, en su acepción teatral, términos semánticamente equivalentes. Implican la exhibición de un nuevo rostro, a través de cuya boca (*persōna*) resuena, ahuecada, la voz. También un fácil doblamiento de gestos, asumiéndose en el proceso, de acuerdo con Racine, múltiples y diferentes voces[6]. Su medio es escénico; su fin, lúdico y simbólico.

La exhibición en grupo nos lleva a un derivado: la mascarada; y a la congregación ritual del carnaval: un juego multiforme

---

[5] Véase también *Diccionario de Autoridades*, ed. facs. (Madrid, Editorial Gredos, 1964), II, pág. 508a. Para la acepción dramática de «*persōna*», ver vol. III, págs. 234b-235a.

[6] M. Racine, *De la déclamation théâtrale des anciens* en *Mémoires de l'Académie des inscriptions et belles lettres* (9 janvier 1748), citado por Patrick Tort, «Masque, écriture, doublure», *Poétique*, 15 (1973), 314.

y plenamente simbólico. Dentro de tal agrupación, ya en el contexto del folklore y de los ritos populares, la mascarada marca una diferencia entre algo que antecede y una nueva fase que inicia. Niega toda uniformidad o semejanza. Convoca la diferencia. Su retórica se basa en una interrelación constante entre realidad, representación y símbolo[7]. Y si bien tal sentido se aleja de los límites de nuestro enfoque, amplía, sin embargo, el campo semántico de tal concepto. Por medio de la persona (del griego *prosopon*) se diferencia el que escribe del que, como voz, se personifica en la composición lírica. Tal dramatización (*personare* significa sonar a través de una oquedad abierta) la articulan las varias voces que algunos textos, intencionalmente, ponen en juego (las llamadas *dramatis personae*), diferentes del instrumento que les confiere virtualidad de ser: el autor. Pues si bien en toda obra lírica (se pudiera argüir) la voz del poeta, por muy subjetiva que ésta sea, pasa a ser persona (el texto sería imagen de ese orificio resonante), ésta difiere de quien escribe el poema. Varían los espacios y límites de ambos. El autor es una entidad histórica: existe fuera del texto y en el texto. Sin embargo la persona mantiene una relación tan sólo simbólica dentro del poema que la articula. Su acción es figurativa; se enuncia como texto. La persona sobrevive al poeta; famoso dilema en el breve relato de «Borges y yo» (*OC.*, pág. 808). Poeta y persona ocupan niveles distintos; se trata de entidades diferentes. Y pese a que tal concepto es fundamental en el estudio de la lírica contemporánea (española, portuguesa e hispanoamericana), apenas la crítica ha explorado su importancia, significación y límites. De un lado queda el problema de la sinceridad (secuela de la crítica sobre el Romanticismo), pues la máscara no conlleva un intento de falsificar la propia voz, sino, por el contrario, de hacerla diferente: personal y distinguible[8].

---

[7] Mikhail Bakhtin, *Rabelais and his World*, trad. Hélène Iswolsky (Cambridge, Mass., M. I. T. University Press, 1968), págs. 40-41.

[8] Henri Peyre, *Literature and Sincerity* (New Haven, Yale University Press, 1969), págs. 111-139.

Concuerda el concepto etimológico de persona en varios puntos con el filosófico. A modo de máscara actúa sobrepuesta sobre la individualidad psicofísica, resonando a través de ella la propia voz. Vendría a ser la persona el ser racional; es decir, la sustancia individual, de acuerdo con la clásica definición de Boecio (*Liber de persona et duabus naturis*, III) de naturaleza racional. La definición traduce el término griego *hypóstasis* como sustancia independiente, y con características propias e incomunicables. Dentro de la escolástica la definición del término adquiere consideraciones más amplias, bien en la metafísica (diferencia entre individualidad, sustancia y accidente), bien en sus aplicaciones teológicas («Unión hipostática», *Summa Theologica*, I, q. 29, 1; III, q. 2, 2-4). Un rasgo característico que nos importa destacar, dentro de la concepción moderna de la persona como individuo (en Fichte, Kant y Max Scheler), es su transcendencia a través de ciertos actos cívicos, morales o éticos; en su relación con Dios o el obsoluto [9]. En términos críticos implicaría la serie de correlaciones, no menos transcendentes, que establece un poeta (su *persona*) dentro de los límites que le otorga el propio texto.

Dejando a un lado los criterios sobre la persona asentados por Hume (*Treatise of Human Nature*, I, part IV, sec. 6) y Locke, sobre los varios problemas de la identidad (*Essay Concerning Human Understanding*, XXVII) [10], los conceptos de Ortega y Gasset y Unamuno sobre la persona (como máscara), nos clarifican algunos de los puntos expuestos en el presente estudio. En «Ensayo de estética a manera de prólogo», incluido en

---

[9] Peter A. Minkus, *Philosophy of the Person* (Oxford, Blackwell, 1960); P. F. Strawson, *Individuals, an essay in descriptive metaphysics* (London, Methuen, 1959), y la réplica en A. J. Ayer, *El concepto de persona*, trad. Rafael Albisu (Barcelona, Editorial Seix Barral, 1969), págs. 109-161. Al juego lúdico de la alteración y al cambio físico de la persona, a partir de la etimología de «hipócrita» (de ὑπό, falso, y κρίσις, juicio) alude San Isidoro en sus *Etimologías*. Véase ed. de W. M. Lidsay, Oxford Clarendon Press, 1966, X, 118-120. Agradezco a Giuseppe Mazzotta, de Cornell University, esta referencia.

[10] *The Encyclopedia of Philosophy*, ed. Paul Edwards, vols. 3-4 (New York, MacMillan Publishing and The Free Press, 1972), págs. 487-503.

Prólogos (1914-1943)[11], define Ortega el «yo» como todo aquello «mirado desde dentro de sí». Distingue el «yo doliente» del «vidente» (en Unamuno, como en Pessoa, será el «pensante» del «sintiente»), afirmando que tan sólo el «vidente» es el yo verdadero. El primero pasa a ser imagen; y esto, afirma Ortega, es lo que es el yo que aparece inmediato, atacando así el subjetivismo alemán de Fichte y Hegel. Concluye Ortega poéticamente: «mi 'yo' es un transeúnte embozado, que pasa ante mi conocimiento, dejándole ver sólo su espalda envuelta en el paño de una capa» (pág. 253). Pero del yo que se piensa al que se es como objeto hay, de acuerdo con Nietzsche, una distancia difícil de franquear.

El siguiente paso en la concepción del yo frente al otro lo presenta Ortega en «La aparición del otro» (*OC.*, VII, 1961). Éste, explica, es limitación corporal. A través de su cuerpo estructura el mundo, su vida y su destino. Tal cuerpo (en griego *sôma*) lo convierte en un personaje espacial, fijo en un aquí, y aislado del resto. Desde esta perspectiva (pág. 126) se establece el otro (el más allá), cuyos actos le son intransferibles. El otro surge como reciprocidad (pág. 148). Con el trato próximo, transformado en intimidad, se torna en un «Tú» (págs. 152-53). Él o ellos son los alejados de tal proximidad. Nos importa destacar, por una parte, el concepto de intimidad existente entre el yo y el tú, el movimiento de reciprocidad que se instala entre ambos y, por otra, el sentimiento de aislamiento en que se halla cada uno dentro de los contornos espaciales que ocupa. Pero es en *Idea del teatro. Una abreviatura* (Anejo I) donde explica Ortega el origen y el por qué de la máscara (págs. 472-500). El hombre, escribe, convive dentro de una realidad limitada (pág. 491), si bien consciente de un más allá (el absoluto) que le es ajeno. Y surge en él un deseo de abarcarlo: de poseer la otra realidad superior. En esta contienda el yo se pasa, afirma Ortega, queriendo ser «otro» (pág. 495). La subjetividad se torna en acción; ésta en una representación dinámica, siempre

---

[11] *Obras completas* (*1941-1946*) (Madrid, Revista de Occidente, 1947), VI, págs. 252-53; Ciriaco Morón Arroyo, *El sistema de Ortega y Gasset* (Madrid, Ediciones Alcalá, 1968), págs. 253-59.

en cambio y en alteración. El deseo de ser otro tan sólo se cumple a través de la metáfora: en su poder analógico de transformar una cosa en otra [12]. Pero el ensayo de Ortega cambia al final de rumbo (conceptos sobre vida y muerte), dejando sin atar varios cabos sueltos. Destaca, sin embargo, el concepto de máscara como una interpretación metafórica, como dualidad y alteración a la vez, y como vía, desde la presencia, hacia la ausencia: al «otro» como contrario, idéntico o complementario.

Los términos de *persona, máscara, actor*, son recurrentes en la lírica de Miguel de Unamuno. Implican una filosofía del ser en la vida como existencia. La doble figuración, el símbolo del espejo, la percepción dramática del «otro», son referentes comunes en su narrativa. Forman parte de lo que él llama (en sus ensayos) el problema de la personalidad. Ésta se constituye en el acto de exhibirse ante otros: en el actuar. Exhibirse es así un constituirse persona: ser máscara. Pues se es, explica Unamuno, en cuanto uno es percibido o en cuanto nos hacemos ser percibidos: en actos y obras (*OC.*, XVI, pág. 274) [13]. La máscara viene a ser, de este modo, nuestra actuación: ese papel que, dentro de la línea alegórica de Calderón, nos toca representar. Y a través de la persona (X, pág. 241), muy consciente Unamuno de su etimología latina, se presenta la conciencia de cada uno (III, pág. 319). Tal actuar implica, en la escritura (su escenario), un confirmarse como cambio, como fijación a la vez: un continuo hacerse como mito (X, pág. 512). De ahí que ante la imagen reflejada en el espejo (metáfora de otra metáfora) sienta Unamuno una «sensación terrible del desdoblamiento de la personalidad» (X, págs. 241-42). Pues convertido ante él en espectador y actor de la propia persona (V, págs. 822-824) se toma conciencia de su frágil temporalidad [14].

[12] Pedro Laín Entralgo, *Teoría y realidad del otro*, I, págs. 244-52.

[13] Frances Wyers, *Miguel de Unamuno: The Contrary Self* (London, Tamesis Books Limited, 1976), págs. 49-63; R. D. Laing, *The Self and Others* (Chicago, 1962), págs. 17-26.

[14] Armando F. Zubizarreta, *Unamuno en su «nivola»* (Madrid, Taurus, 1960), pág. 156; Pedro Laín Entralgo, *Teoría y realidad del otro*, I, páginas 145-56.

Pero el hombre, se ha dicho, es un ser conflictivo, problemático. La psicología y el psicoanálisis han ayudado, en parte, a revelar sus más íntimos conflictos. Tales complejos se sitúan en un figurado núcleo central: el *Ego*. Sin embargo, éste difiere, de acuerdo con Jung, de la personalidad que él denomina *Self*. El *ego* es tan sólo una parte subordinada. Mas individual, único, conserva hasta cierto punto personalidad propia. Es inestable y, sobre todo, alterable [15]. Sobre él actúan los «arquetipos», procedentes éstos del inconsciente colectivo (el *anima*, el *animus*). La «sombra», con una gran tradición folklórica, y asociada con frecuencia con el poder demoníaco, simboliza la parte emotiva y pasional de la naturaleza, resistente, en parte, a todo control externo. Y sus proyecciones son, con frecuencia, irreconocibles por la persona de la que emanan (págs. 8-11). En ella radican los impulsos creativos (pág. 266). Más complejo es, sin embargo, el esquema que Jung propone sobre la estructura y dinámica del *Self* (págs. 222-65), definiéndolo, en su conclusión, como *complexio oppositorum*, cuya realidad es doble y bipolar: una característica distintiva, afirma, de toda literatura (págs. 267-68).

El tratamiento del yo, sus alteraciones, cambios y proyecciones, a modo de sombras, dobles o *alter egos*, han sido ampliamente estudiados en literatura de acuerdo con las teorías de Freud [16], y la lectura en éste de Jacques Lacan. Diferencia Freud (hay que tener en cuenta la compleja ambigüedad de su termi-

---

[15] *The Collected Works of C. G. Jung*, trad. R. F. C. Hull, 2.ª ed., vol. 9, part II (Princeton, Princeton University Press, New Jersey, 1968), págs. 3-7. El resto de las citas las incluimos en el texto.

[16] Otto Rank, *The Double. A Psychoanalytic Study*, trad. y ed. Harry Tucker, Jr. (The University of North Carolina Press, Chapel Hill, North Carolina, 1971). Ya en *The Myth of the Birth of the Hero* (New York, 1959), adelanta Otto Rank (el ensayo se publica por primera vez en 1909) el primer estudio psicoanalítico sobre la descomposición de la personalidad. Estudia una serie de mitos en relación con sus héroes (Jargon, Moisés, Edipo, Paris, Rómulo, Hércules), destacando en ellos los motivos recurrentes, y describiendo, en términos del psicoanálisis, sus características más sobresalientes. Véase también Robert Rogers, *A Psychoanalytic Study of the Double in Literature* (Detroit, Wayne State University, 1970). Dentro de la tradición literaria, a modo de historia del tema, véase Ralph Tymms, *Doubles in Literary Psychology* (Cambridge, England, 1949).

nología; sus cambios y correcciones a partir, sobre todo, de 1920) el yo-persona del «otro» como agente psíquico. Ya dentro del campo de la alteración de la personalidad, en su dualidad o desdoblamiento, el estudio de Pierre Janet (*L'état mental des histériques*, Paris, 1893-94) apunta, a partir de varios casos de histeria, a la existencia de la doble personalidad simultánea [17], debido, en parte, a la formación de dos grupos de fenómenos: uno perteneciente a la personalidad ordinaria; el otro, a una personalidad anormal, con capacidad ésta de subdividirse y diferenciarse de la primera, llegando incluso a serle desconocida. Una serie de casos clínicos, actualizados con nuevas teorías, los presenta R. D. Laing en *The Divided Self* (Londres, 1959). Tal dualidad había pasado a ser en Freud la llamada psique conflictiva, cuyas cargas y obsesiones eróticas (*libido*) conforman la estructura medular de su pensamiento. Estas son fundamentales en su interpretación del mito de Narciso (*Totem y Tabú*, 1912-13, y en «Sobre Narcisismo. Una interpretación», 1914) [18], con múltiples relaciones con los casos del «doble» en literatura. Recordemos en este sentido, como ejemplo clásico, *El retrato de Dorian Gray* de Oscar Wilde. El elegante y vigoroso Dorian, viéndose en su retrato, desea permanecer siempre joven. Así, cualquiera señal de envejecimiento tan sólo se presenta en el cuadro, viniendo a ser éste imagen de la propia conciencia que termina detestando. Cubre y esconde el cuadro. Sin embargo, curiosea de vez en cuando para comprobar su inmutable imagen que ve en el espejo. Pero, roto éste, muerto el pintor del retrato, la puñalada que le dirige, en un ciego afán de vengarse, coincide en el centro de su corazón. Moribundo, feo y viejo, el cuadro le sigue mostrando, irónicamente, su impecable pero ficticia hermosura [19].

---

[17] J. Laplanche and J. B. Pontalis, *The Language of Psychoanalysis*, trad. Donald Nicholson-Smith (London, The Hogarth Press, 1973), págs. 130-143.

[18] *The Standard Edition of the Complete Psychological Works of Sigmund Freud* (London, 1953-73), XIV, págs. 75-76; 249-51.

[19] Véase una amplia exposición de argumentos en torno al mito de Narciso en Elisabeth Frenzel, *Diccionario de argumentos de la literatura*

La imagen del yo vista en el retrato o en el espejo, el llamado «El estadio del espejo» de Jacques Lacan, constituye para éste el primer esbozo en el trazado psíquico del yo. A través de la percepción visual del «Otro», adquiere el infante conciencia de su forma (*Gestalt*), que ilusoriamente le anticipa la unidad del cuerpo de la que aún carece. Tal forma, a modo de segunda identificación, viene a ser el «yo ideal». Y a partir de este instante el «yo» se constituye en «otro»: en *alter ego* [20]. La coexistencia de lo Simbólico (el lenguaje), lo Imaginario (el yo visto como otro), y lo Real (el yo subjetivo); la función que el lenguaje adquiere en la estructura del inconsciente, y los varios campos que ha abarcado el pensamiento de Lacan (de lo genético a lo estructural; de los planos lógicos a los existenciales), a la par con su mismo método expositivo, denso, y a veces oscuro, lo hacen difícil de sintetizar en tan sólo un párrafo [21]. Sin embargo, en cualquier consideración teórica sobre el «Otro», en sus posiciones existenciales y lingüísticas, y dentro de la retórica de la metáfora y de la metonimia, Lacan ha adquirido un puesto significativo en las corrientes críticas actuales [22].

---

universal, vers. de Carmen Schad de Caneda (Madrid, Editorial Gredos, 1976), págs. 346a-350a.

[20] Jacques Lacan, *Ecrits* (Paris, Editions du Seuil, 1966), págs. 93-100; J. Laplanche and J. B. Pontalis, *The Language of Psychoanalysis*, págs. 250-252.

[21] Anthony Wilden, «Lacan and the Discourse of the Other», en Jacques Lacan, *The Language of the Self. The Function of Language in Psychoanalysis*, trad. Anthony Wilden (Baltimore, The Johns Hopkins University Press, 1975), págs. 159-311; Jean-Michel Palmier, *Lacan. Le Symbolique et l'Imaginaire*, 2.ª ed. (Paris, Editions Universitaires, 1970), págs. 69-89. Una revisión de los distintos métodos críticos a partir del psicoanálisis la presenta Anne Clancier, *Psicoanálisis, Literatura, Crítica*, trad. María José Arias (Madrid, Ediciones Cátedra, 1976).

[22] Rosalind Coward and John Ellis, *Language and Materialism. Developments in Semiology and the Theory of the Subject* (London, Routledge and Kegan Paul, 1979), págs. 93-121; Jacques Lacan, «The Insistence of the Letter in the Unconscious», *Yale French Studies*, 36-37 (1966), 112-147; Jean Laplanche, *Life and Death in Psychoanalysis*, trad. Jeffrey Mehlman (Baltimore, The Johns Hopkins University Press, 1976), págs. 66-84. Una extensa definición de ambas figuras véase en Michel Le Guern,

Pero esta fundamentación de la subjetividad se estructura para Émile Benveniste tan sólo a través del lenguaje. En él se constituye el hablante como sujeto y desde él formula su «yo»: enuncia su subjetividad. Se funda ésta en la categoría lingüística de la persona. Así, a partir de la polaridad pronominal (de un yo a un tú), condición fundamental del lenguaje, la comunicación viene a ser su resultado pragmático. Si bien ambos se complementan, infieren a su vez una oposición: del yo interior (inmanente) al tú exterior (transcendente) [23].

La representación doble, dentro de la misma persona, da origen, como vimos, a una amplia red de teorías y explicaciones. Quedan a un lado el doble físicamente representado (las comedias de enredos donde se da el engaño de identidades: *Don Gil de las calzas verdes* de Tirso o el *Anfitrión* de Molière); el del semejante que, separado del cuerpo (sombra, reflejo, retrato) pasa a ser otro individuo [24]; los casos de conciencias dobles bajo observación clínica, presentes en muchas obras literarias (*El Doble*, por ejemplo, de Dostoievski); las existencias simultáneas de la misma persona, en dos lugares o partes opuestas (casos de magia) [25]. Un importante tratamiento, con

---

La metáfora y la metonimia, trad. Augusto de Gálvez-Cañero y Pidal (Madrid, Ediciones Cátedra, 1976).

[23] Émile Benveniste, *Problemas de lingüística general,* 4.ª ed., trad. Juan Almela (México, Siglo Veintiuno Editores, 1974), págs. 161-171.

[24] La similaridad, por ejemplo, entre varios personajes, su doblamiento en forma fantasmal o diabólica, es recurrente en los escritores alemanes del siglo XIX. Un nuevo término crítico, *Doppelgänger,* introducido por Jean Paul Richter en 1927, viene a calificar esta dependencia de una persona en relación con sus *alter egos.* Es con E. T. A. Hoffmann con quien adquiere el tratamiento del doble un importante elemento: la proyección del inconsciente en el mundo gobernado por los juegos de la doble identidad. El «otro» resulta, con frecuencia, de una concepción alegórica o moral de la parte maligna o diabólica del hombre. Véase Ralph Tymms, *Doubles in Literary Psychology,* págs. 16-27; 28-71; *Stories of the Double,* ed. Albert J. Guérard, Philadelphia, 1967; C. F. Keppler, *The Literature of the Second Self* (Tucson, University of Arizona Press, 1972).

[25] Véase el clásico estudio de James George Frazer, *The New Golden Bough,* ed. Theodor H. Gaster (New York, Criterion Books, 1959), páginas 143-220; al igual que el artículo «Masks», incluido en *Standard*

varias aplicaciones literarias, se presenta en *Frankenstein, o el moderno Prometeo* (1816) de Mary W. Shelley. Su héroe (Dr. Frankenstein) se dobla y transforma en otros (a la verdad macabros y grotescos) en una ansiada búsqueda de un modelo que no existe. La cera (pudiera ser la escritura, el argumento, la trama) es el medio funcional que confiere realidad a tal encubrimiento. Ésta plasma y superpone una cara sobre otra, si bien guardando, en busca de la igualdad física, la dualidad de personas e identidades. Su cuerpo, un conjunto de muchas formas tomadas de otros cuerpos (combinación de narcisismo e incesto), se hace y deshace en esa búsqueda utópica del «otro». Nos importa (insistimos) el estudio del doble como concepción metafórica y simbólica (*máscara*) dentro de la esfera imaginativa que establece su figuración en el texto lírico. Es decir, como artificio y concepto retórico. Éste no tan sólo nos explicará una estética o una actitud; nos definirá, a la vez, el espacio en el que, irónicamente, se articulan sus voces como texto.

TRAYECTORIA Y VARIANTES

John Crowe Ransom, uno de los fundadores del *New Criticism*, sostiene que el drama es un excelente símbolo de la poesía. El poeta no habla en su nombre, sino a través del personaje que se da por supuesto en el poema. El poeta impone su máscara a través del lenguaje poético, y en cada situación se endosa un disfraz. De este modo, afirma Ransom, la poesía pasa a ser una experiencia real pero dramática [26]. De tres tipos de poesía habla T. S. Eliot («The Three Voices of Poetry») de acuerdo con las voces que la enuncian: aquella que el poeta convierte en referente de sí mismo (autor); la voz que se dirige

---

Dictionary of Folklore, Mythology, and Legend, ed. Maria Leach, II (New York, 1950), 684a-687b, lo mismo que Andreas Lommel, *Masks; their Meaning and Function* (New York, 1972).

[26] John Crowe Ransom, *The New Criticism* (Norfolk, Conn., New Directions, 1941), págs. 61-62. En el mismo sentido se expresa Pedro Salinas, comentando a Ransom, en *Jorge Manrique o tradición y originalidad* (Buenos Aires, Ed. Sudamericana, 1962), pág. 11.

al escucha (lector); y la que, a través del monólogo dramático
asume la vida y caracteres de otras personas «dramáticas»,
viendo en Browning a su mejor representante [27]. En los dos
últimos casos, las voces son distinguibles e independientes de
quien las formula. René Wellek y Austin Warren definen la
obra del poeta como una «convencionalización dramática» de
la propia vida [28]. Pero en la objetivación de su «yo» el poeta
se anula a sí mismo y pasa a ser todo y nada a la vez. Muy
de acuerdo, en este sentido, con el enunciado de Keats, para
quien el poeta carece de identidad, ya que está constantemente
dando forma y contenido a su cuerpo [29]. En el caso de T. S.
Eliot, como en el de Yeats o Pound, no fueron tan sólo teóricos
de la persona literaria como máscara; la presentaron en sus
versos. Las varias voces que configuran *The Waste Land* de
Eliot, y su poema «The Love-Song of J. Alfred Prufrock» (Prufrock es un personaje totalmente delineado, no sólo en sus rasgos
físicos, sino también en su medio social) se tornan en sinónimas
del mundo histórico que representan. La automación ha pasado
a ser, por ejemplo, parte de la existencia; y el yo (si existe),
vive continuamente alienado. Su unidad es problemática. Depende, en todo caso, de múltiples circunstancias externas. Así,
en su poema «Rhapsody on a Windy Night» escribe: «I could
see nothing behind the child's eye» (ver. 40). La persona viene
a ser lo no existente: la nada detrás del ojo del niño. En un
afán de confirmarse, el yo se diluye entre la búsqueda de su
identidad y, paradójicamente, su enajenación. Lo anuncia es-
cuetamente Juan Ramón Jiménez en su poema de *Eternidades*
(1916-17): «Yo no soy yo» (ver. 1) [30].

El carácter dramático de la máscara, de acuerdo con el
diseño de Eliot, es fundamental en la estructura de la obra

---

[27] T. S. Eliot, *On Poetry and Poets* (New York, 1957), págs. 96-112.
[28] *Teoría literaria*, trad. José M.ª Jimeno, 4.ª ed. (Madrid, Editorial
Gredos, 1969), págs. 95-96.
[29] *The Letters of John Keats*, ed. M. B. Forman, 4.ª ed., New York,
1935, pág. 227. Véase en concreto la carta escrita a Benjamín Bailey, del
22 de noviembre de 1817.
[30] *Segunda antolojía poética* (1898-1918) (Madrid, Espasa-Calpe, 1956),
núm. 450, pág. 288.

de Ezra Pound. En «In the Search of Oneself» escribe: «I began
this search for the real in a book called *Personae* casting off,
as it were, complete works of the self in each poem» [31]. Y en el
poema «Histrion», incluido en *A Quinzaine for This Yule* (London, 1908), expresa: «Thus am I Dante for a space and am /
One François Villon, ballard-lord and thief / Or am such holy
ones / may not write» (vers. 6-8). Las figuras de Whitman y
Browning marcan una señalada influencia en la lírica de Pound [32].
Pero en todo poema es preciso diferenciar, como ya indicamos,
al autor de la persona que, como individuo y concepto, se enmascara bajo la dicción, teniendo siempre en cuenta la problemática inherente: desde el fondo social a la filosofía de la historia que tal concepto conlleva. El yo es un núcleo ambiguo,
paradójico. Radicado en una cultura, formula desde fuera su
evasión, o induce, a partir de sí mismo, nuevas exigencias.

Ya el poeta que cantaba una experiencia amorosa, en el Renacimiento, adoptaba, a modo de epígrafe de sí mismo, un
papel importante ante la sociedad palaciega que le escuchaba
o leía. Celebraba una profunda experiencia humana [33]. Variando
de situaciones, se movía fácilmente del campo a la ciudad, del
monte a la ribera. Conformaba su persona de acuerdo, a la vez,
con la tradición en la que escribía. Y su expresión iba a la par
con la retórica de la convención vigente. La audiencia identificaba sus recursos, lo mismo que las varias voces (el pastor
Albanio en la «Égloga II» de Garcilaso) que incorporaba en su
canto. En la «Égloga III», la primera persona que, emotivamente, dedica la composición a una dama histórica, a lo largo

---

[31] Ezra Pound, *Gaudier-Brzeska: A Memoir* (London, 1916), pág. 98.

[32] Herbert Bergman, «Ezra Pound and Walt Whitman», *American Literature*, XXVII, 1 (March 1955), 56-61; N. Christoph de Nagy, «Pound and
Browning» en *New Approaches to Ezra Pound*, ed. Eva Hesse (Berkeley
and Los Angeles, University of California Press, 1969), págs. 86-124. Véase
en concreto Angus Fletcher, *The Transcendental Masque* (Ithaca and
London, Cornell University Press, 1971), págs. 29-35. Agradezco a Guiseppe
Mazzotta esta referencia.

[33] George T. Wright, *The Poet in the Poem. The Personae of Eliot,
Yeats, and Pound* (Berkeley and Los Angeles, University of California
Press, 1960), págs. 6-21.

de veinticinco versos, describe a continuación las actividades
de cuatro ninfas, así como la llegada de los pastores Tirreno y
Alcino. El tránsito del autor que dedica la composición al narrador que observa y describe la escena mítica se hace sin ninguna
anotación. Pero tanto en la dedicatoria del inicio (relación fác-
tica) como en la narración de la fábula mítica (relación ficticia),
la voz es la misma. Varía ésta sin embargo de escenarios. Autor
y narrador, al igual que pastores o ambientes, reales o imaginarios, actúan como máscaras, dobles en su función y en su
naturaleza. Pero lo mismo se podría decir, escribe acertadamente Alfonso Rey, «a propósito del *Polifemo*, donde el autor
que dedica su poema al conde de Niebla se convierte acto seguido en el testigo de unos imaginarios sucesos que se desarrollan en un ambiente ficticio». Conocida es de Góngora la
duplicación entre el protagonista (el peregrino) y el poeta que
escribe las *Soledades*; obvio sobre todo en la *Soledad Segunda*
(vv. 200-201). Leo Spitzer observa al respecto: «este juego con
dos... parece en verdad una exteriorización del desdoblamiento
de la personalidad del poeta (o del protagonista que observa
las cosas como él)» [34].

El conflicto personal, la personificación de pasiones o sentimientos, afloraban también bajo máscaras ya consagradas: el
pastor celoso, la cortesana desleal, la hermosa morisca ausente.
La rica tradición del amor cortés, por ejemplo, configura la
persona hablante en los poemas amorosos de Quevedo («Canta
sola a Lisi») [35]. *Las Confesiones* de San Agustín son el modelo

[34] Alfonso Rey, «Juan Ruiz, don Melón de la Huerta y el yo poético
medieval», *BHS.*, LVI (1979), 103-116; Leo Spitzer, «La Soledad primera
de Góngora», *RFH.*, II (1940), 171-72. Véase ahora incluido en *Estilo y estructura en la literatura española*, introd. de Fernando Lázaro Carreter
(Barcelona, Editorial Crítica, 1980), págs. 256-290. Iluminadoras son las
páginas de Félix Martínez Bonati, *La estructura de la obra literaria* (Barcelona, Seix Barral, 1972), págs. 150-176, al diferenciar y definir el plano
real del «autor» y el ficticio del «hablante» en el poema. Pues «la creación
poética», indica, «no es expresión lingüística del autor» (pág. 176).

[35] Otis H. Green, *El amor cortés en Quevedo*, trad. Francisco Ynduráin (Zaragoza, 1955); *España y la tradición occidental*, trad. Cecilio Sánchez Gil (Madrid, Editorial Gredos, 1969), I, págs. 244-305.

en la figuración de la persona que canta la ausencia de Laura
en el *Canzoniere* de Petrarca [36]. La pluralidad de máscaras en
la lírica de Lope de Vega, del moro impulsivo y arrogante
(Gazul y Zaide), al desengañado hortelano (Belardo); al viejo
apicarado (Tomé de Burguillos), o el Fabio lamentando la muerte de Amarilis en el ciclo de «las barquillas» (*La Dorotea*, 1632),
pasan a ser, de acuerdo con la tradición que las define, representaciones simbólicas de nuevas actitudes: las varias experiencias amorosas de Lope, diacrónicamente representadas. La
persona se define a la vez dentro del género que la articula (el
romancero en muchos casos dentro de la lírica), y ambos son
fácilmente reconocibles por el escucha o lector [37]. Pero con
Lope ya estamos a un paso de la biografía literaria (la *Literarisierung des Lebens* de que habla Leo Spitzer) [38], pues anuncia
ya, en muchos sentidos, al yo romántico como centro de las
experiencias (*Erlebnisse*) de las que es su protagonista [39].

Entrado el Romanticismo, la persona se individualiza; lo
mismo su máscara. El yo, situado en el centro del poema, se
torna en gran fuerza expansiva. Ya no se trata tan sólo de
describir, comentar o imaginar diversas experiencias; bajo
éstas la persona sufre su mismo proceso: sus triunfos y fracasos. Adquiere gran énfasis la experiencia vivida (*Rimas* de
Gustavo Adolfo Bécquer), o la figura exaltada en la voz que la
presenta (*Canto a Teresa* de Espronceda). La persona (la voz
del que habla) organiza ahora la realidad en torno. Y desde
su cúspide se dirige a un escucha que apenas percibe. Sensible
ante la belleza femenina, ante el dolor o la fragilidad, la palabra
viene a ser un intento sublime de transcenderse a sí misma
como realidad. Se desdeña lo trivial y lo mínimo; se busca un

[36] John Freccero, «The Fig Tree and the Laurel: Petrarch's Poetics»,
Diacritics, 5 (Spring 1975), 34.

[37] Antonio Carreño, *El romancero lírico de Lope de Vega* (Madrid,
Editorial Gredos, 1979); René Wellek, «Genre Theory, the Lyric, and
'Erlebnis'», en *Festschrift für Richard Alewyn* (Köln, 1967), págs. 392-412.

[38] *Die Literarisierung des Lebens in Lope's Dorotea* (Kölner Roma-
nische Arbeiten, Bonn und Köln, 1932).

[39] José F. Montesinos, *Estudios sobre Lope de Vega*, nueva ed. (Salamanca, Ediciones Anaya, 1967), págs. 129-213.

nuevo sentido a través de la nostalgia o de la exasperación por lo que no existe: a través de la propia desilusión. Pasamos al escepticismo y a sus derivados: el sarcasmo, el humor agrio y descarnado, la posición irónica y desafiante; al reto. Así, la máscara y el yo que la configura, si bien situados en el mismo nivel, ya difieren del poeta. Éste viene a ser el esmerado artesano (*artifex*) que, con manos de cera, y en momentos de gran inspiración, pule cuidadosamente el poema para mostrar en él los juegos de su fantasía. Reconcilia al mismo tiempo arte y naturaleza (disociados en el Renacimiento), lenguaje y realidad[40]. Y sería *Leaves of Grass* (1855-91) de Walt Whitman el más señalado puente entre la asunción de un yo como centro sensual y perceptivo, y las múltiples máscaras en que se revela. Es, en este sentido, uno de los poetas más conscientes de la doble identidad, llegando a cantar en diversas formas lo que él denomina «the duplicates of myself». Pasamos del Whitman autobiográfico al Whitman profeta; del hombre cosmos al que se anuncia todo alma y cuerpo. «I am large, I contain multitudes», exclama en «Song of Myself» (núm. 51)[41]. *Leaves of Grass* viene a ser un canto a la utopía desde una máscara multiforme, imaginaria e hiperbólica[42].

Pero no menos innovadores resultan, dentro del panorama de la lírica hispánica del siglo xx (de Unamuno y Jorge L. Borges), los monólogos dramáticos de Robert Browning, a quien mencionan con frecuencia estos dos poetas (también Pessoa). Tienen un gran impacto en la lírica inglesa: de Ezra Pound a T. S. Eliot, por tan sólo nombrar dos figuras de renombre. Implican, al asumir las peculiaridades de otras personas, y al exponer a través de ellas las propias experiencias, una conciencia intencional en su uso. El intercambio de monólogos que intro-

---

[40] René Wellek, «Romanticism Re-examined», en *Romanticism Reconsidered*, ed. Northrop Frye, New York, Columbia University Press, 1963, págs. 107-133; ensayo incluido previamente en *Concepts of Criticism* (New Haven, Yale University Press, 1969), págs. 199-221, al igual que «The Concept of Romanticism in Literary History», págs. 128-198.

[41] *Complete Poetry and Selected Prose*, ed. James E. Miller Jr., Boston, Houghton Mifflin Co., 1959, pág. 68.

[42] Jorge Luis Borges, «Valéry como símbolo», *OC.*, págs. 686-87.

duce cada guión confiere al texto una obvia modalidad dramática: representativa. El poema adopta el medio que se evoca,
y sus variantes se desarrollan en un intercambio dialógico de
personas [43].

Nos situamos ya cerca del yo que, alienado de su medio
textual, es poseído por las complejas existencias de los seres
a los que da vida. Sin embargo, importa más la variedad de
actitudes que la penetración psicológica que las causa. Y este
arte de adaptarse a los cambios de la naturaleza, o de variar a
través de media docena de poses diferentes, caracteriza, a
grandes rasgos, la lírica de Yeats. Se alterna éste entre el
amante y el santo; entre el sabio y el sensual [44]. Pasa de un yo
figurado como muchedumbre al solitario («I am a crowd, I am
a lonely man, I am nothing») [45], diferenciando entre su «yo»
hecho voluntad y su antiguo como oposición. El primero (explica) es la parte envuelta en las faenas cotidianas; lo que él
denomina el *anima mundi*; el segundo, su «otro» pasional [46].
Ambos se hallan representados en su famoso poema «Among
School Children», donde dramatiza, por una parte, la pasión
noble; por otra, la debilidad humana. Significativo es el último
verso: «How can we know the dancer from the dance?». La
pregunta retórica alude a esa unidad potencial entre forma y
experiencia, convergiendo en el ritual del baile el creador y la
creación: el deseo erótico a la par con la forma musical [47]. Tal
disyunción («Crazy Jane» es su persona más representativa) es

---

[43] Véanse, A. R. Jones, «Robert Browning and the Dramatic Monologue: The Impersonal Art», *Critical Quarterly*, 9 (Winter 1967), 301-328;
Robert Langbaum, *The poetry of experience; the dramatic monologue
in modern literary tradition* (London, Chato and Windus, 1957); A. Dwight
Culler, «Monodrama and the Dramatic Monologue», *PMLA.*, 90 (1975),
366-385.

[44] *The Autobiography of William Butler Yeats*, New York, MacMillan,
1953, págs. 25-65.

[45] *Essays and Introductions*, New York, 1961, pág. 522.

[46] *A Vision*, New York, MacMillan, 1956, págs. 84-86; *Essays*, London,
1950, págs. 42; 164; George T. Wright, *The Poet in the Poem*, págs. 111-112.

[47] Paul de Man, *Allegories of Reading* (New Haven, Yale University
Press, 1979), págs. 11-13.

un recurrente conflicto en la lírica de Yeats. Y sobre todo en
los caracteres que presenta: del visionario al ciego total; del
loco incontenible al gran dignatario que, convencido de su
ser, exclama con majestad: «Ah, every inch a King!»[48]. Y era
la máscara lo único que Oscar Wilde deseaba conocer de la
«gente de buena sociedad». Tan sólo a través de ella, explica,
podía comprender el verdadero yo en su unidad y diferencia.
Debajo de la máscara, escribe, existen únicamente trivialidades
comunes a todos. La máscara era para Wilde el único camino
hacia la identificación: sólo a través de ella se decía la verdad.
Podríamos, pues, afirmar, a modo de conclusión, que la aparición y el tratamiento de la máscara en la literatura contemporánea como un vehículo de análisis psicológico coincide con el
subjetivismo realista. Es decir, en la reproducción fiel de los
procesos mentales (incluso subjetivos), en la objetivación de
fantasías y alucinaciones y, sobre todo, en los impulsos inconscientes del yo. Tales impulsos, desdoblados a veces, se presentan en la realidad física bajo máscaras: como dobles. En la
narrativa, a veces a modo de alegorías morales; otras, filosóficas.

Retratos, caricaturas, viñetas, y un impresionante número de
bosquejos, pueblan la lírica de Ezra Pound. Las personas que
evocan son figuras contemporáneas y antiguas; proceden de diversas geografías: China (Confucio), Grecia (Odiseo), Italia
(Malatesta), Inglaterra (John Adams) y la Provenza (trovadores).
Y no menos variadas son sus ocupaciones: poetas, soldados,
filósofos, hombres de negocios. Tal diversidad se podría asociar, dentro de la lírica hispánica, si bien salvando grandes
diferencias, con la *Antología traducida* de Max Aub, que estudiamos más adelante. Pero es Pound quien insistentemente
acude al término latino de *persona* en su acepción teatral. Lo
adopta como título de su libro *Personae* (1909), y en varias ocasiones discute el término y la retórica de su uso. Sin embargo,
y como en Browning, los caracteres que figuran en su lírica,

---

[48] David Lynch, *Yeats: the Poetics of the Self* (Chicago, University
of Chicago Press, 1979); Richard Ellmann, *Yeats: The Man and the Masks*
(New York, Norton, 1979).

no son ficticios (sí en Machado, Unamuno o Pessoa), sino históricos. En las varias traducciones que lleva a cabo (los *Enéados*
de Gavin Douglas; las *Metamorfosis* de Ovidio en versión de
Golding) asume un juego alternante de personas: del poeta clásico (Ovidio) en la traducción del nuevo (Golding): ambos en
la nueva versión de Pound [49]. Tal intercambio implica la asunción de un personaje (Ovidio) en su pasado y en su presente. De
este modo, la persona pasa a ser: a) la voz del viejo vate; b)
la nueva persona elaborada por Pound; c) la de ambos, implícita en el contexto de la traducción, a partir de la versión de
Golding. Es, sin embargo, en *Hugh Selwyn Mauberley* (que
subtitula «E. P. Ode pour l'élection de son sépulcre»), donde
lleva Pound al máximo la retórica de la máscara como modificación del mundo objetivo, pero en íntima relación, a la vez, con
la situación emotiva (en las variantes de sus cinco fragmentos)
del poeta [50].

Ya en la conferencia que Valéry pronunció en Oxford, y que
significativamente tituló «Poésie et pensée abstraite», desarrolla
la posibilidad de poder vivir el hombre una serie de otras vidas,
además de la propia [51]. A una total despersonificación del texto
lírico, abstraído de toda experiencia, objetivo, aludía Mallarmé
en carta del 14 de mayo de 1867: «c'est t'apprendre que je suis
maintenant impersonnel, et non plus Stéphane que tu as connu
—, mais une aptitude qu'a l' Univers Spirituel à se voir et à
se développer, à travers ce que fut moi» [52]. Pero tales supuestos
van más allá del acto estético: del poema. Implican con frecuencia una ética: un cambio de perspectiva y una nueva actitud frente al mundo y al lenguaje que lo cifra. Hemos pasado
de una copia mimética, si bien idealizada, de la realidad, a su
deformación simbólica. El lenguaje es ahora máscara; enajena-

---

[49] George T. Wright, *The Poet in the Poem*, págs. 136-148.

[50] Hugh Kenner, *The Poetry of Ezra Pound* (New York, Kraus Re-
print, 1968), págs. 119-125.

[51] *Oeuvres*, I (Paris, Librairie Gallimard, 1957), págs. 1314-1339.

[52] *Propos sur la poésie*, ed. H. Mondor (Mónaco, 1946), pág. 78; citado
por Claudio Guillén, *Literature as System. Essays toward the Theory of
Literature History* (Princeton, Princeton University Press, 1971), pág. 240.

ción. Su trazado implica un hábil manejo de figuras retóricas:
metáforas, onomatopeyas, aliteraciones, anáforas, oxímoros. El
poema encierra significados ocultos, herméticos. Nace entre significante y significado la desconexión; el «desacuerdo» en términos de Hugo Friedrich[53]; la «*différence*» de acuerdo con
Derrida[54]. Un primer paso hacia esta concepción ontológica del
lenguaje lo presenta la lírica de Baudelaire. Sin embargo, no es
difícil encontrar en este poeta, vía Whitman, la exaltación de
un yo plural, ecuménico, congregado en torno a la realidad.
En «L'Héautontimorouménos», poema incluido en *Les fleurs
du mal*[55], expresa de manera exultante:

> Je suis la plaie et le couteau!
> Je suis le soufflet et la joue!
> Je suis les membres et la roue,
> Et la victime et le bourreau!
>
> (vers. 21-24).

Pero será Mallarmé quien, a base de sorprendentes asociaciones intelectuales llegue a establecer una serie de relaciones
entre la imagen real de la cosa percibida y la elaboración imaginística de ésta. En el poema «Les Fenêtres», la percepción
del otro, visto en el cristal que lo refleja (mito de Narciso),
ya no es copia ni identificación. La cara vista es otra: es angeli-
cal: «Je me mire et me vois ange!» (vers. 29)[56]. A partir de
series sucesivas de disasociaciones simbólicas del yo ubica
Rimbaud su «otro», disgregado, alucinante. En su extenso poema «Le bateau ivre» imagina espacios inconexos, alegóricos:
«J'étais insoucieux de tous les équipages» (ver. 5); «Je sais les
cieux crevant en éclairs, et les trombes» (ver. 29); «J'ai rêvé la
nuit verte aux neiges éblouies» (ver. 37)[57]. Proverbial se ha hecho
su frase «Je est un autre», que da título a la carta que escribe

---

[53] *Estructura de la lírica moderna. De Baudelaire hasta nuestros días*,
trad. Joan Petit (Barcelona, Editorial Seix Barral, 1974), págs. 194-209.
[54] Véase, en forma sumaria, su breve ensayo «La Différence», incluido
en *Tel Quel: Théorie d'ensemble* (Paris, Seuil, 1968), págs. 41-66.
[55] *Oeuvres complètes* (Paris, Éditions Gallimard, 1961), pág. 74.
[56] *Oeuvres complètes* (Paris, Librairie Gallimard, 1945), págs. 32-33.
[57] *Oeuvres complètes* (Paris, Librairie Gallimard, 1954), págs. 100-103.

a P. Demeny (15 mai 1871), y que se publica en la *Nouvelle
Revue Française* (octubre, 1912)[58].

A estos espacios fragmentados se opone el concepto metafísico con que Leopardi concibe el infinito («L'Infinito»)[59], visto
como una sucesión interminable de espacios superpuestos. De
ellos deriva el concepto de eternidad (fuera del tiempo), y el
silencio abrumador, sin voz ni sonido, que confunde al sujeto
que contempla el cosmos: su «sovrumani Silenzi» (vers. 5-6).
Diferencia ambas realidades a partir del término correlativo
«questa» (yo contemplativo) frente a «quella» (realidad super-
humana). Leyes rígidas, sabiamente gobernadas, determinan el
orden cósmico, fuera del alcance de la vida o de la muerte;
del cambio o de la sucesión. Sin embargo, ante la soledad inmensa surge la angustiosa pregunta: ¿es lo visto un sueño?
(«Canto notturno di un pastore errante nell'Asia»)[60], asociando
tal cuestionamiento a las inquisitivas preguntas que, en el
mismo sentido, se hace Unamuno en su poema «Aldebarán»,
señaladas ya por la crítica sus conexiones con Leopardi[61]. Pero,
en Leopardi, espacios y mundos se doblan de manera encadena-
da; a la vez el yo que los percibe. Tras el paisaje, la torre o el
sonido de la campana, la imaginación percibe otra torre, otro
paisaje, otro sonido; también otro «yo» ausente. Nos acercamos
al poeta que, inquiriendo su origen, su conciencia, o el misterio
que gobierna al cosmos (o su propia existencia), asume la
persona del poeta filósofo. Éste cuestionará insistentemente la
realidad de los espacios siderales; o su propia realidad circundante.

Dentro de la dualidad de tendencias antagónicas, y de nuevo
en el campo de la filosofía, si bien íntimamente hermanada con

---

[58] *Ibid.*, pág. 270. Sobre este poema véase una interesante interpretación en Augusto Meyer, *Le bateau ivre, análise e interpretação* (Rio de
Janeiro, 1955).

[59] *The Poem Itself*, ed. Stanley Burnshaw, New York, Schocken
Books, 1970, págs. 276-277.

[60] *Selected Prose and Poetry*, trad. y ed. Iris Origo and John Heat-
Stubbs, New York, New American Library, 1967, pág. 28.

[61] Véase cap. I, nota 59.

la poesía, la figura de Nietzsche, oculta bajo la máscara de
Zaratustra (*Así habló Zaratustra*, 1883), tuvo una secuela de
influencias destacables en la lírica hispánica: de Huidobro, por
ejemplo, a Unamuno y Machado, en «Así hablaba Juan de Mairena» de éste [62]. En Zaratustra se nos presenta al gran visionario de la luz y de la sombra; del Bien y del Mal (Ormuz y
Ahrimán). Sus curiosos ditirambos, dionisíacos, implican, sobre
todo en sus epigramas, aforismos y breves sentencias, un distanciamiento del mundo apolíneo: una señalada dualidad en
Pessoa. A modo de gran fuerza cósmica, la voz del «titiritero»
que causa mofa y admiración, instala su voluntad como gran
poder. Pero es la «curación por el canto» («...Tener que cantar
de nuevo: he ahí el consuelo que he encontrado, ésa es mi
curación», III, 1458) [63] el gran atractivo que impone Zaratustra
en la configuración de la nueva persona en la lírica contemporánea. Tal dualidad antagónica, aun llevada a más extremo, y
por distintos caminos (lo estético, lo ético y lo religioso), la
presenta Kierkegaard en su conocido estudio *Enten-Eller* (*Lo
Uno o lo Otro*) bajo la máscara de Victor Eremita, quien pró-
loga y edita el estudio [64]. Curioso es el prólogo. Presume dar a
la luz los escritos que casualmente descubre en un cajón de
su escritorio. Diferencia en ellos, desde el papel al estilo de la
caligrafía, dos grupos distintos. A cada uno le señala un autor
(A y B), observando finalmente cómo las expresiones y aforismos
de ambos se contradicen mutuamente. Difícil de asignarles un
título, descubre Eremita en un grupo la formulación estética
de la vida; en el otro, la ética. Y así los titula de acuerdo con
esta polaridad. Y su máscara viene a representar, alegóricamente, esta oposición existencial entre la vida interior (estética)
y la externa (ética).

---

[62] Gonzalo Sobejano, *Nietzsche en España* (Madrid, Editorial Gredos,
1967), págs. 125-132; 426-430; 645-663; J. M. Valverde, «Introducción» a
Juan de Mairena de A. Machado (Madrid, Clásicos Castalia, 1971), págs. 21-
23.

[63] *Los filósofos modernos*, II, 2.ª ed. de Clemente Fernández, S. I.,
Madrid, Biblioteca de Autores Cristianos, 1973, págs. 240-241.

[64] Søren Kierkegaard, *Either / Or*, ed. Howard A. Johnson, Princeton,
Princeton University Press, 1971, I, págs. 3-15.

LA «RETÓRICA DE LA MÁSCARA»
EN LA LÍRICA CONTEMPORÁNEA

Fundamental es el concepto del «otro» en la lírica del poeta peruano César Vallejo. Como en la obra de Machado (de «Pedro de Zúñiga» a la «Máquina de Trovar» de Jorge Meneses), *Versos humanos* (1931-37) de Vallejo proponen, del mismo modo, un humanismo fraternal, social e ideológico. Varios rasgos estilísticos (antítesis, paradojas) asociarían a ambos poetas, al igual que cierta postura ética ante la convivencia social. Difieren, sin embargo, en la enunciación de lo que podríamos denominar su «arte revolucionario». Pero en un intento de suscitar una nueva sensibilidad, auguran (y se establecen) en pioneros de la llamada poesía social. Y si bien el poeta peruano carece del vuelo metafísico del Machado de *Nuevas Canciones* (1924) y *De un cancionero apócrifo* (1926), los identifica, sobre todo, el manejo del lenguaje: limpio de estridencias o atrevidas metáforas; conciso y austero [65]. En ambos, la expresión epigramática; la frase sentenciosa y oscura; el predominio del concepto sobre la imagen plástica o musical. En esta voluntad de estilo, al borde de nuevas fronteras expresivas, el trazado de sus máscaras implica la elaboración de una nueva dicción. Así, frente al Vallejo que depura la palabra, y la convierte en imagen del gozo y del sufrimiento, se sitúa el que, a partir del dolor individual, canta el común: «Hoy sufro solamente», expresa en «Voy a hablar de la esperanza» [66]. De este modo, la posibilidad de transformar el mundo en «otro», de vivir en íntima solidaridad, se enuncia a partir del común vocablo («la esperanza»). De esta concepción utópica (un «yo» hacia su «otro»), humana y social, surge la conciencia de la propia enajenación. Ambas premisas, a la par con cierto pesimismo trágico y dialéctico, asocian también al poeta peruano con la lírica de Félix Grande (véase el último

---

[65] Guillermo Sucre, *La máscara, la transparencia. Ensayos sobre Poesía Hispanoamericana* (Caracas, Monte Ávila Editores, 1975), págs. 130-131.

[66] *César Vallejo: An Anthology of his Poetry*, ed. James Higgins, Oxford, Pergamon Press, 1970, págs. 158-159.

capítulo), a la mano por igual de Antonio Machado. En la lectura
de ambos poetas, simultánea o sucesiva, identifican sus voces
un buen número de poetas españoles, entre los años cincuenta
y sesenta: de José Ángel Valente, por ejemplo, a Blas de Otero.
Buscan en la ceguera de sus vidas, o ante el sufrimiento ajeno
y propio, un camino hacia la solidaridad: la palabra, el amor,
la experiencia infantil como historia, el recuerdo. La vida, proclama Félix Grande, se ha de vivir en una total exasperación
(*Las Rubáiyátas de Horacio Martín*, 1978), con aire de protesta
ante la conformidad. La palabra viene a ser una airada acusa-
ción. Posibilita, situada en el pasado (hogar, infancia, figura del
padre) o cara al futuro, esa búsqueda utópica del «otro» tras
la máscara del que nos oculta.

Es la total desposesión en Vallejo (física, fisiológica) la raíz
de su sentimiento de enajenación. A partir de ésta concibe el
sufrimiento: la alteración y la dualidad. «Hay gentes tan des-
graciadas», escribe, «que ni siquiera / tienen cuerpo» [67]. La desposesión es absoluta. Invade, incluso, la conciencia del hombre [68]. Ante ella se torna en un extraño. Y a partir de este eje
emotivo desarrolla su retórica de la máscara: a) como conciencia de desdoblamiento del sujeto enunciativo («a lo mejor soy
otro», comenta con frecuencia); b) como un sentimiento de
huida (búsqueda a la vez) fuera del «sí mismo» (véase «El pan
nuestro»); o del hombre que lo habita (el héroe de *Las Rubáiyátas* de Félix Grande, Horacio Martín, es un «trasterrado»);
c) como un íntimo deseo de reencarnación (la muerte pasa a
ser una deseada liberación) para que suceda así (utopía) el
advenimiento del «otro» (ver el poema «Un hombre pasa con
un pan al hombro») [69]. Y finalmente, d) como realización del
hombre nuevo a partir del marginado (ultraísmo), promovedor
éste, pese a su marginación, del cambio histórico [70].

---

[67] Guillermo Sucre, *La máscara, la transparencia*, págs. 147-148.
[68] Julio Ortega, *Figuración de la persona* (Barcelona, Edhasa, 1971),
págs. 15-18.
[69] *César Vallejo: An Anthology of his Poetry*, págs. 146-147.
[70] Véanse diferentes enfoques de la lírica de Vallejo en *Aproximaciones a César Vallejo*, compilados por Ángel Flores (New York, Las

Al igual que la máscara de Vallejo conforma varios de los enunciados de la lírica de un nuevo poeta (Félix Grande), la escritura ideográfica de Huidobro, sus versos fragmentados, y la importancia que, en ocasiones, adquiere en su lírica el espacio blanco de la página, nos adelanta la poesía de Octavio Paz. Y nos pone a un paso de la poesía concreta, española (Julián Ríos) y brasileña (Haroldo de Campos). Pero varía radicalmente en Huidobro su concepto de la «otredad»; no menos su retórica de la máscara. Huidobro centra su estética en el imperio de la imagen: en sus inusitadas y sorprendentes asociaciones. El poema es creación. La imaginación le da forma; el lenguaje plástico la expresa. Se impone el juego verbal. Sus medios: la ambigüedad, la proliferación de significados, los símiles inconexos: analogías que trazan en el poema un mundo paralelo al espacio que refleja. El poema pasa a ser una actividad creadora, dinámica. En él concluye el mundo, y a un tiempo se va éste creando: es a su vez creado por él. Pero en el proceso confirma Huidobro su personalidad. Se constituye como *persona*: «La poesía soy yo», anuncia en cierta ocasión, convirtiéndose en máscara del poeta visionario: «Soy el viejo marino / que cose los horizontes cortados», expresa en el poema «Marino»[71]. Y en *Altazor* (1931) escribe: «Veo la noche y el día y el eje en que se juntan». Pero es la figura emblemática que da título al libro su más lograda máscara. A través de ella resuena, en el mejor sentido del vocablo, su voz. «No sólo el nombre lo individualiza», escribe Guillermo Sucre, «también su pasado, su aventura actual. Él mismo se va poniendo sus máscaras. Es un personaje de estirpe nietzscheana: vive y viaja por las alturas, en un espacio libre: el juego y el humor, hasta el desenfado irreverente, son sus armas; su moral es la del orgullo y del riesgo; ha nacido simbólicamente, a los treinta y tres años, el día de la muerte

Américas Publishing Co., 1971); James Higgins, *Visión del hombre y de la vida en las últimas obras poéticas de César Vallejo* (México, Siglo Veintiuno Editores, 1970).

[71] *Antología de la poesía hispanoamericana contemporánea: 1914-1970*, selección, prólogo y notas de José Olivio Jiménez (Madrid, Alianza Editorial, 1977), pág. 132.

de Cristo» [72]. Personaje así «de sí mismo» («Soy yo Altazor el doble de mí mismo») toma como escenario la cúspide del universo: desde él inicia un diálogo consigo mismo. En el canto IV expresa solemnemente: «Aquí yace Vicente antipoeta y mago». Pero es su aventura del lenguaje lo que más cuenta en la lírica de Huidobro: su más profundo tema [73].

Más complejo es el concepto de máscara en la lírica de Pablo Neruda. No sólo por la riqueza de actitudes o figuraciones (del exasperado amante en *20 poemas de amor y una canción desesperada*, 1924, al «Capitán» apasionado en *Los versos del capitán*, 1952); o por la sucesiva modificación de sus personas, sino también por la enorme y compleja extensión de su obra. Tan sólo Unamuno y Juan Ramón Jiménez, en la lírica hispánica contemporánea, tiene como parangón. Es el extenso poema «Alturas de Macchu Picchu», que escribe en 1945, y recoge cinco años más tarde en *Canto General*, donde lleva a máximo grado de expresión el contorno de su máscara. Compuesto el poema de doce partes, sucesivamente enumeradas, se divide en dos series temáticas. En las cinco primeras (I-V) recorre Neruda su labor lírica: desde la angustia reflejada en *Residencia en la tierra* (1925-35) [74] hasta el día en que, personalmente (hacia 1943), descubre la ciudad precolombina de Macchu Picchu: el mundo de sus raíces. En el resto del poema (VI-XII), analiza el secreto de la ciudad de piedra construida sobre piedra. Y aquí encuentra Neruda su verdadera vocación de cantor y profeta: hermano solidario con aquellos que construyeron la ciudad y los templos (pasado), y aún viven (presente) en la anonimidad. A partir de tal imposición, la voz mayestática del visionario condiciona la dicción lírica del voluminoso libro. Doble es su identificación. Por un lado, como ya vimos, con la ciudad derruida (el hombre histórico colonizado); por otro, con sus hermanos desposeídos, anónimos. Y les incita a una nueva reencarnación:

---

[72] Guillermo Sucre, *La máscara, la transparencia*, pág. 113.

[73] *Ibid.*, pág. 122.

[74] Véase sobre este libro el aún insuperado estudio de Amado Alonso, *Poesía y estilo de Pablo Neruda. Interpretación de una poesía hermética*, 4.ª ed. (Buenos Aires, Editorial Sudamericana, 1968), págs. 52-84.

al bautizo (en la subida) del nuevo nacimiento [75]. «Sube a nacer
conmigo, hermano» (XII, ver. 1). Y le pide: «Dame la mano
desde la profunda / zona de tu dolor diseminado» (vers. 2-3).
Más adelante: «Mírame desde el fondo de la tierra, / labrador,
tejedor, pastor callado: / domador de guanacos tutelares: /
albañil del andamio desafiado: / aguador de las lágrimas andi-
nas: / joyero de los dedos machacados: / agricultor temblando
en la semilla: / alfarero en tu greda derramado: / traed a la
copa de esta nueva vida / vuestros viejos dolores enterrados»
(vers. 8-17). Recoge la voz del poeta el silencio sufrido de los
«otros»: «Yo vengo a hablar por vuestra boca muerte» (ver. 28).
Concluye finalmente: «Dadme la lucha, el hierro, los volcanes. /
Apegadme los cuerpos como imanes. / Acudid a mis venas y a
mi boca. / Hablad por mis palabras y mi sangre» (vers. 42-45).

Cantor y actor a la vez (máscara y espectador), asume Neruda, en el énfasis dramático de su voz (fórmulas imperativas),
la de todos sus hermanos. Es, de este modo, hablante, testigo
y escriba; el vocero profético de toda su tribu: América. Así,
la simbólica subida a Macchu Picchu, el andar majestuoso, la
elocuencia vocativa, se tornan en nueva hierofanía. La semejanza con Walt Whitman, asimismo cantor de la nueva utopía («I
myself as connector, a chansonnier of a great future») [76] es
fácil de trazar. Sin embargo, es en *La espada encendida* (imagen
que le asocia con Blake), y que publica Neruda en 1970, donde
asume el simbolismo multiforme de la máscara. El libro se
compone de ochenta y siete poemas. A la manera de Robert
Browning en sus monólogos dramáticos, adopta una serie de
personificaciones (del narrador épico al dramático) que vienen

[75] Emir Rodríguez Monegal, *Neruda: el viajero inmóvil*, nueva vers.
ampliada (Caracas, Monte Ávila Editores, 1977), págs. 447-467; 17-25. Sobre
imágenes, figuras o alusiones a varios pasajes bíblicos, y dentro del enfoque de lo profético en *Canto General*, véase Enrico Mario Santí, «*Canto
General*: the Poetics of the Book», *Symposium*, XXXII, 3 (Fall 1978), 254-
275. Véase un amplio tratamiento crítico del poeta en *Pablo Neruda*,
ed. Emir Rodríguez Monegal y Enrico Mario Santí, en la col. «El escritor
y la crítica» (Taurus Ediciones, Madrid 1980).

[76] «The Centenary Story», en *Complete Poetry and Selected Prose*,
pág. 214.

a ser partes esenciales del mismo yo: del viajero solo y desterrado al amante en varias y sucesivas situaciones. Y en todas ellas fue Neruda un prodigio de creación lírica. Pero sobre todo en la persona que adopta como seudónimo (Pablo Neruda), ocultando así, bajo esta máscara (y evitando así los enojos del padre, a quien le disgustaba que el hijo fuera poeta), el nombre que figuraba en el Registro Civil: Ricardo Neftalí Reyes.

La solidaridad con el «hombre común», bajo el cual se oculta la voz del poeta, es recurrente en la lírica del poeta ecuatoriano Jorge Carrera Andrade. La integración cósmica tiene en él su correspondencia social. La palabra viene a ser una inquietante búsqueda del «sí mismo». En su poema «Hombre Planetario» (II), que incluye en el libro del mismo título (1959), escribe: «Me reconozco en todos, pero nunca / me encuentro en donde estoy. No voy conmigo / sino muy pocas veces, a escondidas» [77]. Y en «Juan sin cielo», incluido en *Aquí yace la espuma* (1948-1950), a través del común onomástico (como Pablo o José) asume una identidad múltiple: «Juan me llamo, Juan Todos, habitante / de la tierra, más bien su prisionero, / sombra vestida, polvo caminante, / el igual a los otros, Juan Cordero» (vers. 1-4) [78]. El sentimiento de alienación que vimos brevemente en la lírica de Vallejo aflora, de nuevo, en la de Carrera Andrade («prisionero en la tierra»), al igual que los temas del dolor y la forzada desposesión («sombra vestida», «polvo caminante»). Común en ambos un agudo pesimismo trágico: les duele la «desposesión» en que viven los «otros». Y «El otro» titula el poeta cubano Roberto Fernández Retamar un poema que escribe en 1959 (fecha clave en la Revolución Cubana), e incluye más tarde en *A quien pueda interesar* (1970). Analizando el concepto de «sobrevivientes» (vers. 2, 13), el «otro» viene a ser el camarada que murió por el que ahora le sobrevive. Ambos viven, sin embargo, íntimamente fusionados: «Sus huesos quedaron en los míos, / Los ojos que le arrancaron, viendo / Por

---

[77] *Hombre Planetario* (Quito, Ed. Casa de la Cultura Ecuatoriana, 1963), pág. 74.

[78] *Obra poética completa* (Quito, Ed. Casa de la Cultura Ecuatoriana, 1976), págs. 329-330.

la mirada de mi cara, / Y la mano que no es su mano, / Que no es ya tampoco la mía, / Escribiendo palabras rotas / Donde él no está, en la sobrevida?» (vers. 7-13). La muerte del «otro» se constituye en nueva epifanía (la revolución); y es éste quien, paradójicamente, aún continúa en la «sobrevida» de quienes le sobrevivieron [79].

Esta misma conciencia de alteridad se presenta en la lírica española contemporánea. Dejando a un lado los casos que, detenidamente, estudiamos (Unamuno, Machado, Aub, Félix Grande), el tema es recurrente, tanto en la lírica como en la prosa. Señalados son los casos en la narrativa de Unamuno. Pero no menos en el teatro. En *Realidad* de Galdós, obra teatral que se representa por primera vez en 1892, el personaje Federico, arrogante y orgulloso, en un extenso monólogo ante el espejo, desarrolla el tema clave: el de su identidad. Indagando en su «otro», expresa ante el espejo: «Veo en mí dos hombres: el que viera Federico, que todo el mundo conoce, y este otro; éste. ¿Cuál es el verdadero? ¿El que veo o el que no veo? Me trastorna esta duda» (Act. II, esc. vi). Clave es el vocablo «trastornar». Alude al desequilibrio mental que tal dualidad causa en Federico. Lo que obliga a una inquieta búsqueda del que, bajo su máscara, se esconde. Teniendo como medio el mismo símbolo (el espejo), si bien a partir del reflejo en el agua (siempre cambiante y estática a la vez), cuestiona Juan Ramón Jiménez, en el conocido poema «Yo y yo», su dualidad. Lo incluye en *Piedra y cielo*, escrito entre 1917 y 1918, y que publica en 1919. Aquí el desarrollo es pronominal, ontológico y espacial. El yo subjetivo (el interior que se enuncia en voz baja como persona) se opone al («tú») transcendente: el que viene del otro lado del espejo, de un espacio abierto al más allá: al infinito (el cielo). El encuentro de ambos se verifica en la contemplación mutua en el agua (uno aquí; otro allá); y en los ojos (otro espejo) que mutuamente se miran. Pero tal afán de transcendencia queda atenazado por la impotencia física del salto, tan sólo posible a través de su imagen: «¡Ay, fuerza de mi imagen —¡vida!— / más poderosa que yo, ay!» (vers. 13-14).

---

[79] México, Siglo Veintiuno Editores, 1970, pág. 15.

Sin embargo, tal fusión es plena en el poema de Blas de Otero
«Yotro» (es decir, Y-otro), que incluye en *En Castellano* (1959).
Pero estamos ante estéticas y manifiestos diferentes. De la «inmensa minoría» que proclama Juan Ramón Jiménez (son la
sensación y las impresiones externas figuradas en la conciencia
las únicas potencias creadoras) al poeta cuya audiencia son
ellos: la inmensa mayoría (*Redoble de conciencia,* 1951) de
Blas de Otero. La caracteriza, y dentro de la línea de la lírica
de Vallejo, la orfandad del ser humano: la solidaridad con el
desposeído. También el uso del encabalgamiento, la oralidad
conversacional, las reiteraciones sintagmáticas o fónicas. Pero
es al «lector», como sujeto social o histórico, a quien se dirige
Blas de Otero en un escribir que se define «hablando» (*En castellano*). Su canto es el pasado y el destino de «todos». Su voz,
un «yo soluble en ti, en ti, y en ti» (vers. 9-10). En ambos se
origina la esperanza: un nuevo camino hacia el más allá. A
este «otro», aún por venir, pero ya presentido, alude José Manuel Caballero Bonald en *Memorias de poco tiempo* (1954), en
el poema que, significativamente, titula: «No sé de dónde vie-
nes». En el libro de *Las adivinaciones* (1952), la figuración plural, en el poema del mismo título («Soy muchedumbre...»)
(ver. 16), lo asocian con la ubicación múltiple de Yeats («I am
crowd»), y con la asunción profética (como en Whitman, como
en Neruda) del nuevo visionario. Conforma tal actitud una
presencia deplorable: el pasado cuya experiencia repite la memoria [80]. Así exclama: «Mi profecía es la memoria». El desdoblamiento a través, nuevamente, de la contemplación, y dentro
de las múltiples variantes que ofrece el mito de Narciso («Nar-
cisse parle», por ejemplo, de Paul Valéry; «La Jolie Rousse»
de Apollinaire) [81], surge en el poeta Jaime Gil de Biedma, en su
libro *Poemas póstumos* (1968). En el poema «Contra Jaime Gil de
Biedma», el buen burgués se enfrenta ante el bohemio en que

---

[80] *Memorias de poco tiempo* (Madrid, Ediciones Cultura Hispánica,
1954), págs. 92-96; *Las adivinaciones* (Madrid, Ediciones Rialp, 1952), página 26.
[81] *The Oxford Book of French Verse*, 2.ª ed., ed. P. Mansell Jones,
Oxford, Claredon Press, 1957, págs. 557-559.

éste se ve: el hombre maduro, cuarentón, ante el «otro» diso-
luto. Concluye irónicamente: «O innoble servidumbre de amar
seres humanos, / y la más innoble / que es amarse a sí mismo»
(vers. 53-55) [82].

Dentro de la esfera de los «novísimos», interesantes son las
declaraciones que José María Castellet, en *Nueve novísimos*
(Barcelona, 1970), recoge de Pedro Gimferrer. Señala éste entre
sus poetas preferidos a Eliot y Pound, y reconoce la gran influencia en él de Octavio Paz, «no sólo como poeta», indica,
«sino también como teórico» (págs. 155-156). La inclusión, por
ejemplo, de los varios estratos (histórico, cultural, temporal)
que estructuran su conocido poema «Oda a Venecia ante el
mar de los teatros», incluido en su libro *Arde el mar* (1966), de
tan sugestivo título, entabla esa posibilidad de ser ya en el
tiempo histórico («¿Estuve aquí? ¿Habré de creer que éste he
sido / y éste fue el sufrimiento que punzaba mi piel?») (vv. 21-
22), asociando, en un ritmo de añoranza y evocación, ese recuerdo que el arte (la emoción estética ante la ciudad contem-
plada) torna en un siempre presente. Pero la bella ciudad se
simplifica como imagen dual; también el sujeto que la observa:
aquel que vivió en ella («adolescencia perdida») y que lejos (ya
otro) la evoca como escritura. Pero tan sólo el lenguaje —como
en Aleixandre y en Paz— hará posible la realidad como evocación y como mimética presencia:

> ...Es doloroso y dulce
> haber dejado atrás la Venecia en que todos
> para nuestro castigo fuimos adolescentes
> y perseguirnos hoy por las salas vacías
> en ronda de jinetes que disuelve en espejo
> negando, con su doble, la realidad de este poema.
>
> (vv. 54-59).

La realidad es a su vez invención en el conocido poema «Ávila»
de Guillermo Carnero, y que incluye en *Dibujo de la muerte*

---

[82] Juan García Hortelano, *El grupo poético de los años 50* (*Una antología*) (Madrid, Taurus Ediciones, 1978), pág. 190.

(Málaga, 1967). Pero es la palabra el único vehículo que constata el que «al fin hemos vivido» (v. 68).

Sería lógico el concluir que, con frecuencia, el tema del doble viene a ser la simulación de ese «otro» que, como máscara (el juego de su apariencia) se impone ante el que escribe, contemplándose a sí mismo en el trazado de cada línea; y bien diferente de quien, desde el exterior, traza los rasgos de la escritura [83]. Tal acto implica la imposición de una persona [84]: metáfora a su vez de la alteración y del reflejo ambiguo que revela el texto escrito. En el poema «Le Masque», del poeta francés Valery Larbaud, reconoce éste su continua presencia: «J'écrit toujours avec un masque sur le visage» (ver. 1) [85]. Y la máscara viene a ser, de acuerdo con el poema que Rilke escribió en cierta ocasión, en francés, figura de la conversión de lo figurado y visual en simple retórica auditiva: «Masque? Non. Tu es plus plein, / mensonge, tu as des yeux sonores» [86]. Tal concepto es recurrente en la lírica de Rilke. Se pregunta en cierta ocasión: «Cara, cara mía: / de quién eres tú; a qué cosas / pones tu cara?» («Gesicht, mein Gesicht: / wessen bist du; für was für Dinge / bist du Gesicht?») [87]. En *Los cuadernos de Malte Laurids Brigge* [88] describe Rilke (Malte es su máscara) cómo, en sus días de soledad, ensayaba elegantes ropas, si bien pasadas de moda, que existían en el ático. Ante un espejo asumía la personalidad que le sugería el traje que se vestía. Incorporando la personalidad de otros, comenta Rilke, se aseguraba de su propia identidad:

---

[83] A partir de las implicaciones de vocablo «fiesta», en varios textos de Rousseau, Derrida analiza el concepto de «máscara» como un «doblamiento de la presencia». Véase *De la gramatología* (Buenos Aires, Siglo Veintiuno Argentina editores, 1971), págs. 386-393.

[84] Véase un análisis de la máscara, de carácter semiótico, en Patrick Tort, «Masque, écriture, doublure» (art. cit., nota 6).

[85] Valery Larbaud, *Oeuvres* (Paris, Librairie Gallimard, 1957), pág. 47.

[86] Paul de Man, *Allegories of Reading*, págs. 55-56.

[87] *Gedichte 1906 bis 1926* (Insel-Verlag, Wiesbaden, 1953), págs. 194-195.

[88] Consultamos la traducción inglesa de John Linton (London, The Hogarth Press, 1930), pág. 97. Existe traducción al español de Francisco Ayala, con «Prólogo» de Guillermo de Torre (Buenos Aires, Editorial Losada, 1958), que no hemos podido ver.

«Diese Verstellungen gingen indessen nie so weit, dass ich mich mir selber entfremdet fühlte; im Gegenteil, je vielfältiger ich mich abwandelte, desto überzeugter wurde ich von mir selbst» («Estos disfraces nunca, a la verdad, llegaron a tal punto que yo me sintiera alienado de mí mismo; al contrario, mientras me transformaba en más formas, más convencido estaba de ser yo mismo»). Sin embargo, en una ocasión, las ropas del personaje que había asumido no obedecen sus gestos; permanecen inflexibles, tiesas, llegando a controlar sus movimientos. Malte adquiere súbitamente conciencia de su enajenación: de la pérdida total de su identidad. Grita enloquecido pidiendo auxilio. Suben los criados y, ante sus carcajadas, sucumbe desmayado. Temor, pánico, risa (todo un espectáculo) configura el ritual de la mascarada en una de las más logradas representaciones [89].

Es la máscara, finalmente, para Georges Bataille, la continua presencia de nuestra animalidad y de nuestra muerte: una imagen de la trágica comedia que, como actores, nos toca representar. Se asocia de este modo con el destino apocalíptico de quien la representa. Se instituye como imagen del caos, de la incertidumbre y del terror: del cambio súbito que amenaza la vida humana. La máscara es búsqueda y huida, evidencia y ocultación [90]. En su trazado enfrenta al *homo tragicus* con el *sapiens* que, lúdicamente, aquél encubre. Dialéctica que define a la lírica contemporánea como encubrimiento, dualidad, despersonalización y continua diferencia. Definiríamos su retórica como una serie de ensayos encaminados a interpretar la realidad en torno, pero siempre a través de la máscara que la encubre (y descubre) a la vez.

[89] Véanse H. F. Peters, *Rainer Maria Rilke: Masks and the Man* (Seattle, University of Washington Press, 1960), págs. 22-46; Priscilla Washburn Shaw, *Rilke, Valéry and Yeats: The Domain of the Self* (New Brunswick, New Jersey, Rutgers University Press, 1964), págs. 3-41.

[90] Georges Bataille, *Oeuvres complètes, II. Ecrits Posthumes, 1922-1940* (Paris, Editions Gallimard, 1970), págs. 403-406.

MIGUEL DE UNAMUNO: LA BÚSQUEDA MÍTICA DEL «OTRO»

«Querría, *Dios, querer lo que no quiero*;
fundirme en Ti, perdiendo mi persona»
(«La unión con Dios», *OC.*, VI, pág. 409)

* * *

«Todo espíritu profundo necesita una máscara».

NIETZSCHE

En un inteligente párrafo escribe Lionel Trilling: «La función de la literatura, a través de todas sus mutaciones, es darnos conciencia de las particularidades de los yoes, y de la alta autoridad que el yo tiene en su disputa con la sociedad y la cultura en que se halla» [1]. Si esto es así, nadie mejor que Miguel de Unamuno reflejaría las múltiples vicisitudes de estas «particularidades». Pero no sólo frente a sí mismo (en su obra), sino también en la sociedad y cultura —también en el tiempo— en que se originan sus escritos. Sin embargo, nunca podremos separar cultura, en el caso de don Miguel (nombre del que se siente tan orgulloso) (*OC.*, VI, págs. 939-40) [2], del hombre que

---

[1] Lionel Trilling, *Más allá de la cultura y otros ensayos*, trad. de Carlos Ribalta, Barcelona, Editorial Lumen, 1969, pág. 131.

[2] Los textos poéticos de Unamuno los tomamos siguiendo el vol. VI (*Poesías*) de sus *Obras completas*, ed. Manuel García Blanco, Madrid, Editorial Escelicer, 1969. Incluimos las referencias en el texto. El resto

protagoniza, en literatura y en ideología, bien política, bien filosófica, su expresión. En el ensayo y en la novela; en la lírica y en el teatro; en las cartas íntimas[3] y en sus varios diarios[4], concibe su *persona* como gran señora y humilde fámula; como figura autoritaria y leal esclava. Sus varias enunciaciones se establecen, con frecuencia, a partir de una concepción personal del yo en su precaria existencia; también en una utópica ansiedad de permanencia en la afirmación (*yoísmo*), o en el conflictivo deseo de vivir encarnado en la palabra escrita; en el «otro»[5]. La concepción del «doble» es clave en la narrativa y en el teatro de Unamuno; no menos en su lírica. Y, si bien los estudiosos se han fijado en los primeros géneros[6], apenas contamos con

---

de las obras las citamos, de no indicar lo contrario, siguiendo la edición de la Editorial Aguado, *Obras completas*, Madrid, 1951-1958, vols. I-XVI.

[3] En *Epistolario y escritos complementarios. Unamuno-Maragall* (Madrid, Seminarios y Ediciones, 1971), pág. 80, escribe a Maragall: «Pero, ¿por qué le hablo de mí? Pues mire, porque estoy solo, solo, solo. Y porque en mí veo a los demás» (carta del 28 de diciembre de 1909) (núm. XXIV).

[4] Escribe Unamuno en *Diario íntimo*: «Sin discusión no vivo, ni sin contradicción», y continúa: «y cuando no hay fuera de mí quien me discuta y contradiga, invento dentro de mí quien lo haga. Mis monólogos son diálogos». Citado por P. Félix García en el «Prólogo-estudio» al *Diario íntimo* de Miguel de Unamuno (Madrid, Editorial Escelicer, 1970), pág. ix.

[5] Los otros son para Unamuno, afirma Iris M. Zavala, «personajes de su conciencia, a quienes representa ante sí mismo para poder aprehenderlos en la búsqueda angustiosa de su propio ser». Y más adelante apunta a su génesis, nacidos muchos de ellos «de su relación con el prójimo, consigo mismo y con Dios». Véase *La angustia y la búsqueda del hombre en la literatura* (Xalapa, México, Universidad Veracruzana, 1965), págs. 116-117 y 126. Armando F. Zubizarreta ve en el teatro de la conciencia de Unamuno la expresión más viva e interesante de los problemas de la personalidad de Unamuno; entre ellos, el de sus múltiples «yos» y el problema del «otro». Véase *Unamuno en su «nivola»*, pág. 302. Concluye en la página siguiente: «La personalidad de Unamuno está llena de *Otros*... El *otro* es ante todo una perspectiva. Y es difícil el análisis sobre un pronombre indefinido que juega en múltiples perspectivas» (pág. 303).

[6] Véanse, al respecto, Julián Marías, *Miguel de Unamuno*, 2.ª ed. (Barcelona, Editorial Gustavo Gili, 1968), págs. 173-183; Armando F. Zubizarreta, *Unamuno en su «nivola»*, págs. 301-311; Ricardo Gullón, *Autobiografías de Unamuno* (Madrid, Editorial Gredos, 1964), págs. 152-177; Frances Wyers,

un detallado estudio sobre la concepción de la *persona* en la lírica de Unamuno, única modalidad donde lo expresado es siempre, afirma él, verdad (III, págs. 881-901).

Este concepto del «doble» surge de una primera concepción elemental, muy afín, en varios casos, a lo definido años más tarde por Borges. Es decir, de la diferencia radical y problemática entre el yo externo y social (el histórico) según es percibido por el «otro», y el yo como conciencia y búsqueda interior; el reflexivo frente al público. De la misma dualidad de acciones surge la diferencia y la enajenación: ese salto entre lo que el yo siente como reflejo de la conciencia y el cotidiano yo observable: en su vestimenta, en sus costumbres, en la apreciación de los otros. Pero éste no representa ya al interior[7]. Muy por el contrario, lo anula o enmascara bajo algo que siente no ser. Tal sucede, por ejemplo, en el breve relato de «El que se enterró» (IX, págs. 194-201); la misma oposición es central en *Cómo se hace una novela* (X, págs. 825-923); también en *Tulio Montalbán y Julio Macedo* (IX, págs. 379-409) y en la comedia *El Otro* (XII, págs. 800-863)[8]. En *Abel Sánchez* (II, págs. 871-

Miguel de Unamuno: The Contrary Self, págs. 40-48, 49-59; J. Rubia Barcia, «Unamuno, el hombre y sus máscaras», *CA.*, XXV, 2 (1966), 218-237; Pelayo H. Fernández, «Enfoque para una teoría unamuniana del yo y del 'otro'», *Pensamiento y Letras en la España del Siglo XX*, ed. Germán Bleiberg y E. Inman Fox, Vanderbilt University Press, Nashville, Tennessee, 1966, págs. 187-191; Katherine C. Richards, «Unamuno and 'The Other', *KRQ.*, XXIII, 4 (1976), 439-449.

[7] Al margen del texto de las *Pensées* de Pascal anota Unamuno la diferencia entre el concepto de persona pública y el yo individual. Contrasta a la vez la conciencia de ese yo frente a la apreciación ajena o su expresión en el lenguaje; producto social éste y primer elemento configurador de la *persona*. Ésta se le impone al individuo a la hora de revelar su «yo». Su desarrollo e interiorización —«yoización»— implican un deseo ardiente de imposición sobre la persona social que siente como ajena. Véase Mario J. Valdés y María Elena de Valdés, «Introducción», *An Unamuno source book* (University of Toronto Press, Toronto, 1973), págs. xiv-xv.

[8] Frances Wyers, *Miguel de Unamuno: The Contrary Self*, pág. 82 y sigs. José Luis Abellán, en *Miguel de Unamuno a la luz de la psicología* (Madrid, Tecnos, 1964), presenta válidas observaciones, si bien fijándose en los rasgos que definen la personalidad como determinantes estáticos.

975) el sentimiento del otro se verifica a través de la autorrelación entre el yo que se odia y el tú que es envidiado. En *Niebla* (II, págs. 673-869), en *La novela de Don Sandalio* (XVI, págs. 629-670), e incluso en *San Manuel Bueno, mártir* (XVI, págs. 581-628), el tema es central: la creación de una biografía imaginaria, cuya realidad se explora como implícita autocontemplación. En la última obra, lo mismo que en *Abel Sánchez*, el símbolo del espejo —múltiple y polisémico— se transforma en metáfora estructurante en cuanto que relaciona todas las presentaciones fragmentarias de su escritura. Paso a paso, cada capítulo es reflejo implícito de las acciones establecidas en el anterior. La totalidad de la obra implica una conciencia angustiada por la dualidad de caras; esto es, de vivencias ontológicas y emotivas en oposición. Y tal motivo se extiende en *Abel Sánchez* a sus hijos y nietos, que se cruzan entre ellos en matrimonio y duplican nombres [9]. El cuadro de Abel sobre Caín viene a ser una alusión gráfica al argumento; el diario de Joaquín y la novela que tenía en proyecto reflejan, en doble perspectiva, el sentido de la ficción. El diario vendrá a ser, de acuerdo con Joaquín, un «espejo» que reflejará la parte más sombría de la vida: un descenso a la vileza más humillante. En el proceso, su propia alma se torna modelo de tal degradación. Sin embargo, la metáfora del «espejo» adquiere aún más amplio significado en *Niebla* y en «Don Sandalio», y sobre todo en *Cómo se hace una novela*. Viene a ser el núcleo dinámico que organiza el tema y a la vez sirve de basamento a toda una teoría literaria sobre la ficción. Pues, a la larga, autores y lectores son tan imaginarios

---

Semejante método sigue A. R. Fernández y González en su extenso artículo «Unamuno en su espejo», *BBMP.*, XLII (1966), 233-304, quien toma los principios sobre la caracterología y personalidad de Ph. Lersch (*La estructura de la personalidad*) para definir, *in vacuum*, la peculiaridad individual de Unamuno (pág. 234), con apenas escasas referencias a los textos. Véase, del mismo, *Unamuno en su espejo* (Valencia, Editorial Bello, 1975), págs. 7-82.

[9] Paul Ilie, *Unamuno. An Existential View of Self and Society* (Madison, University of Wisconsin Press, 1967), págs. 95 y sigs.; Carlos Feal Deibe, *Unamuno: «El Otro» y Don Juan* (Madrid, Cupsa Editorial, 1976), págs. 120-152.

como la imagen que se refleja en el espejo del texto: máscaras ficticias de «otros» que nunca se revelan [10]. Y la obra escrita es, irónicamente, el único documento capaz de constatar dicha alteración.

LOS «MONÓLOGOS DRAMÁTICOS» DE DON MIGUEL

La carencia de relaciones o de personajes otorga al concepto del «doble» una caracterización más amplia en la lírica de Unamuno. Se define a veces el «yo» como utópica potencialidad; como un posible «ex-futuro» en el soneto «Al destino» (VI, pág. 319), o como diferenciación de otro antecesor, en el cual ya no se reconoce («Niñez», pág. 318). También como conciencia reflexiva que, enajenada de toda acción («La vida de la muerte», pág. 339), se constituye en centro de percepción. Al continuo diálogo entre el yo íntimo y el externo aluden un buen número de poemas de la primera época, publicados entre 1907 y 1911; escritos, sin embargo, muchos de ellos a partir de 1899 [11].

---

[10] La representación del «espejo» está ligada, en *Cómo se hace una novela*, al símbolo del agua. Jugo de la Raza, su personaje, ve espejos por todas partes, y el espejo del Sena (el agua) le incita, indica Iris M. Zavala, al suicidio. Arrojarse al Sena equivaldría a una total fusión con el espejo; es decir, con la propia ficción. También le sirve de vehículo epistemológico: el auto-conocimiento, desde un espacio externo, del sí mismo como espectador y como otro. «Todo es para mí espejo», viene a decir el personaje de *El Otro*. Véanse *La angustia y la búsqueda*, pág. 167 y nota 21; A. F. Zubizarreta, *Unamuno en su «nivola»*, págs. 156-157. En *San Manuel Bueno, mártir*, el «espejo» viene a ser símbolo de inmortalidad: la montaña y la villa de Valverde de Lucerna se ven reflejadas en el espejo de las aguas del lago y duplican una mítica aldea, al parecer, sumergida —de acuerdo con la leyenda— en lo más profundo del lago. El espejo forma así un círculo entre el mundo real y el mágico o fabuloso: ambos configuran el ciclo de lo «eterno». Véase F. Wyers, *Miguel de Unamuno: The Contrary Self*, págs. 40-43. «El estadio del espejo» («*Le stade du miroir*»), como lo denomina Jacques Lacan (véase cap. I, pág. 16, nota 20), viene a ser el primer paso hacia una identificación enajenadora del sujeto que en él se contempla.

[11] Manuel García Blanco, «Introducción» a *Obras completas*, VI (*Poesías*) de Miguel de Unamuno, págs. 10-12.

En «Veré por ti», por ejemplo (pág. 293), el diálogo se verifica
entre un «tú» («la luz de un alma hermana que de lo eterno
llega / y el fondo le ilumina»), y un «yo» que le sirve de «lazarillo». En el siguiente poema, «Tu mano es mi destino» (págs. 294-
295), el intercambio imaginario se produce entre la conciencia
de fragilidad del «yo» («me faltan fuerzas para andar») y el
alegórico «tú» cuyas manos poseen un poder energético, vital.
Uno sirve de apoyo físico («te llevaré por los caminos largos»)
(ver. 4); el otro, de generación espiritual: «Tu mano es mi
destino; / al sentir su apretón, es como un rayo; / la vida me
renace, / yo te renazco» (vers. 21-24).

Semejando la dualidad entre *corpus* y *anima* se alterna la
diferencia entre esa concepción mítica de la realidad que implica el acto poético, y el orden lógico, intelectual, que establece
el ensayista, el filólogo. Éste, escribe Unamuno, no soy «yo»;
más bien, «el condenado catedrático de que estoy poseído»
(XIII, pág. 30). Y sobre este mismo deseo de constituirse como
mito escribe en «Yo, individuo, poeta, profeta y mito» (X, páginas 510-512): «Soy un mito que me estoy haciendo día a día,
según voy llevado al mañana, al abismo, de espalda al porvenir. Y mi obra es hacer mi mito, es hacerme a mí mismo en
cuanto mito» (pág. 512). En la comunión fraternal con los
«otros» se diferencia también este «yo», quien es a su vez representación: «Todos soy yo», escribe en el soneto «Piedad»
(VI, pág. 316); y hablando por boca de la humanidad de cada
uno, continúa: «en mi alma se refleja / todo placer y toda
humana queja» (vers. 5-7). En el mismo sentido se desarrolla
el soneto «Fraternidad», incluido en *Rosario de sonetos líricos*
(1911), (pág. 343), donde la presencia de un «tercero» viene a
ser la revelación del propio nombre. La comunión con el sentimiento del prójimo; la misma encarnación simbólica de un
«Yo» que es a su vez figura y prototipo de una dividida interioridad, asocia al primer Unamuno con la poética de Whitman
a quien lee, cita y comenta con frecuencia [12]. Su conciencia

---

[12] Manuel García Blanco, «Walt Whitman y Unamuno», *Atlántico*, 2
(Madrid, 1956), 5-47; *Cultura Universitaria*, LII (Caracas, 1955), 76-102;
OC., VI, núm. 682 (pág. 1153).

reflexiva; el diálogo íntimo entre el «cuerpo muerto» («yo»)
y su «alma» («tú»), en «Para después de mi muerte» (VI, páginas 172-174), nos lleva a la vez a los monólogos dramáticos
de Robert Browning (1812-1889), a quien Unamuno menciona
e indica, con Leopardi, Coleridge y Carducci, leer asiduamente[13].
El mundo interior de diferentes personajes, en momentos de
crisis, o de confusión, se anima en Browning en un íntimo
monólogo, revelando en el proceso sus más urgentes necesida-
des y convicciones; sus confusiones y el sentido de la misma
realidad. Así, en «The Bishop Orders His Tomb at St. Praxed's
Church», el prelado exclama: «Do I live, am I dead?» (ver. 113).
Y desde la tumba, en «Fra Lippo Lippi», intenta buscar éste
un sentido a la vida terrenal: «To find its meaning is my meat
and drink» (ver. 315)[14]. Importa observar cómo en estos monólogos, la audiencia (en Unamuno el «tú») representa una parte,
y al lector se le recuerda su presencia; determina éste a la vez
lo que el hablante dice y el cómo lo dice.

Dentro de esta modalidad es representativo, creemos, el
soneto titulado «Coloquio místico» (LXIX) incluido en *Rosario
de sonetos líricos* (VI, pág. 375). El diálogo se establece entre

---

[13] «Ahora leo a Browning y a su mujer», escribe Unamuno en carta
del 13 de diciembre de 1906 (núm. XVI) a Maragall. Véase *Epistolario y
escritos complementarios*, págs. 47, 72. De Robert Browning poseía Unamuno en su biblioteca *The Poetical Works of Robert Browning*, 2 vols.
(London, Smith, Elder, 1905); de Coleridge, entre otros, *The Poetical
Works of S. T. Coleridge* (London, F. Warne and Co., 1893), y *Biographia
Literaria*, introd. Arthur Symons (London, Dent 1906). Véase *An Unamuno source book*, págs. 37 y 58. Sobre estas lecturas le comenta Unamuno a Maragall en *Epistolario y escritos complementarios*, págs. 22-23.
Véanse también Manuel García Blanco, «Poetas ingleses en la obra de
Unamuno, I, II», *BHS.*, XXXVI, 2 (April, 1959), 88-106; 3 (July, 1959), 146-
165; del mismo, «Unamuno y las letras norteamericanas», en *Pensamiento
y Letras en la España del Siglo XX*, págs. 219-245; Peter G. Earle, *Unamuno and English Literature* (New York, Hispanic Institute, 1960). Sobre
el concepto «monólogo-diálogo», véase José Huertas-Jourdá, *The Existen-
tialism of Miguel de Unamuno* (University of Florida Press, Gainesville,
Fla., 1963), págs. 5-11.

[14] T. S. Eliot, «The Three Voices of Poetry» en *On Poetry and Poets*,
págs. 89-102. Véase una definición más general en Philip Drew, *The Poetry
of Browning; a Critical Introduction* (London, Methuen, 1970).

un místico y Dios, pero viene a ser presenciado por dos teólogos, a quienes el yo interior escucha sin entender. El problema es teológico. Hablar con Dios, le responden los teólogos
al místico, es como meterse hasta el fondo del abismo (vers. 10-
11). Los dos últimos versos apuntan al concepto unamuniano
sobre la divinidad: «y respondo de mí, mas Dios se esconde /
y es de Él, de Dios, de quien yo no respondo» (vers. 13-14).
Bajo la voz del místico, interlocutor con los teólogos, Unamuno, como Robert Browning, presenta un conflicto personal
en proceso. Pero el narrador se asume bajo la voz del místico
—tal máscara subraya una actitud irónica— para revelar las
dudas sobre la existencia de la divinidad. Las comillas y guiones
de cada hablante señalan gráficamente el intercambio dialógico,
individualizándose cada monólogo dentro del texto en que se
inserta.

Las referencias a un «tú» como escucha —el alma, la soledad,
el futuro, la existencia— lo transforman implícitamente en
correlativo participante en el texto. Así, en el soneto «Soledad»
(LXXXII), y en el titulado «A mi buitre» (LXXXVI, págs. 383,
385), se establece un oyente, implícito ya en el apóstrofe («Pobre
alma triste que caminas sola», en el primero; o «Este buitre
voraz de ceño torvo», en el segundo) que se diferencia del
locutor. Lo que implica, en principio, una dualidad dentro de
la constitución psíquica del sujeto. El «buitre» viene a ser la
figura emblemática del hombre trágico, en lucha contra la sombra de la muerte (el pájaro), o contra la duda de la propia
existencia. Su «ceño torvo», la acción repulsiva de devorar «las
entrañas», el «pico corvo», acentúan el carácter simbólico. Su
presencia («y es mi único costante compañero») es obsesiva:
labra con su pico las propias «penas»[15]. Pero el sujeto que percibe tal presencia —figura de Prometeo— se siente a su vez
diferenciado del «otro» (el «buitre»), constituyéndose en doble
de la propia experiencia de lo mortal. Y abarca a ambos por

---

[15] Manuel Alvar, «Unidad y evolución en la lírica de Unamuno», *Estudios y ensayos de literatura contemporánea* (Madrid, Editorial Gredos,
1971), págs. 131-35.

igual. En el soneto «Ex-futuro» (VI, pág. 405), vocablo al que aludirá Unamuno con insistencia [16], diferencia lo que se es de aquello que se quiso ser: un sueño en el porvenir ya distante. Sin embargo, las mismas variantes de la creación poética confieren al espíritu que le da expresión una clara ambivalencia entre el uno (ayer) y el otro (hoy) (véase «Caña salvaje», incluido en *Rimas de dentro*, 1923) (VI, pág. 525). Pero es en «Vuelven a mí mis noches», escrito, de acuerdo con el epígrafe, «en el cuarto en que viví mi mocedad» (págs. 532-534) [17], donde se contempla, en contenida emoción, el que fui del que soy. Ante el espejo de la propia conciencia, varia y fluctuante, yacen «solos» todos aquellos que «fuimos» (ver. 26). Pero este yo nostálgico ve en los otros, ya desaparecidos, la fatal premonición: la propia muerte:

> ¡Cuántos he sido!
> Y habiendo sido tantos,
> ¿acabaré por fin en ser ninguno?
> De este pobre Unamuno,
> ¿quedará tan sólo el nombre?
>
> (vers. 60-64)

Por el contrario, en el poema «En Gredos» (págs. 512-515), escrito en 1911, e incluido en *Andanzas y visiones españolas*

---

[16] De «Nuestros yos ex-futuros» titula Unamuno un ensayo donde comenta *The Jolly Corner* de Henry James y el ensayo de Mr. Van Wyck Brooks titulado «Henry James: The American Scene». Define al «yo ex-futuro» como «el que iba a ser y no llegó a ser» (*OC.*, X, págs. 529-535). Gullón señala semejanzas entre el relato de James y el de Unamuno «El que se enterró» (*Autobiografías de Unamuno*, pág. 167, nota 11). El hombre se salva, de acuerdo con Unamuno, no sólo por lo que haya sido; también por lo que haya querido ser. Véase Francisco Ynduráin, *Clásicos modernos. Estudios de crítica literaria* (Madrid, Editorial Gredos, 1969), págs. 33-34.

[17] Una copia autógrafa de este poema, indica Manuel García Blanco (*OC.*, VI, pág. 52, nota), se la remitió Unamuno a Azorín, al tiempo de componerlo (carta del 10 de septiembre de 1909), y la reproduce éste en su libro *Madrid* (1941, págs. 38-41). El poema, con algunas variantes, fue publicado en el semanario estudiantil, *La Tribuna Escolar*, II, núm. 23 (Salamanca, 17 de mayo de 1922).

(1922), nos encontramos con un yo exultante. En el alto de la cima presiente la perennidad del ser; la unión cíclica con el tiempo, y la estratificación de su historia en atemporal y estática. En la cumbre, asociándose míticamente con la España de la epopeya bélica (Carlos V, El Dorado) o literaria (*El Quijote*), sacia su sueño de inmortalidad [18]. Se encuentra a sí mismo y, evocando el pasado, se constituye en heroica presencia.

> Que es tu cima donde al fin me encuentro,
> siéntome soberano,
> y en mi España me adentro,
> tocándome persona,
> hijo de siglos de pasión, cristiano,
> y cristiano español;
> aquí, en la vasta soledad serrana,
> renaciendo al romper de la mañana
> cuando renace solitario el sol.
>
> (vers. 97-105)

En «Al Nervión» (págs. 504-507) se recorre la historia del río y del sujeto («sobre tu seno / maternal descansando mi cabeza») que la fija, desde las primeras ilusiones juveniles (estrs. 1-7) al hombre maduro, nostálgico e inquieto (estrs. 24-25). Nubes, calles, agua, asocian la imagen del tránsito: «...hoy vuelvo / a aquel mañana de mi ayer perdido, / a aquella mi otra suerte / que con vosotras, / nubes de mi niñez y mis montañas, / fue a perderse a los cielos del oriente!» (vers. 27-32). El río es también imagen a la vez del pulso rítmico de Bilbao; de la niñez, adolescencia y primeras pruebas en la vida. Se transforma en parábola del propio existir. Se lanzó como un pequeñuelo bordeando los fuertes brazos de las montañas; jugueteó entre alisos y álamos y, bajo el cielo, gozó de la tibia verdura: «del valle en el sosiego» (vers. 51-52). Encajonado corre, ya adulto, entre los recios muros de la ciudad. Pero su camino viene

---

[18] Eugenio de Bustos Tovar, «Miguel de Unamuno, 'poeta de dentro a fuera': Análisis sémico del poema 'Castilla'», *CCMU.*, XXIII (1973), 71-137.

a ser determinado, fijo. De este modo, la historia de su transcurso se torna en alegoría de quien hoy lo contempla:

> Cual tú, preso entre muros, hoy trasporto
> cargas de pensamientos en mis aguas
> y en vez de nubes blancas o de rosa
> reflejo, carnal triste,
> ¡negrura de humos!

(vers. 70-74)

Se remansa su paso al llegar a la ciudad. Fundido con el mar, viene a reflejar la atemporalidad de la historia, estática y permanente, y su continua presencia en el futuro del tiempo. Pero se contrasta, al mismo tiempo, con el tumultuoso río interior del narrador: «embalsama», le pide, «en la sal de tu marea / para el viaje sin vuelta / mi pobre espíritu» (vers. 123-125).

Tres espacios (montaña, ciudad, mar), tres tiempos correlativos (adolescencia, juventud, madurez) y cronológicos (del pasado al futuro) relacionan las vicisitudes del río con el sujeto que en él se contempla [19]. Y si bien las connotaciones simbólicas son amplias, el Nervión es signo, *ex contrario*, de la situación de uno de sus hijos, falto éste de la resignación o de la mansedumbre de sus aguas lentas. Añoranza, confesión y súplica; identificación y diferencia, son parte del rico enunciado del poema, que consta de 25 estrofas, con una medida regular (tres endecasílabos, un heptasílabo y un pentasílabo final), escrito hacia 1911 [20]. Cuarenta años más tarde, otro poeta, Dámaso Alonso, dedica un poema al río Charles de Boston que incluye en *Hombre y Dios* (Madrid, 1955). Las diferencias entre los dos poemas, si bien básicas, no impiden sus varias semejanzas. El «Nervión» de Unamuno refleja la historia de sus primeros

---

[19] Carlos Blanco Aguinaga en *El Unamuno contemplativo* (México, Fondo de Cultura Económica, 1959) documenta detalladamente la función simbólica del agua en Unamuno: del mar (págs. 223-245); del lago (págs. 245-251); de los ríos (págs. 173-182).

[20] Véase para la fecha exacta Manuel García Blanco, *Don Miguel de Unamuno y sus poesías* (Salamanca, Universidad de Salamanca, 1954), págs. 240-242. Al mismo río le dedica también un poema («Amo al Nervión») Blas de Otero, que incluye en *Se trata de España* (París, 1964).

sueños y el forzamiento final, ya encauzado el curso, poco antes
de unirse a la mar. Se realza, sobre todo, la ausencia de un
remanso de quietud. En Dámaso, el río «Carlos» corre libre,
continuamente (una agravante); su movimiento y agua dan
pie al cuestionamiento ontológico —*hic et nunc*— de su validez: del sentido del fluir en la existencia. Los versos libres,
largos encabalgamientos, vienen a ser un angustiado río de
preguntas, dudas y aseveraciones. Pero importan las posturas
de los dos poetas (un caso de historia literaria) en el texto
escrito. El río «al que le llamaban Dámaso» (ver. 70) se transforma en auto-identificación; en Unamuno, en contraste ante
aquello de que se carece: en quietud. El Nervión de Unamuno
es heroico símbolo de la Vizcaya cara al mar y recostada en la
montaña; de la historia de su villa (Bilbao) y de su pueblo;
del refugio a donde vuelven y descansan los barcos y las gentes,
después de una larga travesía. Es el viejo «guardián» que los
protege, ya convertido en ría, contra los aluviones de la historia
hacia el olvido. Por el contrario, el río «Carlos» cuestiona tal
significado (la historia presente), y el mismo acto de la vida
en que se predica: la connotación semántica del «fluir», «fluido»
y «fluyente» (ver. 11)[21]. Distantes y lejanos en el tiempo y en el
espacio, sirve un mismo signo para narrar las propias vicisitudes y definirlas, proyectando la historia personal en paradigma de lo atemporal y simbólico.

RAFAEL DE TERESA O LA TERESA
DE RAFAEL: LA PERSONA ÍNTIMA

Rafael de Teresa, afirma Unamuno en el «Prólogo» a *Teresa*
(1924), es como «si hubiese topado con uno de mis yos ex-futuros» (VI, pág. 559)[22]. Y reconoce líneas seguidas que este

---

[21] Miguel Jaroslaw Flys, *La poesía existencial de Dámaso Alonso* (Madrid, Editorial Gredos, 1968), págs. 240-261; del mismo, *Tres poemas de
Dámaso Alonso* (Madrid, Editorial Gredos, 1974), págs. 109-152; Rafael
Ferreres, *Aproximaciones a la poesía de Dámaso Alonso* (Valencia, Editorial Bello, 1976), págs. 219-221.

[22] Véase Carlos Blanco Aguinaga, «'Authenticity' and the Image» en

Rafael es un paradójico yo atemporal. Pero la necesidad de
acudir a él para establecer una analogía no es por la identificación que conlleva implícita en el libro —la superación por el
amor (hacia Teresa) de un yo romántico—, sino simplemente
por la búsqueda (también en el amor) de la «inmortalidad».
La obra escrita es así un signo de afirmación[23]. Desnuda el
alma en el lenguaje rítmico (tal es el poeta, afirma Unamuno)[24],
deletrea éste, y contra el tiempo, su historia. El poema es a la
vez su constatación. Así la escritura no será sólo, como veremos,
enajenación o fuga de la persona que mecánicamente traza a
otra (se configura ésta en el lector); también es identificación
en el tiempo y en la mutua correspondencia ideológica («yo»,
«tú») dentro de las dos categorías pronominales: «Tú me libraste
del otro / que ya no va a donde voy» (núm. 37, pág. 601); o en
la identificación dialogada entre un yo presente (Rafael); un
«tú» mediador (Teresa), y un «él» lejano: el «otro» como escucha)[25]. Con «Me dice, don Miguel, que metafísico / me ha

Unamuno: Creator and Creation, ed. José Rubia Barcia and M. A. Zeitlin,
Berkeley and Los Angeles, University of California Press, 1967, págs. 50-51.

[23] Emilio González López, «La poesía de Unamuno: el relato poético
'Teresa'», *La Torre*, 66 (octubre-diciembre 1969), 84-89.

[24] «Un poeta», escribe en su «Poética», «es el que desnuda con el
lenguaje rítmico su alma. El ritmo, además, le sirve, como el bieldo de
aventar en la era, para apurar su pensamiento, separando a la brisa
del cielo soleado, el grano de la paja». Ver *Poesía española contemporánea* (1901-1934), ed. de Gerardo Diego, Madrid, Taurus, 1962, pág. 60.
En «Credo poético» expresa Unamuno: «no te olvides de que nunca más
hermosa / que desnuda está la idea» (vers. 15-16); en el mismo sentido:
«Algo que no es música es la poesía, / la pensada sólo queda» (vers. 7-8)
(*OC.*, VI, págs. 168-169). «El lenguaje», indica en *Del sentimiento trágico*
(IV, pág. 705), «es el que nos da la realidad, y no como mero vehículo
de ella, sino como su verdadera carne». Véanse también págs. 577-578;
Carlos Blanco Aguinaga, *Unamuno, teórico del lenguaje* (México, Fondo
de Cultura Económica, 1954), págs. 35-64; 103-108; Allen Lacy, *Miguel de
Unamuno: The Rhetoric of Existence* (The Hague-París, Mouton and Co.,
1967), págs. 120-151; José Ferrater Mora, *Unamuno: bosquejo de una filosofía* (Buenos Aires, Editorial Losada, 1944), págs. 170 y sigs.

[25] «Es esta condición de diálogo», afirma Émile Benveniste, «la que es
constitutiva de la *persona*, pues implica la reciprocidad que me torne *tú*
en la alocución de aquel que por su lado se designa por yo», en *Problemas*

hecho el amor en agonía lenta», se inicia el poema núm. 31 (VI, pág. 596). El vocativo asocia la oralidad (la palabra de Teresa que Rafael transmite a don Miguel) con la transcripción lírica del poeta. Asumimos a un escucha «don Miguel», y a un hablante «Rafael», y se nos transcribe literalmente la frase de Teresa [«Metafísico estáis...»], dirigida a éste y escrita entre comillas. Asumimos a la vez, como lectores, que Unamuno es el Rafael autor, personaje y referente. El poema, válido por el cruce de modalidades líricas, viene a ser un *mise en scène*: la configuración de una *persona* (el «escucha») que en el proceso se deletrea a sí mismo a través de la confirmación de todos los otros: Dios (Él), la madre (Ella), la esposa (Concha), la naturaleza (Castilla), la patria (España).

Dicha pareja (Rafael-Teresa) pasea por el mundo y lo define desde un punto de vista sumamente singular: «Hemos sido legión... ¡no! una pareja, / una siempre y la misma, / y para ver el mundo nuestra reja / fue un encantado prisma» (núm. 84, pág. 637). El amor, como el poder connotativo del poema, asegura la posibilidad mutua y receptiva de la comunicación (« ¡Que yo te hago como tú me hiciste») (núm. 92, pág. 642); en ella se supera la frágil estructura temporal: «nuestra pobre nonada no resiste / al empuje sin peso del amor!» (vers. 19-20). Pero más digna de atención es la epístola que se incluye al final de *Teresa* (págs. 647-650). «Don Miguel» es de nuevo el interlocutor: «Me dice don Miguel» (ver. 1); o «Tiene en mí, don Miguel» (ver. 8); o «No creo, don Miguel, que a usted le asombre...» (vers. 123-124), ya cerca de los versos finales. Pero el mismo doblamiento se verifica en Teresa, interlocutora («tú») desde la muerte y a la vez referencia idílica: todo se deletrea a través de su nombre. Y así, la voz asumida bajo don Rafael, en toda la variada conjugación pronominal, va conformando la persona

---

de lingüística general, pág. 181. En el mismo sentido escribe Unamuno en su *Cancionero* (*OC.*, VI, pág. 948): «—Esos íntimos misteriosos momentos —el de esta mañana— en que de pronto, al pasar, se sorprende uno —¡uno!— frente al espejo y se mira como a un extraño, no, como a un prójimo, y se dice: 'pero, ¿eres tú?, ¿eres tú del que se dice?, ¿eres tú? Y se siente uno —¡uno!— no ya yo, sino tú».

de don Miguel: a) en la definición del concepto de lo «eterno» (clave en la lírica de Unamuno): «Que lo eterno es la vuelta, la carrera / es el ritmo y la estrofa, y es la rima / la pasada y futura primavera» (vers. 19-21); b) en la memoria que, fija en el verso, conlleva el latir cósmico; en él se perdura; c) en la poesía que define como suma creación: palabra que enunciada (secuela romántica) dio existencia al cosmos; y d) en la fijación de la experiencia de un destino: nuestra mortalidad (ese «atisbar en el pobre cementerio / en que ella sola y solitaria espera», vers. 92-93). Se concluye, por último, sobre la finalidad de *Teresa*: «su tumba séanos bendita cuna / de la inmortalidad, ¿qué importa el nombre?» (vers. 121-122). Lo que confirma, por un lado, la anonimidad (y a la vez pluralidad) del denominativo Teresa (con tantas implicaciones castizas); y por otro, el símbolo romántico implícito (la idealizada Teresa de Espronceda)[26], y la metáfora de su concepción: la fijación de la inmortalidad a través de un amor frustrado por la muerte[27]. La relación parabólica, al igual que sus componentes, es obvia: Rafael es a Unamuno lo que Teresa a la Idea de su existencia en la fragilidad del tiempo[28].

Pero no menos curioso es el comentario a la «Epístola» (XII) que se incluye al final del libro, y es parte de las «notas» escritas por Unamuno a sus propios textos (págs. 663-666). Al analizar la etimología «rato-rapto» («me dice don Miguel, que *rato es rapto*» («Epístola», pág. 647, ver. 1), identifica y asume como propios varios de los pensamientos de Rafael, incluyendo,

---

[26] Joaquín Casalduero, *Espronceda*, 2.ª ed. (Madrid, Editorial Gredos, 1967); Domingo Ynduráin, *Análisis formal de la poesía de Espronceda* (Madrid, Taurus, 1971).

[27] Alude Unamuno a la Teresa de Espronceda (*El diablo mundo*, Canto II, «A Teresa») en el *Cancionero* (*OC.*, VI, núm. 568, pág. 1123), cerrando la última estrofa del poema con una mordaz parodia: «esta vida es un fandango, / lo bailasteis a sabor»; o en la variante, «¿quién la bailará mejor?» (vers. 11-12, y nota al pie de página).

[28] Así se define Unamuno: «Aunque pienso por cuenta propia, no soy ni sabio ni pensador, soy un *sentidor*. No soy idealista; soy espiritualista. No soy un intelectual, sino un pasional», citado por P. Félix García en el «Prólogo-estudio» al *Diario íntimo* de Unamuno (pág. xii).

como figura de lo perenne contra lo caduco, un bello poema
sobre los vencejos (págs. 664-665)[29]. El tradicional concepto
renacentista, Arte-Naturaleza, destaca la oposición: «Vuelve
todo lo que es naturaleza, / y tan sólo se pierde / lo que es
remedo vano de los hombres: / sus artificios, invenciones,
leyes...» (vers. 32-35). Pero nos importa la incidencia en el término *pesar* y *pensar* (dos voces gemelas derivadas del mismo
vocablo latino) como núcleos semánticos que anudan, a lo largo
del poema, el concepto ponderado (juicio) sobre el arrebato
amoroso (pasión); la espontaneidad frente al acto reflexivo.
Pues de alguna manera el poema «Epístola», su comentario, al
igual que *Teresa*, son la conjunción de una constante: la aprehensión de la mutabilidad y la ansiada perduración en la palabra escrita. Y si bien Rafael se dobla (detrás siempre Unamuno),
lo mismo sucede con Teresa: «Eran dos las Teresas que conocía
Rafael», comenta Unamuno en la nota II a la «Rima 17» (página 653), «la de la carne carnal y la de la carne artificial, la
temporal y la eterna».

Como en *Don Quijote* o en los escritos de Borges, Unamuno
es, en relación con el texto de *Teresa*, mero transmisor. Sin
embargo, en cada línea se delata la persona del «poeta desconocido». Ya la misma enunciación (*Rimas*) asocia el texto con
los escritos de Bécquer: exaltación del yo; sentimiento de ausencia; análisis de la unión en el pasado (idealización) para
realzar la soledad del presente: deseo de evasión y muerte, y
hasta la morbosa descripción del cuerpo inerte de la amada
como doloroso desengaño. Pero el proceso es dual. Se recorre,
en el acto de desdoblar la angustiada memoria de Rafael, el
discurso lírico del Romanticismo (del «Canto a Teresa» de Espronceda a las *Rimas* de Bécquer), superponiéndose conjuntamente la visión meditativa de un yo a través de una conciencia
que duda de la temporalidad[30]: permanencia / mutabilidad,

---

[29] El poema fue fechado el 18 de abril de 1908. Fue traducido al francés por Mathilde Pomès (1938), y al inglés por Eleanor L. Turnbull (1952)
(*OC.*, VI, pág. 665, nota).

[30] Carlos Blanco Aguinaga, *El Unamuno contemplativo*, pág. 21 y
nota 10. Véase sobre la relación Unamuno-Bécquer, Antonio Prieto, *Cohe-*

sentimiento / razón, vida / muerte. La escritura es también aquí permutación, «máscara». Y es ésta la figura retórica que conforma la textualidad de *Teresa*. Se constituye, en el paradigma que se anuncia (y enuncia), en la metonimia de una alusión (la muerte de la amada; el dolor del amante), pero también en la metáfora de un yo que, a partir de este mismo punto, establece contra la temporalidad [31] (figurándose amante y amado) una relación existencial con el mundo entorno. Así, el epíteto «desconocido» («*Rimas de un poeta desconocido...*») que conlleva el anonimato y el misterio del origen, implica tal asunción: la verificación del «sí mismo» en la conciencia, a través de una típica experiencia de muerte y dolor (*OC.*, VI, págs. 572-573).

DEL ENTIERRO AL DESTIE-
RRO: LA PERSONA PÚBLICA

Apenas transcurre un año desde la publicación de *Teresa* (cuyo subtítulo, *Rimas de un poeta desconocido presentadas y presentado por Miguel de Unamuno*, es tan significativo) a la aparición de *De Fuerteventura a París. Diario íntimo de confinamiento y destierro vertido en sonetos* (1925). En *De Fuerteventura a París* se asume, ya a partir de la misma enunciación, un cambio de sentido. La mutación espacial nos sitúa entre dos lugares antitéticos: de la isla desértica a la ciudad de las luces. Pero la enunciación de espacios divergentes, externos, es de nuevo metafórica. La transición física entre los dos puntos encubre un viaje interior: «el diario íntimo de confinamiento y destierro», o «un diario íntimo de la vida íntima de mi destierro», como lo define Unamuno en la «Dedicatoria» (VI, pág. 674). Sin embargo, y pese al enunciado (*Diario íntimo*), la crítica social y política mueve la intención de la mayoría de los ciento tres

---

rencia y relevancia textual (*De Berceo a Baroja*) (Madrid, Editorial Alhambra, 1980), págs. 286-295.

[31] «La escritura es», afirma Pedro Salinas, «como confirmación contra la temporalidad». Véase «El 'palimpsesto' poético de Unamuno» en *Ensayos de literatura hispánica* (*Del Cantar de Mío Cid a García Lorca*) (Madrid, Aguilar, 1961), págs. 300-308.

sonetos (pág. 675), que divide en dos partes: «Sonetos de Fuerteventura» (I-LXVI) y «Sonetos de París» (LXVII-CIII). Escritos
desde un «aquí», establece en ellos Unamuno un «allá» (el «tú»
referencial), variado y difuso: España, patria, hogar, gobierno,
historia, Dios, mar[32]. Interesante al respecto es el soneto LVI
(pág. 705), y la nota que incluye al pie de página: «Siempre me
ha preocupado el problema de lo que llamaría mis 'yos ex-
futuros'», y continúa: «los que pude haber sido y dejé de ser,
las posibilidades que he ido dejando en el camino de mi vida».
Y, como réplica, la ensoñación (del catedrático al caudillo) de
las posibles personas públicas:

> Vuelve el que pudo ser y que el destino
> sofocó en una cátedra en Castilla,
> me llega por la mar hasta esta orilla
> trayendo nueva rueca y nuevo lino.
>
> (vers. 5-8)

Pero el pasado y el porvenir de España, en *De Fuerteventura a
París* (núms. III, XCVIII, XCIX, CXII), al igual que los tópicos
del *Romancero del destierro* (1927): el transcurso como «sombra
de nubecilla en la mar adormida» (XIII); el tiempo como hechura divina (XXV), y hasta el viejo *topos* del «*Collige, virgo,
rosas*», sugerido por los varios epígrafes tomados de Ronsard
(XXVII), conforman la temática de ambos libros (a la vez «diarios íntimos»); también el tema de la justicia, de la libertad,
y el de una España mejor. Y Don Quijote es la figura que míticamente protagoniza, en la «selección» de *Romances* (págs. 775-
782), tales ideales (núm. XVI, págs. 780-781): «Solo, hidalgo,
solo tú, / sin Sancho, en mano de Dios, / rebelde a la rebeldía /
del poder de sinrazón» (vers. 13-16). Para conjurar contra el cas-

---

[32] Véanse los temas: «España»: núms. XXXIX, XLVII, LIV, LXVIII,
XC-XCIII; «Patria»: XXV; «Hogar» o «Concha»: XXVII, LXVI; «Gobierno»: VI, VII, XII, XXXIII; «Dios»: X, XVIII, XX, XXII, LXIII,
XCV, XCVI; «Historia» o «Política»: IX, XI; y, sobre el mar, XXI, XXXV,
XLIX, LII, CXXIII. Tres «círculos» de inspiración le asigna Luis Cernuda
a Unamuno: «patria», «familia» y «religión». Véase *Estudios sobre poesía
española contemporánea*, 2.ª ed. (Madrid, Ediciones Guadarrama, 1970),
pág. 73.

tigo injustamente impuesto, la evocadora figura de Dante contrasta con la situación del narrador («Voy contando los segundos / del desvelo por la noche» (núm. XVIII): ambos a su vez desterrados y peregrinos. Dante pudo, sin embargo, gozar, pasado el infierno, «los divinos resplandores / del Paraíso soñado» (vers. 30-31); no así Unamuno. España es un imposible («siempre más allá», vers. 49-50); el destierro (el infierno dantesco) una situación permanente.

Importa destacar la postura de víctima que se asume. Desterrado, contrasta el poeta su caso con la figura de don Quijote (más real, de acuerdo con Unamuno, que el mismo Cervantes) y con la del peregrino mítico (Dante), caminante en el propio texto; en la vida como el mismo Quijote[33]. Tales personas recorren la relación escrita. Ya en la sección de *Poesías sueltas*, 1894-1928 (VI, págs. 783-928) se aludía a la fabulación mítica de Whitman; a la poderosa atracción que ejercía sobre él:

> Tú dices mis mejores pensamientos,
> tú mis mejores ansias,
> a ti pasó mi espíritu intranquilo,
> en ti mi sueño arraiga
> y brío prende.
>
> (vers. 11-13, pág. 793)

La modalidad profética del vate americano, llena de vigor y energía juvenil, se torna en un mañana imaginado. En él se reconoce el lector, y predice a la vez la imposición de su figura paterna: «Mi yo más yo me devolvéis vosotros» (ver. 55). Al yo individual se superpone el que se identifica en el otro (el «tú»). Uno es el reconocido y presente (lo que soy)[34]; el otro, el idealizado «ex-yo» que, como vimos, deseó ser.

---

[33] Numerosas son las alusiones a la figura de Don Quijote en el *Cancionero*; asociada, en algunos casos, a la figura de Sancho (núms. 262, 335, 446, 488, 623, 843); como figura evocada en la niñez (núm. 297), o a través de Cervantes (núms. 633, 802). Véase Armando F. Zubizarreta, *Unamuno en su «nivola»*, págs. 42-46, 304-307.

[34] Leo Spitzer, si bien desde otra perspectiva, ha estudiado magistralmente, el concepto del «Soy quien soy» en *NRFH.*, I, 2 (1947), 113-127.

En el poema «Apretón de manos» (VI, pág. 798) se alude al rito de la necesidad del «otro». Augura aquí Unamuno, y a treinta años de distancia, la poesía social de Gabriel Celaya, asiduo lector del paisano vasco. En el poema «A Andrés Basterra», recogido en *Cartas boca arriba* (1950), acepta Celaya la mano, tímidamente extendida, de Andrés: «Y me tiendes tu mano floja, rara, asustada / como un triste estropajo de esclavo milenario, / no somos dos extraños» (vers. 8-10). Carece, sin embargo, el «apretón de manos» de Unamuno, de las implicaciones ideológicas del poema de Celaya. Es, en este sentido, un signo de solidaridad y de condescendencia: de libertad ante la opresión. En Unamuno la «mano» es asidero, sostén ante la incertidumbre y ante el misterio de ser: «Y cuando yo ante el mundo / en mi mano tu dulce mano aprieto, / este apretón te dice / cómo sin ti en espíritu me muero» (vers. 35-38). Pero el «apretón de manos» no es tan sólo un signo social. Une además y comunica la fuerza vibrante del encuentro: la fe en la duda. Sirve de hermandad en la esperanza mutua de dos individuos. Es un cruce en la intimidad ante el «insondable destino» (vers. 9-10); o ante la agobiante incertidumbre de ser para-la-muerte. Identifica a la vez a quien la tiende. La conciencia de la propia persona se asegura en el contraste de la comunicación con el otro: en el dirigirse éste a un «tú» desde un «yo» escucha [35].

Una serie de imágenes, tales como la del «sueño» o del «espejo», establecen también una relación dialógica entre dos personas, percibidas a la vez como reales y como simbólicas. Su tratamiento es rico en múltiples connotaciones semánticas. El sueño supone, por ejemplo, en el poema núm. LXXXIX (páginas 897-898), un círculo sin salida. La *persona* (sujeto y objeto a la vez) se sueña a sí misma, y establece con los «otros» una relación intrínseca de acuerdo con la hechura de quien los sueña. Fechado el 13 de julio de 1912, estamos a poca distancia de la aparición de *Niebla* (1914). El espejo viene a ser de nuevo un rico símbolo estructurante [36]. Su reflejo en la superficie del

---

[35] Émile Benveniste, *Problemas de lingüística general*, págs. 179-187.

[36] Tal símbolo aparece en *El Otro*, y tiene viejas raíces en la experiencia que relata Unamuno en su *Diario* (1897) (I, II). Se halla en *La*

cristal anula toda posibilidad de identificación; éste es artificio, copia, imagen inanimada y dependiente: símbolo a la vez de la propia muerte. Su función es polisémica. El «otro», amigo fiel, se torna en el «espejo de mi espejo»; «— los dos no más un habla—» (*Cancionero*, núm. 575) (VI, págs. 1124-25) que el lenguaje —otro espejo— configura como reflejo. Se toma conciencia de una terrible sensación de enajenación ante el doblamiento de la personalidad, convertido en espectador de la propia *persona* [37]. Pues al igual que los personajes de una ficción pasan a ser lectores y, a su vez, espectadores (recordemos *Niebla*, *Teresa*, *Don Quijote* o *Hamlet*), Unamuno, también espectador, también lector (afirmaría Borges) [38], cobra conciencia de su propia ficción (X, págs. 241-42). Es decir, la figura reflejada

---

Esfinge (act. I, esc. XIII) y repetidas veces en su lírica. En *La novela de Don Sandalio* (XIX) escribe: «Había grandes espejos, algo opacos, unos frente a otros, y yo entre ellos me veía varias veces reproducido, cuanto más lejos más brumoso, perdiéndome en lejanías como de triste sueño» (*OC.*, XVI, pág. 660). Como símbolo de la propia muerte lo encontramos en *Diario íntimo*: «Yo recuerdo haberme quedado alguna vez mirándome al espejo hasta desdoblarme y ver mi propia imagen como un sujeto extraño, y una vez en que estando así pronuncié quedo mi propio nombre, lo oí como voz extraña que me llamaba, y me sobrecogí todo como si sintiera el abismo de la nada y me sintiera una vana sombra pasajera. ¡Qué tristeza entonces! Parece que se sumerge uno en aguas insondables que le cortan toda respiración y que, disipándose todo, avanza la nada, la muerte eterna» (págs. 84-85); Armando F. Zubizarreta, *Unamuno en su «nivola»*, págs. 156-158.

[37] A esta personalidad «escindida» alude Ricardo Gullón en *Autobiografías de Unamuno* (pág. 153), asociándolo con Pascal, Kierkegaard, Dostoievsky, William y Henry James, Robert L. Stevenson, Oscar Wilde y Pirandello, entre otros. Problema que surge, por primera vez, afirma Gullón, en el breve relato de «Nicodemo el fariseo». En el relato «Una visita al viejo poeta» (*OC.*, II, 745-757), anota Zubizarreta, Unamuno presenta el peligro de que el yo *externo*, impuesto por los demás, pueda ahogar al *íntimo* (V. *Unamuno en su «nivola»*, pág. 307). En tal conflicto radica lo que Unamuno llama el «misterio de la personalidad»; es decir, la dualidad «entre el hombre que uno se es por dentro (o se cree ser) y el hombre que los demás ven: la leyenda». Ver también *El Unamuno contemplativo*, pág. 31.

[38] «Magias parciales del Quijote», *Otras Inquisiciones, Obras completas* (Madrid, Ultramar Editores, 1977), pág. 669.

en el espejo viene a ser símbolo de su propia muerte; también
de la diferencia entre el que se siente ser y el que la leyenda o
la sociedad (el reflejo) ha ido figurando, premisa clave en *Cómo
se hace una novela* [39]. En los sonetos «En horas de insomnio»
(VI, núm. 2, págs. 879-881), el reflejo en el espejo viene a confirmar la extrañeza de quien en él se contempla. La conciencia
de su no-existencia confirma, paradójicamente, la existencia del
«otro» fuera de la percepción interior:

> Hecho teatro de mí propio vivo,
> haciendo mi papel: rey del desierto;
> en torno mío yace todo yerto,
> y yo yerto, también, su toque esquivo.

(vers. 1-4)

El percibido por los demás es, en *Teresa*, la figura física de la
amada (núm. 42, págs. 603-604), ya integrada en la tierra. Es
también el espejo «cuna» y «sepulcro» (nacimiento y muerte);
niñez y cara de la vejez; madre y sociedad en torno; la vida
«es un espejo corredor» (ver. 1, pág. 856), y símbolo, en «Para
después de mi muerte», de la conciencia personal: «Oye tú que
lees esto / después de estar yo en tierra, / cuando yo que lo he
escrito / no pueda ya al espejo contemplarme; / ¡Oye y medita! / Medita, es decir: ¡sueña!» (*OC.*, VI, pág. 172, vers. 12-
17) [40].

En «Granja de Moreruela» (VI, núm. LXXX, pág. 882), escrito en junio de 1911, se propone un poema que albergue «con
la muerte y la vida, tierra y cielo». Pero como en la referencia
a Whitman, Unamuno supone, en la configuración del «yo», la

---

[39] A esta «obsesiva preocupación» por la idea que los otros tuviesen
de él alude Margaret Thomas Rudd, viéndolo como uno de los motivos
que mueven toda la obra de Unamuno. Véase *The Lone Heretic. A Biography of Miguel de Unamuno y Jugo*, con intr. de Federico de Onís
(Austin, University of Texas Press, 1963), págs. ix-xi.

[40] Frecuente es dicha imagen del espejo en *El Cristo de Velázquez*:
«Primera parte»: cantos II, IV, VII, VIII, XII, XIV, XV; «Segunda parte»,
cantos III, XI; «Tercera parte», cantos IV, VI; «Cuarta parte» en «Oración final» (*OC.*, VI, págs. 415-493).

posibilidad de haber sido otro. En el ya citado soneto «Hecho teatro de mí propio vivo» (pág. 880), contrasta el ambiente en torno («todo yace yerto») con el surgir de la primavera, en el mes de abril. El «teatro de la vida», otra de las imágenes recurrentes en la lírica de Unamuno [41], coordina la relación lírica de este soneto. Pues el «teatro» viene a ser ese «yo» integral según es percibido por los «otros»: el «histórico» en oposición al «subjetivo». La dinámica interna del poema se mueve de nuevo del yo «reflexivo» al «reflejado». Y tal dualidad se transforma en la representación de un «yo» en «otros». Su escenario se constituye en sistemática *aporía* contra la duda o el temor de negarse en cada afirmación. En ella se confirma el yo fenoménico que, como tal, duda o altera lo que confirma. Así, tan sólo a través de los «otros» nos verificamos como reales; como existentes. Y la criatura viene a constatar esa continua escisión entre el ser contemplado y el que en ella se contempla:

> En vez de hacer algo que valga, escribo;
> al afirmarlo todo no estoy cierto
> de cosa alguna y no descubro puerto
> en que dé tierra al corazón altivo.
>
> (vers. 5-8)

«Teatro de mi propio vivo», «papel», «otro» y, sobre todo, «comedia», concurren en esta dinámica figuración del yo actuante frente al contemplativo. En dicha polaridad se invierte, cíclicamente, el proceso de la enunciación: del individuo subjetivo al social; del que creo que soy (interior) al que creen que soy (histórico); del que quise ser (ex-futuro) al que las circunstancias me obligaron a ser (real). Así escribe Unamuno al final de este soneto: «Me desentraño en lucha con el otro, / el que me creen, del que me creo potro, / y en esta lucha estriba mi comedia» (vers. 9-11).

---

[41] Véase «El teatro de la vida» en Armando F. Zubizarreta, *Unamuno en su «nivola»*, págs. 145-149.

DEL «NOMBRE» AL «HOMBRE»: EL CANCIONERO

Un día muy de mañana, anota Unamuno en el «Prólogo» a su *Cancionero*, salta sorprendido ante su imagen reflejada en el espejo: «Y ese yo, tú, es —no soy ni eres— el poeta»[42]. Y concluye: «Lector, el poeta aquí eres tú. Y como poeta, como creador, te ruego que me crees. Que me crees y que me creas» (VI, pág. 948)[43]. Varias premisas se desprenden del breve comentario. El lector pasa a ser ejecutor del texto. Y éste se verifica a través del trazado (que supone toda lectura) de una persona, y de la creencia en los supuestos que la constituyen. Al acto estético se aduce el ético; a la creación, la creencia. De este modo asegura Unamuno, en partida doble, su permanencia, ya no sólo en el acto estético de la figuración de un «yo», sino también en la credibilidad de los principios que propone. Diferente es, sin embargo, la lectura que establece el crítico. Éste llega a anular, según Unamuno, al verdadero autor de la obra, y al que en ella se asienta como tal. Así en «Soliloquio ante una crítica de mi obra» (núm. 738, pág. 1168) se alternan las voces de la conciencia con el escucha externo (el don Miguel autor), diferentes ambos (un típico monólogo-dramático entre el «soy»

---

[42] Véanse Bernardo Clariana, «El *Cancionero* de don Miguel de Unamuno», *RHM.*, XXI, núm. 1 (1955), 23-32; Julio García Morejón, *Unamuno y el Cancionero. La salvación por la palabra* (São Paulo, Facultade de Filosofía, 1966); Luis S. Granjel, «Unamuno en su *Cancionero* (Guía de lectores)», *Letras de Deusto*, XIV (1977), 163-172.

[43] En *Cómo se hace una novela* escribe Unamuno: «El hombre de dentro, el intra-hombre —y éste es más divino que el tras-hombre o sobre-hombre nietzscheniano— cuando se hace lector hácese por lo mismo autor, o sea actor; cuando lee una novela se hace novelista, cuando lee historia, historiador. Y todo lector que sea hombre de dentro, humano, es lector, autor, de lo que lee y está leyendo. Esto que ahora lees aquí, lector, te lo estás diciendo tú a ti mismo, y es tan tuyo como mío». Cito siguiendo la ed. con intr. y notas de Paul R. Olson, Madrid, Ediciones Guadarrama, 1977, pág. 102. La semejanza con Borges en los varios conceptos sobre «lector», «lectura» y «autor» siguen aún sin ser debidamente comparados por la crítica.

y el «eres»), del que el crítico ha puesto en tela de juicio: el mítico «yo» que sobrevirá a ambos:

> — Eres tú éste, Miguel? dime.
> — No, yo no soy, que es el otro.

Sin embargo, lo que más obsesiona a don Miguel es la posible creación de un «alma-libro» o de un «hombre-mundo» (núm. 828, pág. 1188). Y la posibilidad, sobre todo, de reencarnarse en la vibración emotiva de cada lector. La creación del «otro» viene a ser una ciega ansiedad de permanencia en la continua repetición del «sí mismo» en las bocas que le leerán: «Aquí os dejo mi alma-libro, / hombre-mundo verdadero. / Cuando vibres todo entero, / soy yo, lector, que en ti vibro» (vers. 13-16).

Pero ya en el citado poema «Para después de mi muerte», incluido en *Poesías* (1907) (págs. 172-174), el lector era la voz que recrearía, contra la muerte, la del desaparecido «él»: ese que un día se dijo «yo». La angustiada queja del primero, convertido en polvo, le pertenece al lector que, solitario, la repite y hace suya. Así la palabra (la obra escrita) se define en el tiempo como vívida conciencia (vers. 61-67) que, en lucha, protesta siempre contra su finitud:

> «¡Yo ya no soy, hermano!»
> Vuelve otra vez, repite:
> «yo ya no soy, hermano!
> Yo ya no soy; mi canto sobrevíveme
> y lleva sobre el mundo
> la sombra de mi sombra,
> mi triste nada!».

Sin embargo es en el *Cancionero* donde con más insistencia se establece una relación directa con un «tú», destacado ya como destinatario y, en diferentes niveles, en *Cómo se hace una novela* (1927) [44]. Por ejemplo, en el poema «No me mires a los ojos»

---

[44] Armando F. Zubizarreta, *Unamuno en su «nivola»*; en particular, págs. 199-217.

(núm. 8, pág. 951) se pide: «Mírame como a un espejo / que te
mira...» (vers. 5-6), suplicando al mismo tiempo se vea en él
mismo; es decir, como espejo y como reflejo [45]. La mirada mutua ha de transcender así la superficie lisa de los ojos. Al reflejo
del «yo» en el «otro» (o viceversa), y a la comunicación mutua
en un deseo de afirmarse como *persona* ante la posibilidad de
su evanescencia, alude el mito de Narciso. Unamuno transciende, sin embargo, el plano mítico de la fábula. El juicio de Narciso surge de la autocontemplación de sí mismo, enamorado de
la figura reflejada en las aguas inmóviles del remanso. El breve
poema nos sitúa, indirectamente, ante lo atractivo de la autocontemplación. Por el contrario, en el poema «Sólo en la cama,
quieto» (núm. 210, pág. 1013) el «yo» se torna en un activo
viajero de sí mismo: explora los ocultos rincones «en mi entraña perdidos» (ver. 4). Aquí se busca la «mismidad» interior
(no su reflejo como en Narciso), y se compara ésta a un gran
campo inexplorado. Lo que abarca es inconmensurable, chico
sin embargo en la conciencia de quien lo percibe. Lo que nos
lleva al viejo *topos* del «pequeño mundo del hombre», donde el
cuerpo anatómico viene a ser *imago* de otra gran totalidad. A
la vez está en consideración el concepto de viaje, aquí interior,
y el acto de explorar lugares ignotos a través de la conciencia
de ser. La dualidad implica cierta distensión fenomenológica
entre la percepción física y la mental o psíquica. Ya Edmund
Husserl, en *Idea para una fenomenología y una filosofía fenomenológica* (1913), había diferenciado el yo de la «conciencia»
del de la percepción individual, dentro de la realidad física que
le rodea. El primero se predica como una entidad distinta del
otro que surge de la percepción empírica. A éste correspondería,
según Unamuno, el ser fisiológico y anímico; a aquél, la persona

---

[45] Paul R. Olson en «Introducción» a *Cómo se hace una novela* (página 22) escribe sobre cómo la imagen del espejo simboliza «la simetría
de la vida humana». «Según este concepto», continúa, «se equiparan la
cuna y la tumba, la ultracuna y ultra-tumba, por ser de igual modo símbolos de una continuidad indeterminada fuera de la historia, fuera del
mundo de formas determinadas por discontinuidades en el tiempo y en
el espacio».

trascendente que fija el texto escrito, y se revela a sí misma
en la lectura: el «yo» ideal [46].

Como una enigmática pregunta se establece tal circularidad,
y a modo de relación pronominal, entre el «yo» y el «tú», en el
breve poema «No eres Él, Tú o Yo?» (núm. 287, pág. 1040) [47].
Dicha correlación supone ese otro pronombre que está en el
fondo de la concepción subjetiva de la *persona*: el velado ojo
que, de alguna manera, afirma la certeza de ser o de existir.
Han pasado los años. Estamos ante el poeta sexagenario (1928),
que presiente su fin. El «otro» viene también a ser la mano
fraternal una vez ya solos (núm. 301), ambos fuera de la posa-
da, en medio de la noche. De nuevo se alude a la figura de don
Quijote asociada con imágenes otoñales: «va poniéndose el sol»,
«el camino se acaba», «Se nos va a abrir la noche». Los recuerdos
de la niñez motivan un buen número de poemas de este *Cancionero*: desde la evocación de la infancia (núms. 28, 124, 133)
a las canciones que comenta (núms. 220, 302, 303).

En «Tú, verso avieso, travieso» (núm. 355, pág. 1061) el poema es la propia voz que a sí misma se escucha. En el proceso
in fieri adquiere virtualidad existencial. Lo que implica de nuevo una distanciación del «yo» operante frente al pasivo; y una
independencia entre mensaje escrito y oral. La acepción semántica del término latino «*versus*» (volver, retornar), coordina
la composición («verso diverso, divieso, / que eres el mismo al
revés») (vers. 2-4), al igual que la relación de dependencia entre
verso y canción. A la vez el poema —este poema— se constituye
en un acto conversacional entre el sujeto que en él se revela.
En el último verso se pasa de la duda a la aseveración: «con-

---

[46] Véanse R. Xirau, *La filosofía de Husserl* (Buenos Aires, 1966); J. Bas-
cuñana, *Exposición y crítica de la fenomenología de E. Husserl* (Barcelona, 1940); L. Robberechts, *El pensamiento de Husserl* (México, 1968).

[47] Así en el poema núm. 540 (*OC.*, VI, pág. 1116): «Tú o yo? / Yo
contigo, tú conmigo; / tú y yo. / Yo y tú hace el amigo; / no es más
que uno; / te lo asegura Unamuno». Y en el núm. 400: «...Tú, Él, /
danos amor, / que es *tuísmo*; / yo no soy sino en tu ser» (pág. 1076);
a esta fusión del yo-en-otros, en el *Cancionero*, alude Mario J. Valdés,
Death in the literature of Unamuno (University of Illinois Press, Urbana,
1966), págs. 159-161.

versación? conversación!» (ver. 8). Pues todo «nombramiento» es, afirma en «¿Pretendes desentrañar / las cosas...?» (núm. 394, pág. 1074), la entraña del existir. En el acto de concertar un nombre propio se viene a desvelar, nominalmente, su misma esencia. «El nombre es», escribe Unamuno, «lo que hace al hombre» (núm. 541, pág. 1116), consciente a la vez, y de acuerdo con el viejo postulado de Plinio («Arduum est nomina rebus et res nominibus»), de la difícil tarea de amoldar los nombres a los objetos, y éstos a aquéllos [48].

En el poema «Final» (núm. 395, pág. 1074) se incide en el viejo *topos* del cosmos como cifración textual: una «pequeña enciclopedia»:

> Te dejo una pequeña enciclopedia;
> pequeña? un universo;
> ver si con ella tu alma se remedia
> y te la doy en verso
> porque es el verso en sí ya poesía,
> compás es creación
> en sentencias cuajó sabiduría
> prontas a la canción.
>
> (vers. 1-8)

Los versos endecasílabos y heptasílabos y los marcados acentos en la segunda, cuarta o sexta y décima sílabas, asocian la rítmica poética con la cósmica. Pues «cantar» es contar (enumerar, admirar, sorprenderse, verificar): ambos rezar. Y tales acciones: «Son peso, número y medida el santo / sustento del soñar» (vers. 11-12). Tanto el sustantivo «sustento» como el epíteto «santo», lo mismo que la acción nominal del «soñar» definen varias claves. En busca de esta canción reiterada, y la misma a la vez, se trae a colación nuevamente el tema de la conversación entre lo que aquélla representa y lo que el eje-

---

[48]   En «Miguel, o '¿quién como Dios?'» (*OC.*, X, págs. 934-936) escribía: «El nombre es la esencia humana de cada cosa» (pág. 935). Y en «Arte y naturaleza» (*OC.*, IX, págs. 870-875): «La palabra no muere, la palabra es inmortal, la palabra fue antes que fuese otra cosa creada y será cuando toda otra cosa deje de ser» (pág. 870).

cutor (el poeta) lleva a cabo. De nuevo el problema de la identificación. Tan sólo se nace una vez, y la nitidez de la primera palabra se altera en las bocas que la repiten. Lo que apunta no tan sólo a los cambios semánticos y a la evolución del significado, sino también a la dualidad que modifica en el tiempo al sujeto que la enuncia. La palabra, y de este modo el sujeto, se constituyen intrínsecamente en alteridad. En el centro, el vacío, el sueño, el no ser (núm. 510, pág. 1109): aquello que nos define como tales y nos hace únicos y diferentes del resto. O, como dice Unamuno, esa mediación dialéctica entre el «nos-otro» y el «nos-uno» (núm. 519, pág. 1110)[49].

Pero, de hecho, este *Cancionero* vino también a ser lo que el subtítulo indica: un «diario poético» escrito entre 1928 y 1936[50]. Y, dada su extensión y variedad, lo caracteriza por lo mismo un rico conjunto de temas y enunciados[51]. La rima libre, los poemas breves y ocasionales, y la riqueza de motivos, lo definen como un *canzoniere* de lo cotidiano. Tan sólo una ordenada serie que va del poema núm. 1 (escrito el 26 de febrero de 1928) al núm. 1755 (con fecha del 28 de diciembre, día de los Inocentes, de 1936), condiciona la posición de cada uno. Pero, dada su extensión (de ahí a la vez los escasos estudios críticos), se constituye en una pequeña *summa* de la lírica de Unamuno. Y, si bien se reincide en viejos temas, éstos fluyen acondicionados tan sólo por un sentido de continuidad temporal (pasado-presente) que le impone la estructura cronológica. En la diferencia entre un ayer y un mañana se sitúa el yo

[49] Rosalind Coward and John Ellis, *Language and Materialism. Developments in Semiology and the Theory of the Subject*, pág. 44.

[50] El subtítulo «*Diario poético*» fue añadido por Federico de Onís en la primera edición del *Cancionero*, preparada por el Instituto Hispánico de la Universidad de Columbia, en New York. Lo publicó posteriormente la Editorial Losada (Buenos Aires, 1953). Véase «Prólogo», págs. 7-15.

[51] En el momento de su aparición, Bernardo Clariana escribe: «El *Cancionero* de Unamuno es el acontecimiento literario hispánico más importante de estos últimos tiempos. Y si discutible es el problema de su unidad, indiscutible es en cambio que en el *Cancionero* de Unamuno está la clave de su pensamiento, su arte y su personalidad» (*art. cit.*, pág. 32).

que escribe; y su misma actitud hace diferir —el tiempo condiciona el proceso— una composición de otra. A tal aspecto se
refiere el breve poema núm. 1466 (pág. 1334): «He aquí mi
confesión, / este rimado diario, / y como en un diccionario /
puede anidar la canción»[52]. La imagen del diccionario (ver. 3)
como orden, contenido y diferencia, de un signo que precede
a otro, explica, gráficamente, la totalidad del texto. La semántica y el contexto de cada poema («canción») difieren del resto,
al igual que difiere la diacronía de cada vocablo contenido en
el diccionario. Pero ambos apuntan a una totalidad: éste, a un
sistema lingüístico que compendia la lengua de un pueblo; el
Cancionero de Unamuno, a un sistema de «canciones» que constituyen y definen su habla lírica como proceso. Sin embargo,
toda confesión es una implícita confirmación de la identidad.
Es la figuración de un «yo» (la persona) que, hablando o escribiendo, se acredita a sí mismo. En tal acto se documentan
vivencias e intimidades: conlleva, hasta cierto punto, la fabulación de un yo que a sí mismo se describe. En este sentido, y
dentro de su elaborada espontaneidad, se configuran las dos
posturas antitéticas del «yo»: aquel que, diferente del transcrito, se vale de la escritura («la canción») para testificar en
ésta su agravante mundo interior[53]. Así, la confesión pasa a ser
un figurarse metafóricamente como *alter ego*: el mejor medio
de afirmarse en él como persona o de verificarse como búsqueda.

---

[52] Por extenso escribe Juan Marichal sobre este aspecto «confesional» de la obra de Unamuno en *La voluntad de estilo (Teoría e historia
del ensayismo hispánico)* (Barcelona, Editorial Seix Barral, 1957), págs. 233-
258, encuadrándolo dentro de la tradición europea de la literatura de
confesión: las *Confesiones* de Rousseau; *Obermann* de Étienne de Sé-
nancour; el *Diario íntimo* de Amiel, concretando sus peculiaridades dentro
de lo que llama el *hispánico modo* de lo confesional. Poemas como «Com-
poniendo estas canciones / he vivido, y si tú vives, / lector, en que las
recibes / medraremos corazones» (núm. 1652, pág. 1392) son frecuentes en
el *Cancionero* de Unamuno. Un «meditar» por escrito define estos textos
(núm. 943, pág. 1214), y su lectura, una íntima conjunción entre «creador»
y «criatura» (núm. 1181, pág. 1268).

[53] Robert Langbaum, *The Mysteries of Identity. A Theme in Modern
Literature* (New York, Oxford University Press, 1977), págs. 3-21.

Y tal obsesión se presenta en los mil setecientos cincuenta y cinco poemas, en los ocho años que duró la empresa, y que concluye, literalmente, con la muerte. El esfuerzo es admirable. Este viajero, vidente en el espacio y en la historia —pasamos por Carrión de los Condes (núm. 1500) y Salamanca (núm. 1529); por la «Carretera de Zamora» (núm. 1611) y por el palacio de la Magdalena, en Santander (núm. 1658)—, nos introduce en un conflictivo mundo interior: anhelo de inmortalidad (núm. 1753); angustia de vivir y de existir (núms. 1524, 1718); dialéctica entre Fe y Razón (núm. 1075), o entre razón y sentimiento (núm. 722).

A la doble escisión del yo en íntimo monólogo consigo mismo (un «tú») alude el poema «Hablando a solas conmigo, / o contigo, si eres yo» (núm. 1556, pág. 1362). El monólogo, como en el ciclo de «las soledades» de Lope de Vega, incluido en *La Dorotea* (1632) («A mis soledades voy, / de mis soledades vengo, / porque para andar conmigo / me bastan mis pensamientos»)[54], o en los breves versos de Antonio Machado, «converso con el hombre que siempre va conmigo», del poema «Retrato»[55], escinde la interioridad reflexiva: por una parte, un «yo» activo y dinámico; por otra, él mismo siendo contemplado. Pero el primero viene a ser un «contigo» externo; el reflexivo, un «conmigo» interior. La partícula «si» («si eres yo») pone en duda la existencia e identificación del hablante, de quien se habla (del «yo» reflexivo al «tú» externo), y de la materia en colación: «no sé qué es lo que me digo / ni si me lo digo o no» (vers. 3-4). La duda es total, ontológica[56]; y el silencio (respuesta) viene a ser el lenguaje que la constata:

---

[54] Véase Antonio Carreño, *El Romancero lírico de Lope de Vega*, págs. 234-267.

[55] El poema fue incluido en *Campos de Castilla* (1907-1917), núm. XCVII (*OPP.*, págs. 125-26, ver. 25). Véase Jorge Urrutia, «Bases comprensivas para un análisis del poema 'Retrato'», *CHisp.*, núms. 304-307, II (1975-76), 920-43.

[56] Escribe Ángela Carballino al final de *San Manuel Bueno, mártir*: «Y yo no sé lo que es verdad y lo que es mentira, ni lo que ví y lo que soñé —o mejor lo que soñé y lo que sólo ví—, ni lo que supe ni lo que creí». Y concluye: «No sé si estoy traspasando a este papel, tan blanco

A solas callan las olas
bajo el cielo, en la alta mar
donde no hay nave, y a solas
las almas dan en callar.

Recordando a Concha (núm. 1651, pág. 1391), la esposa maternal, se duda de quién fue el que murió: «pues yo no sé quién
era yo / ni quién ella, ¡pobre de mí!». De la diferencia simulada entre los dos hablantes (el + ella) pasamos a la final anulación de ambos. La realidad vivida viene a ser negada por el
tiempo; por el lapso discontinuo entre un yo anterior y otro
presente. La percepción es meramente subjetiva. El yo político
y patriótico en *De Fuerteventura a París* se ha recluido en sí
mismo. Pasamos a lo que Eugenio de Bustos Tovar ha llamado
«el poeta de dentro», quien, después de deambular por el mundo
externo se recluye; y así, afirmándose, se niega de nuevo a sí
mismo [57]. Configura a la vez la «carrera torturada» de una existencia (núm. 1742): un creerse vivo en el sueño de la muerte.
Acertado viene a ser en este sentido el poema «¡Sombra de
humo cruza el prado!» (núm. 1718). El prado es alegoría de la
vida; y de la existencia, el humo que lo cubre. Y el tránsito
por él, un irse siempre muy de prisa [58]. El ansia de recobrar el
pasado se transforma en una realización mítica del yo, que,
paradójicamente, se torna evanescente. Pues el tiempo es su
propia figuración: el elemento que, despiadadamente, lo fracciona; que lo torna en espejo, anulando así la propia imagen:

──────────
como la nieve, mi conciencia que en él se ha de quedar, quedándome yo
sin ella. ¿Para qué tenerla ya...?» (*OC.*, XVI, págs. 625-26).

[57] Eugenio de Bustos Tovar, «Miguel de Unamuno, 'poeta de dentro
a fuera'», págs. 71-137.

[58] Numerosos son los poemas que aluden a la mortalidad, tales como
«Descansarás hecho tierra / en tierra que fue tu cuna» (núm. 12, página 952); o «cuando más vives, más mueres» (núm. 306, pág. 1046); o
«Nacer es una muerte, / morir un nacimiento» (núm. 516, pág. 1110);
también, «la muerte es la verdad» (núm. 549, pág. 1118); «que es enfermedad la vida / y muero viviendo enfermo» (núm. 828, pág. 1188); o «y es el
yo que se me muere / desde el día en que nací» (núm. 926, pág. 1210);
y finalmente, «Morir soñando, sí, mas si se sueña / morir, la muerte es
sueño» (núm. 1755, pág. 1424).

> Terrible sombra del mito
> que de mí propio me arranca,
> ¿es acaso una palanca
> para hundirme en lo infinito?
>
> (vers. 5-8)

Lo cual nos lleva a su antepenúltimo poema (núm. 1753), escrito pocos días antes de morir (21 de diciembre de 1936), donde confirma de nuevo su anhelo de inmortalidad. Se cuestiona, como en el famoso poema de «Aldebarán» (VI, págs. 545-548)[59], el más allá en el reverso de la bóveda estrellada. Tan sólo el soneto pasará a ser la única constatación a la angustiada pregunta:

> Qué chico se me viene el universo,
> ¿y qué habrá más allá del infinito,
> de esa bóveda hostil en el reverso,
> por donde nace y donde muere el mito?
> Deje al menos en este pobre verso
> de nuestro eterno anhelo el postrer hito.
>
> (vers. 9-14)

El «eterno anhelo» queda cifrado en «pobre verso»; y es éste la única respuesta al «postrer hito». La existencia, el anhelo de inmortalidad, la constitución de este «anhelo», y la misma configuración del yo que enlaza nominación y predicado, son palabras: «canción». Esta va minuciosamente trazando un yo concreto y personal; vivo y sufriente (*OC.*, X, pág. 243). Pero uno es el que se afirma en busca de su inmortalidad; otro, el que el lector descubre en la palabra. El primero es histórico: se altera a través del tiempo y del espacio que lo definen. Las experiencias lo modifican. Y su reconstrucción en el texto es un camino insondable por la memoria: la única gratificación que queda contra el olvido. Así, la búsqueda del «mí mismo» se transforma a su vez en una aguda conciencia de su altera-

---

[59] Diego Catalán Menéndez-Pidal, «'Aldebarán', de Unamuno. De la noche serena a la noche oscura», *CCMU.*, IV (Salamanca, 1953), 43-70.

ción. La vuelta al pasado es un acto de enajenación: un confrontarse con lo ya diferente:

> Pensé sacar del fondo de mí mismo
> a aquel que fui yo antaño...
> mas ¡ay! que no tiene fondo el abismo
> y si lo saco me ha de ser extraño...
>
> (núm. 1745, pág. 1420, vers. 1-4)

* * *

En esta ansiedad de verse a sí mismo desde fuera como figura paternal, política o religiosa, o, como escribe en su *Diario*, desde la confesión, se configura también el trazado de la persona de Unamuno. Tal obsesión obedece no sólo a un ciego deseo de renombre o de sobresalir («es preciso distinguirse», escribe Unamuno en «La dignidad humana», en 1906) (*OC.*, III, pág. 242), sino de adquirir conciencia de esos «otros yos» para que constaten, frente al sentimiento de ausencia, la propia continuidad. Y aquí radica, en parte, la figuración del «otro» como atemporalidad y mito, reafirmando así su continua permanencia. Pero éste es también un yo visible, corporal, que depende de la apreciación ajena; diferente a su vez del que se refleja idealmente en el interior. En esta persistencia de fijar ambos, uno contra la temporalidad, el otro contra su propia disolución subjetiva, se determina la dialéctica de la «otredad» en la lírica de Unamuno. Su ritmo es pendular, inconstante: del romántico e ideal amante al político y social [60]. El primero es evasivo;

---

[60] «Y nos encontramos con un yo», escribe Unamuno, «que el mundo nos ha hecho, o que nos hemos hecho esclavizándonos a él, y es todo nuestro empeño ser fieles al papel que en el miserable escenario nos hemos arrogado y representarlo del modo que más aplausos nos gane» (*D. íntimo*, págs. 177-178). Al «yo» como centro del universo alude en *Del sent. trágico* (IV, pág. 497); en «¡Adentro!» (*OC.*, III, pág. 216); en *D. íntimo* (pág. 298). A su íntimo «endiosamiento» hace referencia en páginas anteriores (285-286), definiendo tal obsesión como una enfermedad del «yoísmo» (pág. 277). «Es cosa terrible», escribe en otra parte, «vivir esclavo del yo que el mundo nos ha hecho, ser fieles al papel, sin ver fuera del teatro la inmensa esplendidez del cielo...».

voluble el segundo [61]. Y su lírica viene a constatar ese constante desequilibrio (un gran paso en la poesía contemporánea) entre el sujeto y su continua transformación en el objeto que lo designa [62]. Pero, a la vez, el *Cancionero* viene a ser una obra abierta, inconclusa: un sortilegio contra la propia finitud del hombre que la escribe (evidente paralelismo con *Cómo se hace una novela*); o de quien la lee. Pues en el vacío que implica la pausa del diario (debido a la muerte del autor), éste se continúa (ya ausente) en la mente de quien le lee: su más querida máscara (*el lector*) ante la mortalidad física.

---

[61] Al Unamuno «trágico» de la leyenda contrapone Carlos Blanco Aguinaga, en un estudio ejemplar, el contemplativo, en *El Unamuno contemplativo*, págs. 284-293.

[62] Véase un completo compendio bibliográfico sobre Unamuno en Pelayo H. Fernández, *Bibliografía crítica de Miguel de Unamuno (1888-1975)* (Madrid, Ediciones José Porrúa Turanzas, 1976).

II

LA PERSONA COMO «OTREDAD»: ANTONIO MACHADO

> «...que muchas veces tenemos a un escritor
> por persona real y verdadera e histórica por
> verle de carne y hueso, y a los sujetos que finge
> en sus ficciones no más sino por de pura fanta-
> sía, y sucede al revés, y es que estos sujetos lo
> son muy de veras y de toda realidad y se sirven
> de aquel otro que nos parece de carne y hueso
> para tomar ellos ser y figura ante los hombres»
>
> Miguel de Unamuno, *Vida de Don Quijote y
> Sancho* (*OC.*, IV, LXXIV, págs. 390-91).

Tres fases han señalado la mayoría de los críticos (cuatro
Rafael Ferreres; dos Eustaquio Barjau) en el desarrollo de la
poesía de Antonio Machado[1]. La expresión de un mundo interior, nostálgico, en *Soledades* (1903) y en *Soledades, galerías y
otros poemas* (1907)[2]; de un mundo exterior en *Campos de*

---

[1] Rafael Ferreres, «Etapas de la poesía de Antonio Machado», *Los
límites del modernismo* (Madrid, Taurus, 1964), págs. 163-186; Eustaquio
Barjau, «Teoría y práctica del apócrifo», *Convivium*, 35 (1974), 89-120,
artículo que da, en parte, título a su libro: *Antonio Machado: teoría y
práctica del apócrifo* (Barcelona, Editorial Ariel, 1975), donde lo incluye
de nuevo (págs. 61-119). Véase también Geoffrey Ribbans, *Niebla y soledad. Aspectos de Unamuno y Machado* (Madrid, Editorial Gredos, 1971),
pág. 145, nota 9.

[2] Michael P. Predmore, «The Nostalgia for Paradise and the Dilemma
of Solipsism in the Early Poetry of Antonio Machado», *RHM.*, XXXVIII
(1974-75), 30-52.

Castilla (1912) y *Nuevas canciones* (1924), y de una poesía epigramática y sentenciosa, aforística, a partir de 1926, con la aparición de Abel Martín y Juan de Mairena (a veces José) en *De un cancionero apócrifo* (Madrid, 1926), y en el libro en prosa, *Sentencias, donaires, apuntes y recuerdos de un profesor apócrifo* (Madrid, 1936)[3]. En la primera fase, la memoria en su fluir temporal (de la niñez a la adolescencia; de lo ausente a lo presente) conforma el proceso metafórico. La galería, el camino, la fuente, el río, al igual que el sueño, pasan a ser imágenes de estados interiores y temporales, metafóricos: «Sendas», «laberintos», «criptas hondas», «retablos de esperanza» o «caminos de sueño» (*Soledades*, núm. XXII)[4] configuran, alegóricamente, un espacio interior. Pero ya en el nostálgico viajero, lo mismo que en el subjetivista escéptico, aflora la crisis de identidad entre el mundo interior y el externo en que se camina (XXII, XXX, LXI):

> Al borde del sendero un día nos sentamos.
> Ya nuestra vida es tiempo, y nuestra sola cuita
> son las desesperantes posturas que tomamos
> para aguardar... Mas Ella no faltará a la cita.
>
> (XXXV)

LA ALTERACIÓN EN EL TIEMPO: EL «SUEÑO»

Espacio («sendero») y temporalidad («día»)[5] realzan la conciencia de un tiempo fluido, continuo. En él forma el yo un

[3] Gonzalo Sobejano, «La verdad en la poesía de Antonio Machado: de la rima al proverbio», *Antonio Machado*, ed. *Journal of Spanish Studies: Twentieth Century* (Valencia, Gráficas Soler, 1976), págs. 47-73.

[4] Antonio Machado, *Obras. Poesía y prosa*, ed. Aurora de Albornoz y Guillermo de Torre (Buenos Aires, Editorial Losada, 1964), págs. 72-73. Incluimos las referencias a esta edición en el texto y abreviamos con *OPP*.

[5] Véase, sobre ambos símbolos, P. Cerezo Galán, *Palabra en el tiempo. Poesía y filosofía en Antonio Machado* (Madrid, Editorial Gredos, 1975), págs. 59-79. A la búsqueda del yo a través de los espejos del sueño, y a sus múltiples doblamientos, se refiere Bernard Sesé, *Antonio Machado*

todo unido, en íntimo latir con la conciencia cósmica y fenoménica [6]. Pero ya el paso del ámbito interior («galería», «soledades») a una realidad física y geográfica, en *Campos de Castilla* (segunda fase de divergencia), implica la conmutación de un yo intimista e introspectivo por otro exterior, en búsqueda del social e histórico: el «otro». El yo se pluraliza. Se convierte su persona en juglar de una anti-épica: la Castilla mítica fracasada. Así, en «Yo voy soñando caminos», «Yo voy cantando, viajero / a lo largo del sendero...» (*Soledades*, núm. XI, pág. 64), al igual que «Yo iba haciendo mi camino» (XIII, pág. 66); «Yo meditaba absorto, devanando / los hilos del hastío y la tristeza» (XIV, pág. 67); o el acto de conversar «con el hombre que siempre va conmigo» (XCVII, pág. 126), se altera en una doble figuración (el «tú») que delimita las referencias objetivas de las oníricas:

> Yo nunca supe, amado,
> si eras tú ese fantasma de tu sueño
> ni averigüé si era su voz la tuya
> o era la voz de un histrión grotesco.
>
> (XXXVII, pág. 80)

En «Otro viaje» (*Campos de Castilla*, núm. CXXVII, págs. 181-82), el yo duda de su realidad corporal: «Tan pobre me estoy quedando, / que ya ni siquiera estoy / conmigo, ni sé si voy / conmigo a solas viajando» (vers. 50-53). La realidad física se distiende de la imaginada. Y en la sección «Parábolas» (pági-

---

(*1875-1939*). *El Hombre. El Poeta. El Pensador* (Madrid, Editorial Gredos, 1980), I, págs. 125-159.

[6] Juan López-Morillas, «Antonio Machado's Temporal Interpretation of Poetry», *The Journal of Aesthetics and Art Criticism*, VI (1947), 161-171; Nigel Glendinning, «The Philosophy of Henri Bergson in the Poetry of Antonio Machado», *Revue de Littérature Comparée*, 36 (Janvier-Mars 1962), 50-70; Antonio Sánchez Barbudo, *Estudios sobre Galdós, Unamuno y Machado*, 2.ª ed. (Madrid, Guadarrama, 1968), págs. 293-418. Para un estudio más concreto de la influencia del «primer Bergson» en Machado, ya a partir de 1913, véase Eugenio Frutos Cortés, *Creación poética* (Madrid, Ediciones Porrúa Turanzas, 1976), págs. 151-215.

nas 210-14) se cuestionan las facultades pensantes frente a las
sintientes, en un diálogo que mantienen razón y sentimiento:

> Dice la razón: Tú mientes.
> Y contesta el corazón:
> Quien miente eres tú, razón,
> que dices lo que no sientes.
>
> (VII, págs. 212-13)

La relación conceptual es doble y coincide, como veremos, con
la poética expuesta por Fernando Pessoa en su poema «Autopsicografía», incluido en el *Cancionero* (*OP.*, núm. 143). Y al
igual que en el poema «Tabacaria» de Álvaro de Campos (uno
de los heterónimos de Pessoa) (*OP.*, págs. 362-66), en varios
poemas de *Soledades* (XXVIII, XLIX) asienta Machado una
dialéctica de espacios inversos: el del sueño (espacio figurado
interior), y el físico que habita el hombre. El primero es lumi-
noso, esclarecedor: lo preside la ilusoria dicha del amor. La
oscuridad y la sombra caracterizan al espacio exterior. Así, la
dualidad, si bien espacial (a la vez psíquica), confirma la escisión del yo en dos realidades opuestas. El interior es, con frecuencia, «espejo»; o una mirada hacia otros espejos. El poder
evocativo de la memoria determina los dos instantes, pues no
sólo recuerda, sino que, a la vez, evoca e idealiza. Y este poder,
se escribe en el poema LXXXIX de *Galerías*, es el únicamente
válido: «De toda la memoria, sólo vale / el don preclaro de
evocar los sueños» (pág. 119)[7].

Más aclaratorio en esta dislocación entre mundo interior
en el que la realidad se representa, si bien fragmentada, y la
misma realidad, es el prólogo que Machado escribe para su
segunda edición de *Campos de Castilla* (1917). «Si miramos
afuera», escribe, «y procuramos penetrar en las cosas, nuestro
mundo externo pierde en solidez, y acaba por disipársenos
cuando llegamos a creer que no existe por sí, sino por nosotros.
Pero si, convencidos de la última realidad, miramos adentro,
entonces todo nos parece venir de fuera, y es nuestro mundo

---

[7] P. Cerezo Galán, *Palabra en el tiempo*, págs. 130-139.

interior, nosotros mismos, lo que se desvanece» (*OPP.*, pág. 47).
La posibilidad de aprehender el mundo externo existe en cuanto nuestra conciencia lo percibe, pasando a ser doble a la vez
de la realidad externa y de la misma interioridad. La conciencia,
al igual que la realidad, se dobla del mismo modo. La primera,
al reflejarse en ésta; la realidad física, al ser percibida en el
interior del poeta. La ironía establece un intercambio entre
ambos mundos, y la agudeza y el concepto son una manera
lingüística de reflejar las dos polaridades. El mirar físico no
es un ver; ver el día es percibir la sombra, y el nacer a la luz,
un abrirse a la ceguera. Las fronteras mínimas entre la realidad
física y el sueño (no menos realidad que la primera) se presentan en el primer poema de «Parábolas» (CXXXVII, pág. 210).
La digresión octosilábica se inicia con el sueño del niño —tan
sólo sueño— que, repetido a través de varias edades, y hasta
en los mismos umbrales de la muerte, concluye con el axioma
calderoniano de que los sueños «sueños son». Es decir, la realidad es siempre otra, y la escisión entre el ser y lo aparente,
o entre el principio y el fin (niñez/vejez) es tan sólo una
figuración. Pues el caballo de cartón que el niño soñaba no
existe (vers. 1-4); se duda de la existencia de la amada cuando ésta era moza: «Tú eres de verdad o no?» (ver. 20); y
de la misma muerte, llegada la vejez: «Y cuando vino la muerte, / el viejo a su corazón / preguntaba: ¿Tú eres sueño? /
¡Quién sabe si despertó!» (vers. 25-28). Tal realidad onírica (se
repite dos veces esta experiencia), vivida durante la niñez, condiciona esa capacidad de discernir el resto como realidad física
o como figuración ideal. La conclusión es parabólica: el no
poder distinguir lo onírico de lo aparente, cuando se era niño,
y sus continuas confusiones, obliga a no volver a soñar. Pero
el amor idealiza de nuevo la realidad (tal sucedió en el caso
particular de Machado); abre alas a la imaginación, para des-
vanecer finalmente el castillo de ilusiones. Tan sólo queda el
escepticismo, la crítica humorística e irónica, y el poder ver lo
real como fabulado: como apócrifo. La escisión (también la
confusión) entre los dos planos ya se ha verificado. La ausencia
se tornará en idealizada presencia («caballito blanco», ver. 4);

y la amada (en el *Cancionero de Guiomar*), en forzada ausencia.
Ficción pues de un sueño que, al repetirse en la realidad, se
desvanece como tal: viene a ser tan sólo mera fantasía [8].

En *Los Complementarios*, cuaderno borrador escrito entre
1919 y 1924, y dentro del binomio pensamiento/sentimiento,
afirma Machado: «El sentimiento no es una creación del sujeto
individual, una elaboración del yo con materiales del mundo
externo. Hay siempre en él una colaboración del tú, es decir,
de otros sujetos». Y más abajo: «Mi sentimiento no es, en
suma, exclusivamente mío, sino más bien *nuestro* (*sic*). Sin
salir de mí mismo, noto que en mi sentir vibran otros sentires,
y que mi corazón canta siempre en coro, aunque su voz sea
para mí la voz mejor timbrada. Que lo sea también para los
demás, este es el problema de la expresión lírica. Un segundo
problema. Para expresar mi sentir tengo el lenguaje. Pero el
lenguaje es ya mucho *menos mío* que mi sentimiento. Por de
pronto, he tenido que adquirirlo, aprenderlo de los demás.
Antes de *ser nuestro*, porque *mío* exclusivamente no lo será
nunca, era de *ellos*, de ese mundo que no es ni objetivo ni subjetivo, de ese tercer mundo en que todavía no ha reparado
suficientemente la psicología, del mundo *de los otros yo*» [9].

Ni sentimiento ni lenguaje son aptos, pues, para descifrar
los «otros sentires» que vibran en el poeta. Tal conflicto, abstraído en términos de génesis, mediación y concreción textual,
revela la desviación crítica del subjetivismo de la primera
fase a una definida «otredad» en esta tercera, y a un aleja-
miento de las normas artísticas dominantes: del surrealismo
(*Poeta en Nueva York* de Lorca) y la poesía pura (*Cántico* de
Guillén) al culto de la metáfora, vía Góngora, en la *Fábula de
Equis y Zeda* de Gerardo Diego. Como desviación pues de la
norma instituida y del lenguaje como «alteridad», se conciben
los poetas «complementarios»: divagaciones filosóficas sobre la
«heterogeneidad del ser»; lo uno y lo múltiple; la conciencia
como representación del cosmos; y el mismo universo como

[8] Eustaquio Barjau, *Antonio Machado*, págs. 15-60.
[9] Antonio Machado, *Los complementarios*, ed. Domingo Ynduráin
(Madrid, Taurus Ediciones, 1971), II, págs. 171-172.

una actividad dinámica y consciente. Así, a través de sus «Complementarios» podrá representar el poeta los «otros sentires» (sociales, filosóficos). Ya estamos a un paso de la poesía social y, sobre todo, del papel del lector (ideal, histórico, social) en su confección.

LAS PERSONAS APÓCRIFAS

La búsqueda del otro se convierte también en obsesión lírica, erótica (recordemos sus *Canciones a Guiomar*) y metafísica. «Mas busca en tu espejo al otro, / al otro que va contigo», expresa en la sección de «Proverbios y cantares», incluida en el libro de *Nuevas canciones* (IV, pág. 253). Se repiten las frases proverbiales, axiomáticas: «No es el yo fundamental / eso que busca el poeta, / sino el tú esencial» (XXXVI, pág. 258) [10], incidiendo en paradójicas enunciaciones: «Dijo otra verdad: / busca el tú que nunca es tuyo / ni puede serlo jamás» (XLIII, pág. 259). Pensamiento, intuición, visión y profecía (XCVIII), desplazan emotividad y sentimiento. Machado coincide, en parte, con el manifiesto de Juan Ramón Jiménez, en su celebrado poema «Intelijencia», y en los libros posteriores a *Estío* (1915). Así, los catorce poetas presentados en *Los Complementarios* (doce en *De un cancionero apócrifo*), se convierten en las representaciones múltiples de un yo conceptual. Y, si bien es cierto que no se incluye entre ellos a Abel Martín ni a Juan de Mairena, se menciona, sin embargo, al ficticio Antonio Machado, nacido en Sevilla, en el año de 1895. De él escribe el histórico: «Fue profesor en Soria, Baeza, Segovia y Teruel. Murió en Huesca en fecha todavía no precisada. Alguien lo ha confundido con el célebre poeta del mismo nombre, autor de *Soledades*, *Campos de Castilla*, etc.» (pág. 134). El deslinde se ha logrado. El yo histórico se ve como apócrifo: como ficción. El Machado que colabora en *De un cancionero apócrifo*, años más tarde, es a su vez el apócrifo del «otro»: el muerto en Huesca, en fecha no precisada, del mismo modo lo será Juan

---

[10] Eugenio Frutos, *Creación poética*, págs. 167-182.

de Mairena de Jorge Meneses. Tal vocablo (*apókryfos*) en su acepción de lo oculto, fabuloso e hipotético (*OPP.*, pág. 439) se opone radicalmente a lo histórico. Negada la subjetividad, la búsqueda de la identidad personal se resuelve en la figuración teatral, dramática: en los «Otros» como *dilettantes* filósofos, perdidos humoristas, en un continuo y reversible diálogo con el yo que los manipula [11].

Por las galerías del sueño, del tiempo, del espacio y del recuerdo (del niño al viejo) ya había distanciado Antonio Machado lo presente de lo que fue, logrando un primer grado de alteración. En esta última fase (*Los Complementarios*; *De un cancionero apócrifo*) la objetivación es completa. Los «otros» se definen como autores de tratados filosóficos que a veces el mismo Machado comenta como devoto lector. Aleja, ya en un tercer grado de representación, texto de autor, y éste del exégeta-lector, logrando así varios niveles de distanciamiento; a la vez una retórica de máscaras que, relacionadas, se citan y comentan mutuamente. Pero tal doblamiento se verifica a partir de la misma escritura al interpolar, en los dichos de los «otros», los rasgos de la propia *persona* que los manipula.

En el soneto «¡Oh soledad, mi sola compañía», incluido en la sección de «Los sueños dialogados» (IV, pág. 286), el hablante pide a la soledad que le identifique el nombre de las voces con quien habla. Si bien «ausente de ruidosa mascarada» (ver. 5) encuentra que la soledad es ahora la «dueña de la faz velada, / siempre velada al dialogar conmigo» (vers. 7-8). El rostro del poeta («éste que soy, será quien sea»), y la propia apreciación

---

[11] Eustaquio Barjau define el personaje apócrifo como «una 'desrealización de la personalidad' reconocida, y un recogimiento de los fueros del yo oculto imaginado o deseado; el pensamiento apócrifo es una puesta en cuestión del pensamiento manifiesto; el pasado apócrifo una desrealización del pasado 'pisado'» (*Antonio Machado*, pág. 105). Páginas más adelante (111-12) define, de la siguiente manera, el concepto de «apócrifo»: a) como un producto de la actividad mental (lo opuesto a lo real); b) como lo que permanece oculto (lo opuesto a lo «declarado y manifiesto»); c) como lo carente de fundamento (lo opuesto a lo firme y reconocido como válido). Las tres acepciones se oponen, en distintos niveles, a lo que Machado entiende por «auténtico».

de su conciencia ante el espejo, han dejado de ser un enigma: lo es el conocer «el misterio de tu voz amante». Y en nota del 1 de agosto de 1924, recogida en *Los Complementarios*, escribe Machado sobre *El mundo de la representación de los inconscientes*: «son voces que distingo de la mía y del ruido que hacen las cosas entre sí. Estos dos mundos que tendemos a unificar», continúa, «que nosotros tendemos a unificar en una representación homogénea, el niño los distingue muy bien, aun antes de poseer el lenguaje. El rostro que se inclina hacia él sonriente y la voz de su madre son para él muy otras cosas que los objetos que pretende alcanzar con su mano» (págs. 172-73). Distingue Machado referente sentimental (signo emotivo) del objetivo (signo externo). La gesticulación de la madre, el beso al hijo en el rostro, son lenguaje, y su propiedad es intercambiable. Pues interpretando el mundo de los objetos, alcanzándolos con su mano, el niño aprende el lenguaje del «otro». Este se transforma en vehículo de sus deseos. El lenguaje del gesto es ya creación. Nombrar, designar, apuntar, es formular realidades externas: es situarse en el espacio y convivir como otro.

De un cancionero apócrifo (tercera fase), está presentado por Abel Martín, y por su discípulo y biógrafo Juan de Mairena. Es autor Martín de «una importante obra filosófica en cuatro libros», y de una colección de poesías tituladas *Los Complementarios*, publicada en 1884. Amar es para Martín una sed metafísica por el «esencial otro», presentando a la amada como figura de la «otredad universal». A Juan de Mairena, el otro heterónimo, le atribuye Antonio Machado cuatro libros: una biografía de su maestro, la *Vida de Abel Martín*, un *Arte poético*, una colección de poesías (*Coplas mecánicas*), y un tratado de metafísica titulado *Los siete reversos*. «Poeta del tiempo», se llama a sí mismo, y esto es la palabra, explica Mairena. Su metafísica es la ciencia del ser: la conciencia integral; la otredad paradójicamente inmanente (ser que se es: sustancia única, estática y en perpetuo cambio). Se define Mairena como el «yo filosófico». Es un gran humorista; a la vez irónico. En su clase de Retórica y Poética —era profesor de gimnasia— da a sus invisibles alumnos como ejercicio la invención de un don José

María Nadie, comentándoles al despedirlos: «Como ejercicio poético no se me ocurrió nada mejor»[12]. Sobre Mairena declaraba el mismo Machado, en 1938: «Es mi yo filosófico, que nació en épocas de la juventud». Y el 15 de marzo de 1928, dirigiéndose Antonio Machado a Jiménez Caballero, director de la *Gaceta literaria*, le informaba sobre la creación de un tercer poeta apócrifo, Pedro de Zúñiga. Buscaba, le escribía Machado, «la creación de nuevos poetas —no nuevas poesías—, que canten por sí mismos» (*OPP.*, págs. 832-33), situando a Zúñiga como miembro de la Generación del 27. Ya en la antología de Gerardo Diego, *Poesía española contemporánea* (Madrid, 1932, 1934), habla Machado de tres generaciones de poetas apócrifos: la del siglo XIX, de poetas filósofos; la del «27», y la de los poetas experimentales del futuro: los cantores de una «nueva sentimentalidad»[13].

Pero es en *Nuevas canciones* (en su sección de «Proverbios y cantares»), libro previo a las publicaciones de Abel Martín y Mairena, donde había expuesto Machado, en forma esquemática, su poética, que él mismo denomina de la «otredad». Veamos algunos de sus paradójicos enunciados:

> IV: «Mas busca en tu espejo al otro, / al otro que va contigo».
> XV: «Busca a tu complementario, / que marcha siempre contigo, / y suele ser tu contrario».
> XXXVI: «No es el yo fundamental / eso que busca el poeta, / sino el tú esencial».
> XLIII: «Dijo otra verdad: / busca el tú que nunca es tuyo / ni puede serlo jamás».
> L: «Con el tú de mi canción / no te aludo, compañero; / ese tú soy yo».

El tú, al igual que «el otro» o el complementario», se constituyen en heterónimos. Pero el «tú» es también un signo lin-

---

[12] Antonio Machado, *Juan de Mairena. Sentencias, donaires, apuntes y recuerdos de un profesor apócrifo, 1936*, ed. José María Valverde, Madrid, Editorial Castalia, 1971, pág. 47.
[13] *Nuevas canciones* y *De un cancionero apócrifo*, ed. José María Valverde, Madrid, Editorial Castalia, 1971, págs. 46-47.

güístico (el complementario del «yo») hacia el cual apunta el que habla o escribe, recreando en el «tú» (ideal o histórico) las propias figuraciones. Éste tan sólo existe a partir de una situación planteada desde el yo, explica Emile Benveniste. Ambos son reversibles y a la vez complementarios: aquel que el «yo» se define como «tú», se piensa y puede convertirse en «yo»; y el «yo» en «tú», estableciéndose así, entre ambos (yo-tú) una *correlación de personalidad*. El yo que define es interior; el tú referido, externo. El primero es siempre trascendente; el «tú», tan sólo persona imaginada. Y tales cualidades de interioridad y de trascendencia pertenecen en propiedad al «yo», afirma Benveniste, pero se invierten a la vez en «tú» [14]. Por lo que, y de acuerdo con estos enunciados, podríamos definir el «tú» machadiano como ideaciones mentales y dialécticas (objetivas) frente al yo subjetivo que las formula: ecos de un monólogo interior que se escenifica en sus relaciones pronominales; una retórica en continua traslación: yo soy tú; tú eres los «otros»; éstos soy yo.

Pero ese tú es también parte esencial del yo; es el «otro que va contigo». Es opuesto y a la vez complemento: «ese tú que soy yo». La dualidad se enuncia de nuevo a partir del binomio pronominal. El doblamiento se fundamenta en el valor reversible que posee el «yo» frente al tú, y viceversa. Sin embargo, el «tú» en Machado, si bien apunta a una persona distinta del yo (los poetas apócrifos; el lector del poema), hacen referencia, a la vez, a la misma identidad, constituida en este caso por las dos personas. En este sentido, y siguiendo a Benveniste, el tú machadiano equivaldría a la persona no subjetiva, en contraste con el sujeto enunciativo, pero concebidos mutuamente como complementarios, y dentro de la oposición descrita (yo interior-tú externo); es decir: de un yo enajenado en sus máscaras. En esta relación lingüística radicaría, en parte, el fundamento de la poética de la otredad que formula Antonio Machado a través de sus *personas* apócrifas: «los complementarios».

---

[14] *Problemas de lingüística general*, págs. 161 y sigs.

Tal representación (Abel Martín, Juan de Mairena, Jorge Meneses, Pedro de Zúñiga) confiere a sus textos una dinámica en cambio, alterna: en tensión entre objeto y sujeto; entre lenguaje cotidiano (copla, proverbio), y concepto (sentencias, axiomas, epigramas). De ahí que los heterónimos de Machado, concebidos a partir de atribuciones de semejanza, constituyan a su vez representaciones metafóricas y nuevas fronteras expresivas, en contra de lo que afirma Ricardo Gullón al comentar las *Soledades*: «no falta quien se empeñe en descubrir una 'evolución' machadesca que realmente nunca se produjo»... «En actitudes, sentimientos, técnicas y formas de expresión, Machado permaneció invariable desde el principio hasta el fin» [15]. Reincide en el mismo juicio Ramón de Zubiría [16]. Por el contrario, Rafael Ferreres (ed. *Soledades*, Madrid, 1968, pág. 17), distingue cuatro etapas evolutivas, como indicamos al principio, coincidiendo la final con esta representación alterna, nominal y crítica. Ya la misma figuración conlleva un deseo de aprehender, verbal o metafóricamente, las varias caras del espejo, cuya imagen siempre invierte en otros, sometiendo el texto a continuos desplazamientos. En este aspecto conviene destacar la nueva poesía (último paso), y sobre todo el *modus faciendi*, que proclama Jorge Meneses con su «Máquina de Trovar» [17].

---

[15] «Las *Soledades* de Antonio Machado», *Ínsula*, núm. 158 (enero 1960), 16.

[16] Ramón de Zubiría, *La poesía de Antonio Machado* (Madrid, Editorial Gredos, 1955), págs. 18-19.

[17] Sobre la «poética» de Jorge Meneses y su «Máquina de Trovar», véase José Olivio Jiménez, «La presencia de Antonio Machado en la poesía de posguerra», *CHisp.*, núms. 304-307 (oct.-dic. 1975, enero 1976), II, 871, apuntando su vigencia entre los poetas del decenio 1950-1960 («poetas sociales»), identificados, a su vez, con el efímero Pedro de Zúñiga machadiano. Incide en el tema Manuel Durán, «Antonio Machado y la 'Máquina de Trovar'», *Estudios sobre Antonio Machado*, ed. José Ángeles (Barcelona, Editorial Ariel, 1977), págs. 183-194. Tomamos las referencias en torno a Jorge Meneses de la ed. de J. M. Valverde, *Nuevas canciones y De un cancionero apócrifo*, págs. 216-235. Abreviamos en el texto con *NC*.

LA «MÁQUINA DE TROVAR» DE JORGE MENESES

Proclama Jorge Meneses con su «Máquina de Trovar» una escritura automática y social, constituyéndose así en farsa y parodia de la inspiración romántica; del esteta que rebusca, retoca y perfila un esmerado giro o una delicada imagen. Augura su «Máquina» —no sólo adelanta— la poesía comunitaria y colectiva (la poesía social de los años cincuenta), y su mismo proceso plural, en oposición a la inconsciencia platónica. Instaura en ella el mero juego de combinar signos gráficos: un arte lúdico de elegir a capricho y a lo que salga. Presenta Juan de Mairena a Meneses en la nota previa al breve diálogo que mantienen ambos, y que es incluido en _De un cancionero apócrifo_ (_NC._, 229-35). Se indica en dicha nota cómo Mairena atribuye sus _Coplas mecánicas_ a un «imaginado poeta». Anuncia Meneses en este diálogo la decadencia del poeta lírico, vate de una burguesía propietaria: del hombre «manchesteriano». La voz individual, subjetiva, está llamada al fracaso. Por lo que acusa Meneses a Mairena —su mentor— de poseer un espíritu exquisito y cursi, y una supersticiosa manía por lo selecto. La nueva poesía será una «lírica intelectual» codificada a guisa de una «geometría sentimental», o de una paradójica «álgebra emotiva». Pero, mientras esta utopía se hace realidad, y a la espera de nuevos valores (le explica Jorge Meneses a Mairena), inventa el primero un «simple juguete»: una «Máquina de Trovar». Se propone con ella «registrar, de una manera objetiva, el estado emotivo, sentimental de un grupo humano más o menos nutrido». Y al igual que el termómetro registra la temperatura o el barómetro señala presión atmosférica (_NC._, pág. 232), así la canción que el aparato produzca será plural en su génesis (la quintaesencia de lo objetivo), pues se reconocerán en ella «todos cuantos la escuchen». Las habilidades de tal máquina, capaz de componer lingüísticamente (e incluso recitar ante una concurrencia) un soneto, un madrigal, una jácara, representa la fusión múltiple de voces seleccionadas de manera arbitraria. La retórica de sus composiciones (las _Coplas mecánicas_ que Mairena atribuye a Meneses) conlleva, en la variación y en la construcción de diversos signos orales, la representación de experiencias comunes, desvinculadas de toda referencia individual. Es objetiva y, como tal, transferida en «otros», pues de acuerdo con la tesis de Ludwig Feuerbach y el dicho de Boris Pasternak, el hombre presente en los otros es justamente el alma del hombre [18]. O, como el mismo Machado ya había expresado: «El que no habla al hombre, no habla a nadie».

Si bien el mecanismo de la «Máquina de Trovar» es un secreto que Meneses no le quiere pasar a Mairena, le explica, sin embargo, su divertido funcionamiento. A modo de piano y de fonógrafo, se compone a la vez de un teclado dividido en tres secciones: el *positivo*, el *negativo* y el *hipotético*. Las palabras son a modo de fonogramas. La concurrencia, situada alrededor de la máquina, elige, previa votación, el sustantivo que considere más esencial, a la par con su correlato lógico, biológico y emotivo (*NC.*, pág. 233). Al sustantivo «hombre» le corresponderá «mujer»; el verbo copulativo deberá ser objetivo, y se ha de ajustar a los tres sectores del teclado: *ser* (positivo); *no ser* (negativo); *poder ser* (hipotético). O la variante *es, no es, puede ser*. De acuerdo así con los sustantivos elegidos, y con las tres formas verbales, el manipulador de la máquina (instrumento, en todo caso) elige el fonograma (siempre en democrática colaboración con el público) más afín entre las rimas dadas. Escogerá, por ejemplo, el vocablo *nombre*. Éste, de acuerdo con el diccionario de rimas que la máquina posee, rima con *hombre*. La máquina hará aparecer seguidamente un sujeto impersonal, y una vez tocada la tecla negativa, saldrá el primer verso del poema: «Dicen que el hombre no es hombre». Con hombre (o mujer para el caso) rima, en el segundo verso, el vocablo *nombre*. Lograda tal rima, surge el poema completo:

> Dicen que el hombre no es hombre
> Mientras que no oye su nombre
> de labios de una mujer.
> Puede ser.

---

[18] Pedro Laín Entralgo, *Teoría y realidad del otro*, I, págs. 142-143; José María Valverde, «Introducción» a *Nuevas canciones* y *De un cancionero apócrifo*, **págs. 73-83.**

El «puede ser» de Meneses, aclara Machado, «no es ripio, aditamento inútil o parte muerta de la copla. Está en la zona tercera del teclado, y el manipulador pudo omitirlo. Pero lo hace sonar a instancias de la concurrencia, que encuentra en él la expresión de su propio sentir, tras un momento de reflexión autoinspectiva. Producida la copla, puede cantarse en coro» (*NC.*, pág. 234).

Se experimentan así una o varias escrituras, tanteando siempre, de acuerdo con la función transformativa que Meneses le otorga a la «Máquina», las posibles combinaciones de este «aristón poético» (así le denomina Meneses): investiga y colecciona a la vez los sentimientos elementales presentes en la colectividad, y que objetivamente transmite. Por otra parte, la presentación de Jorge Meneses, traída brevemente a colación por Juan de Mairena, incluidos ambos, como ya indicamos, en *De un cancionero apócrifo* de Abel Martín, mentor a su vez éste del Machado apócrifo (el nacido en Sevilla, en 1895), y que algunos han confundido «con el célebre poeta del mismo nombre», revierten los textos en humorística fábula. Representa la «Máquina» de Meneses las posibilidades alternas en la semántica de un vocablo: la fuga hacia ese «tú» que es siempre «otro». A través de estas correlaciones metonímicas entre el discurso lírico y las voces que lo enuncian, se desarrolla la dialéctica que Abel Martín denomina «lírica»; otras veces, «mágica».

Tal juego, al igual que la concepción de la lírica como una vivencia plural y fenomenológica (la metáfora de una vivencia colectiva), representa lo que Machado define como «otredad». Apunta a una representación social: uno es todos; o a la grafía *ser* en su entramado referencial: *no ser; poder ser.* También implica la «Máquina de Trovar» las posibles estructuras semánticas entre la experiencia particular y el módulo gramatical que las fija. Viene a proclamar a la vez la concepción social del poema (éste lo componen sus lectores), en continua traslación. Sirve, no menos, de juego experimental implícito en todo comienzo: de la elección a la combinación; de la analogía (metáfora) a sus posibles alternancias. Pero también de la dicción oral a la permutación gráfica que confiere, a veces, el azar; otras, el final de una rima consonante.

A la «otredad» de Machado no se llega, como hemos visto, a través de saltos precipitados, sino de un proceso evolutivo [19]. Implica éste una asunción hasta cierto punto escéptica, entre los varios niveles de relación entre el ser y el cosmos que éste habita: entre una metafísica del deseo (la amada), y una continua duda de su existencia [20]. La salida hacia el «otro» es un íntimo recorrido por la aquiescencia del «yo mismo», que confirma en ellos sus intrincados conceptos. Para Abel Martín la objetividad, y los objetos que percibe, son tan sólo productos de lo que él denomina «el gran ojo que todo lo ve». Y este ojo, que se ve a sí mismo, objetivo y externo, viene a ser el «reverso del ser»: pura ideación. Lo que explica el título de su obra fundamental: *De la esencial heterogeneidad del ser*. Juan de Mairena es la duda [21]. Recordaba a sus alumnos el partir siempre de lo imaginado, de lo supuesto y apócrifo; nunca de lo real (*OPP.*, pág. 422). En carta que escribe Machado a Unamuno (21 de marzo de 1915) le comentaba sobre Augusto Pérez, de *Niebla*: «ente de ficción y acaso por ello mismo ente en realidad» (*OPP.*, pág. 921). Pero lo salva de su absurda tautología (expresa en una ocasión: «nunca estoy más cerca de pensar una cosa que cuando he escrito la contraria», *OPP.*, página 695) la posibilidad de reconocer, en este vicioso círculo, un yo intelectual (centro) y un otro existencial (periferia). Ambos forman una unidad integral: lo que Mairena llama la conciencia pensante y existente; una y diferente. En Martín viene a ser la amada (el anverso del ser) la existencia de una comunicación

---

[19] Para el «concepto de otredad» a través de la concepción filosófica de los apócrifos (Mairena, Martín) véase P. Cerezo Galán, *Palabra en el tiempo*, págs. 331-360; sobre la «unidad y el concepto de evolución», páginas 232-277.

[20] Manuel Tuñón de Lara, *Antonio Machado, poeta del pueblo* (Barcelona, Editorial Nova Terra/Laia, 1976), págs. 173-183; 201-203; 245-262.

[21] Pablo de A. Cobos, *Humor y pensamiento de Antonio Machado en sus apócrifos*, 2.ª ed. (Madrid, Ínsula, 1972), págs. 179-213; José María Valverde, *Antonio Machado* (Madrid, Siglo Veintiuno de España Editores, 1975), págs. 223-230.

entre ambos; el amor o la pasión erótica en Mairena. En éste
la máscara adquiere un carácter lúdico (Meneses), pero también heurístico: la búsqueda de la dualidad y de lo múltiple,
o sea, de la representación plural a través del juego: las *Coplas
mecánicas*. El ser es un paradójico no ser; lo uno es el «otro»;
la realidad física es mera idealidad y viceversa. La existencia,
una «carnavalada»: y eso es la vida. Así le escribe Machado en
cierta ocasión a Unamuno: «...que sepamos a qué vino esta carnavalada que juega el universo en nosotros o nosotros en él»
(*OPP.*, págs. 921-22)[22]. La «Máquina de Trovar» fue el último
paso en esta retórica de la «otredad»: la concurrencia plural
del lector (nueva máscara) representando, sobre el «tablado»
de la «Máquina», la sentimentalidad colectiva: el poema que
todos cantan.

---

[22] Véanse también págs. 406; 413-14; 440.

III

FERNANDO PESSOA O EL PERDIDO DE Sí MISMO

«Dentro de mim estão presos e atados ao chão
Todos os movimentos que compõem o universo...»

«Despi-me, entreguei-me,
E há em cada canto da minha alma um altar a
um deus diferente»

(FERNANDO PESSOA)

Fernando António Nogueira Pessoa nace en Lisboa, en 1888.
Huérfano de padre, y después de casarse su madre en segundas
nupcias, se traslada con su familia a Durban (África del Sur),
donde reside hasta entrado en los diez y siete años. Asiste aquí
a la Escuela Secundaria (*Durban High School*), familiarizándo-
se directamente, en el estudio, con la literatura inglesa [1]. Regresa
a Lisboa en 1905, y asiste, si bien brevemente, a la Facultad de
Letras de la universidad. Abandona sus estudios, y su vida se
transforma en un deambular entre varias ocupaciones y trabajos: instala una tipografía, que fracasa; traduce cartas co-
merciales; aspira al puesto de archivero, y hasta rechaza toda

---

[1] Véase Alexandrino E. Severino, *Fernando Pessoa na África do Sul*,
II (São Paulo, Faculdade de Filosofia, Ciências e Letras de Marília, 1979),
págs. 33-94; del mismo, «La formación artística de Fernando Pessoa»,
Ínsula, XXVI, núms. 296-297 (julio-agosto 1971), 12-13.

oportunidad de continuar su carrera universitaria. Vive, mientras tanto, con varias tías y una abuela, demente ésta; solo, y en distintos domicilios, el resto de su vida. Sus lecturas se extienden al campo de la astrología y teosofía, al ocultismo y a la magia. Se siente atraído por la masonería y otras sociedades secretas. Traduce, en este sentido, obras de Annie Besant y Charles Webster Leadbeater; frecuenta tabernas, y llega a sostener una breve correspondencia con el conocido satanista inglés Aleister Crowley, quien se propuso, en cierta ocasión, la fundación de una orden místico-erótica [2]. Encontramos en Pessoa obvias alusiones a la homosexualidad en sus poemas escritos en inglés (*Antinous*); en la «Ode marítima» y, sobre todo, en «Saudação a Walt Whitman». Muere en 1935, de cólico hepático. Vestido de negro, de cara angular, endeble y delgaducho, miope, solitario, Pessoa ha pasado a ser, ayudado por su inmensa obra, la leyenda y el mito, uno de los poetas recientes más leídos.

Su *motto*, «Ser em tudo um Além», se confirma en esa tendencia, no menos psicológica que dramática, hacia la enajenación. En una de sus primeras publicaciones, «Na floresta de alheamento», breve narración que publica en la revista *A Águia* (Porto, 1912), ya muestra esta constante: la más señalada en su obra. Su amistad con el pintor Almada Negreiros, y con el poeta Mário de Sá-Carneiro, quien adelanta en su obra la nueva estética del arte futurista, y la tendencia a la asociación libre y despersonalizada, le ponen en contacto con la disasociación en boga entre sentimiento y realidad textual [3]. Cada creación ha

---

[2] Véase Peter Rickard, «Introduction», en Fernando Pessoa, *Selected Poems*, Austin, University of Texas Press, 1971, págs. 4-5.

[3] No menos importante es, además de la tradición de los poetas simbolistas franceses, la corriente «saudaísta» portuguesa (vuelta al pasado), que inicia Teixeira de Pascoaes, a la par con la lectura que hizo Pessoa, en francés, del libro de Max Nordau, *Entartung* (Paris, 1893-1894), probablemente entre 1907 y 1908. Las imágenes desconexas, ideas yuxtapuestas y fraccionadas; la sugerencia de correlaciones entre el alma del poeta y la realidad material (lo veremos en el heterónimo Caeiro), caracterizan tal movimiento, lo mismo que el frecuente uso del oxímoron y de la sinestesia. En los poemas «O sino da minha aldeia», y en «Impressões do crepúsculo», el sonar de la badalada de la campana tiene una

de ser independiente; la obra poética, una serie de múltiples identidades. El caso Pessoa es, pues, único en la lírica contemporánea[4]. Si, como él dice, «Fingir é conhecer-se» (*OEP*, página 163), es a través de sus heterónimos (Alberto Caeiro, Álvaro de Campos, Ricardo Reis, y el mismo Pessoa) como se dispersa su *persona* literaria. Al borde de su unidad (si es que la hay) se interponen dos culturas, tres lenguas, y una aguda inteligencia, imaginativa y no menos excéntrica[5]. Una obra que viene a ser, como veremos, un juego teatral de modalidades líricas y existenciales a la vez; antitéticas y no menos complementarias[6].

---

correspondencia anímica. Recordemos en este sentido el breve poema de Verlaine, que incluye en *Romances sans Paroles*, y que empieza: «Il pleure dans mon coeur / Comme il pleut sur la ville» (*Oeuvres poétiques complètes*, Paris, Éditions Gallimard, 1962, pág. 192).

[4] La expresión «su caso» es usada por Octavio Paz en el «Prólogo» a Fernando Pessoa, *Antología* (México, Universidad Nacional Autónoma, 1962). Las mismas ideas las amplía en *Cuadrivio*, 2.ª ed. (México, Joaquín Mortiz, 1969), págs. 131-163. Anteriormente, ya Giuseppe Carlo Rossi se expresaba en este sentido en «Il 'caso poetico': Fernando Pessoa», *Quaderni Ibero-Americani*, 13 (Febbraio 1953), 259-260.

[5] Una detallada biografía sobre Pessoa, si bien de orientación psicoanalítica, la ofrece João Gaspar Simões, *Vida e Obra de Fernando Pessoa. História duma Geração*, 3.ª ed. (Lisboa, Livraria Bertrand, 1973); del mismo, *Heteropsicografia de Fernando Pessoa* (Porto, Editorial Inova, 1973). Véase también E. Lourenço, *Pessoa revisitado* (Porto, Editorial Inova, 1973).

[6] La bibliografía sobre los heterónimos de Pessoa es ya extensa. El primer punto de partida son las declaraciones que el mismo Pessoa hace al respecto, sobre todo en sus ensayos «Gênese e Justificação da Heteronímia» y «Caracterização individual dos heterônimos», incluidos en *Obras em prosa*, ed. de Cleonice Berardinelli (Rio de Janeiro, José Aguilar Editora, 1974), págs. 79-102; 103-163. Abreviamos esta edición con *OEP*. Véanse también, Luciana Stegagno Picchio, «Pessoa, uno e quattro», *Strumenti Critici*, 4 (Ottobre 1967), 377-401; Benedito Nunes, «Os outros de Fernando Pessoa», *Bulletin des Études Portugaises*, XXXI (1970), 335-358; Robert Bréchon, «Fernando Pessoa et ses personnages», *Critique*, 251 (Avril 1968), 380-398; Jonathan Griffin, «Four Poets in One Man», *Selected Poems of Fernando Pessoa*, ed. de J. G. (New York, Penguin Books, 1974), págs. 9-23; Georges Güntert, *Das frende Ich: Fernando Pessoa* (Walter de Gruyter, Berlín, New York, 1971).

En carta del 13 de enero de 1935, le explicaba Pessoa a Adolfo
Casais Monteiro, uno de los fundadores de la revista *Presença*
(1927), el nacimiento de sus heterónimos:

> Desde criança que tive a tendência para criar em meu tôrno um
> mundo fictício, de me cercar de amigos e conhecidos que nunca
> existiram. (Não sei, bem entendido, se realmente não existiram, ou
> se sou eu que não existo. Nestas coisas, como em tôdas, não deve-
> mos ser dogmáticos). Desde que me conheço como sendo aquilo a
> que chamo eu, me lembro de precisar mentalmente, em figura,
> movimentos, caráter e história, várias figuras irreais que eram para
> mim tão visíveis e minhas como as coisas daquilo a que chamamos,
> porventura abusivamente, a vida real. Este tendência, que me vem
> desde que me lembro de ser um eu, tem-me acompanhado sempre,
> mudando um pouco o tipo de música com que me encanta, mas
> não alterando nunca a sua maneira de encantar[7].

Y en párrafo siguiente explica el proceso de tal fijación:

> Esta tendência para criar em mim um outro mundo, igual a
> êste mas com outra gente, nunca me saiu da imaginação. Teve
> várias fases, entre as quais está, sucedida já em maioridade. Ocorria-
> me um dito de espírito, absolutamente alheio, por um motivo ou
> outro, a quem eu sou ou a quem suponho que sou. Dizia-o imedia-
> tamente, espontâneamente, como sendo de certo amigo meu, cujo
> nome inventava, cuja história acrescentava, e cuja figura —cara,
> estatura, traje e gesto— imediatamente eu via diante de mim. E
> assim arranjei, e propaguei, vários amigos e conhecidos que nunca
> existiram, mas que ainda hoje, a perto de trinta anos de distância,
> oiço, sinto, vejo. Repito: oiço, sinto, vejo... E tenho saudades dêles.
> (*OP.*, pág. 74).

La revista *Orpheu* marca la primera actividad literaria de Pessoa
como poeta. Aparecen dos únicos números en 1915, pero ambos
son significativos. En el primero da a la luz «Ode triunfal»
(marzo), que anuncia algunos temas de «Tabacaria». En el se-

---

[7] Véase Fernando Pessoa, *Obra poética*, ed. de Maria Aliete Galhoz,
6.ª ed., Rio de Janeiro, Editora Nova Aguilar, 1976, pág. 754. Todas las
referencias a la lírica de Pessoa las haremos siguiendo esta edición. De
no indicar lo contrario, nos referimos siempre en el texto a este volumen.

gundo (junio) aparece «Ode marítima». En ambos poemas lo
circunstancial, la presencia del yo y del otro, el sentimiento de
enajenación y alucinamiento, están ya más cerca del Whitman
de *Leaves of Grass* que del movimiento futurista que lanza
Emilio F. R. Marinetti (*OEP.*, págs. 302-305) en su conocido manifiesto (*Le futurisme*, 1911), y que llega a Portugal a través
del pintor Santa Rita, conocido como Santa Rita pintor. En
la misma época Alberto Caeiro reafirma su identidad con la
oda «O Guardador de Rebanhos», título de su libro póstumo.
Ricardo Reis se arraiga en la antigüedad y en el paganismo con
sus odas *Ficções do Interlúdio*. Y Álvaro de Campos lanza su
«Ultimatum» en 1917, en la revista que dirige Almada Negreiros, titulada *Portugal Futurista*. El título de la revista es reve-
lador. En la misma fecha publica Pessoa su poesía inglesa:
35 Sonnets y *Antinous*. Años más tarde colabora en la revista
Contemporânea (1922), y en esta tercera década, por sus in-
mersiones en la política (elogios al nacionalismo y al régimen
totalitario) se halla envuelto en polémicas con el poder público,
la Iglesia y la moral social[8]. Es la época del ataque a la llamada
«literatura de Sodoma». Una nueva revista, *Athena* (1924), y
más tarde *Presença* (1927), encauzan el movimiento, ya bien
formado, del modernismo portugués. El grupo en torno a *Presença* descubre a Pessoa.

La búsqueda de Pessoa queda también simbolizada en otros
semiseres que él inventa con nombres sugestivos: Alexander
Search (bajo este nombre escribe un total de ciento siete poemas en inglés, que se publican entre 1909-1913); M. R. Cross
(activo participante en concursos de crucigramas en revistas
inglesas); el barón de Teive, Jean Seul (periodista satírico francés); Bernardo Soares (fantasma del fantasma Vicente Quedes:
un auxiliar de contaduría); Pacheco, Cesário Verde (cuyo libro
lee ansiosamente Caeiro), y otros muchos (*OP.*, págs. 752-57).
Sobre todos ellos comenta Pessoa: «Sou váriamente outro do
que um eu que não sei se existe». Y concluye: «Sínto-me múlti-

[8] Alfredo Margarido, «La Pensée Politique de Fernando Pessoa», *Bulletin des Études Portugaises*, XXXII (1971), 141-84; Octavio Paz, *Cuadrivio*,
págs. 137-140.

plo. Sou como um quarto con inúmeros espelhos fantásticos que torcen para reflexões falsas uma única anterior realidade que não está em nenhuma e está em todas»[9].

ALBERTO CAEIRO: «O GUARDADOR DE REBAHNOS»

Recordando a su *mestre*, Álvaro de Campos describe físicamente a Caeiro: ojos, cabello, estatura, color de piel; pero el detalle anímico ahonda más en su personalidad. Al hablar había en su expresión, escribe, «um sorriso como o que se atribui em verso às coisas inanimadas belas, só porque nos agradam —flôres, campos largos, águas com sol— um sorriso de existir, e não de nos falar» (*OP.*, pág. 247). Nos habla también Álvaro de Campos del paganismo de Caeiro: «não era um pagão: era o paganismo» (pág. 248), y de su poesía materialista. Las respuestas de Caeiro a las preguntas de Campos, en el vago recuerdo que de él le queda, son paradójicas: rayan en el absurdo[10]. Así, cuando Caeiro le habla del infinito o del número treinta y cuatro, o de su propia felicidad, es socrático. Encierra toda la experiencia de un sabio para quien la única realidad es existir. Las cosas son como son. Detrás está la nada. No hay más realidad que la objetiva: la material. Y ésta no es un todo, sino partes, fragmentos. Es infinita, temporal; limitada (página 249). Sus respuestas asombran a Campos. No estaba discutiendo con otro hombre, indica éste, «mas com outro universo». Y continúa: «Era como a voz da terra, que é tudo e ninguém». Finalmente, resume: Caeiro era «a própia idéia do nada» (pág. 250). Anticipa en este sentido a Sartre y sus ideas en *L'Être et le néant* (1943).

---

[9] Véase Fernando Pessoa, *Páginas Intimas e de Auto-Interpretação*, ed. Georg Rudolf Lind e Jacinto do Prado Coelho, Lisboa, Edições Ática, 1966, pág. 93. A tales antinomias se refiere el estudio de Jacinto do Prado Coelho, *Diversidade e Unidade em Fernando Pessoa*, 4.ª ed. (Lisboa, Editorial Verbo, 1973), págs. 77-111.

[10] Véase Mário Sacramento, *Fernando Pessoa poeta da hora absurda* (Porto, Editorial Inova, 1970), págs. 135-157.

O Guardador de Rebanhos, la obra básica de Caeiro, aparece fechada entre 1911-1912. Sin embargo, sabemos que estas fechas fueron adaptadas por Pessoa para una ajustada coherencia con la biografía del autor imaginario. De un total de cuarenta y nueve poemas, veintitrés fueron publicados en el núm. 4 de la revista *Atena* (Lisboa, 1925); el poema «Num meio-dia de fim de primavera» (*OP.*, pág. 209) se publica por primera vez en el núm. 30 de *Presença* (Coimbra, 1931). El resto de los poemas salen a la luz en *Poemas de Alberto Caeiro* (ed. de João Gaspar Simões y Luís de Montalvor), y forman parte de la ed. de las *Obras completas de Fernando Pessoa* (vol. 3), publicadas por Edições Ática (Lisboa, 1963).

Visión totalizadora y estática es la que surge del alma de este «Guardador de Rebanhos», bajo cuya vista no se extiende una particular realidad, sino todo un «rebanho». Implica éste la disgregación, lo heterogéneo; más que nada, lo múltiple. Tal es la misión del pastor: guardar; estar presente y vigilante ante el todo perceptible. Salta Caeiro de la realidad fragmentada a una cosmovisión objetiva, de la que su alma es también pastor: «Minha alma é como um pastor», escribe. «Conhece o vento e o sol / E anda pela mão das Estações / A seguir e a olhar» (*OP.*, pág. 203). La visión pessoana en Caeiro tiende a la percepción particular y a la vez múltiple, al uno y al todo. El binomio alma-pastor, asociados por el símil, confiere al primer término las características del segundo, al que se le atribuye no tan sólo su misión; también sus cualidades. Esta alma se figura omnipresente y omnisciente: «Conhece o vento e o sol». Pero a la vez Caeiro, sintiéndose pastor, ha adquirido nueva *pessoa*. Y esto sucede a cada paso en el poema: o bien imaginándose «cordeirinho», o bien siendo el «rebanho todo». Sometido su yo a diversas figuraciones, percibe la realidad como variada y antinómica: de la afirmación a la negación, o de la unidad (alma) a la totalidad disgregadora (el rebaño).

Existe tan sólo para Caeiro la presencia de las cosas mismas: el fenómeno físico. Percibimos únicamente aquello que se revela. No hay sentido íntimo: no hay misterio. La conciencia surge de la percepción sensual de lo circundante. Escribe Caeiro:

«Eu não tenho filosofia: tenho sentidos...» (pág. 205). Y en otra ocasión: «Penso com os olhos e com os ouvidos / E com as mãos e os pés / E com a nariz e a bôca» (pág. 212). El panteísmo de Caeiro es fenomenológico: «Sou o Descobridor da Naturaleza. / Sou o Argonauta das sensações verdadeiras. / Trago ao Universo um nôvo Universo / Porque trago ao Universo êle-próprio» (pág. 226). Las antinomias de su lírica se establecen, de acuerdo con Carlos Filipe Moisés, en el contraste entre el *homem ingênuo* (el fenomenológico) y el *homem pensante* (el reflexivo)[11]; es decir, entre el hombre natural («O Guardador de Rebanhos») y el culto (las sentencias del poeta socrático) (*OEP.*, págs. 120-133).

Ya E. Husserl distinguía, en sus *Meditaciones cartesianas*, el egopsicológico, interesado por la experiencia, del ego-transcendental, contemplador de la propia conciencia. Corresponde al primero el mundo fenoménico de la realidad física como vivencia; al segundo, la elaboración mental de tales impresiones[12]. Pero el proceso artístico en Caeiro, lo esquemático de su pensamiento («Amar é a eterna inocência», *OP.*, pág. 205); el tono aforístico de sus enunciados («O único mistério é haver quem pense no mistério», pág. 207), implican una actividad mental, depurada de la percepción sensitiva. De ahí que sus pronunciamientos, tales como «Há metafísica bastante em não pensar em nada» (pág. 206), se torna (*reductio in adjecto*) en un nihilismo ontológico. Pues, al negar el conocimiento de la realidad, y al afirmar, al mismo tiempo, que tan sólo existe lo que es real, se viene a crear un juego paradójico de tautologías y reducciones. Escribe Caeiro en cierto momento: «O rio da minha aldeia

---

[11] Carlos Filipe Moisés, «Alberto Caeiro», en *Poesia e realidade* (São Paulo, Cultrix, 1977), págs. 125-137.

[12] *Meditaciones cartesianas*, trad. de J. Gaos, México, Fondo de Cultura Económica, 1942, págs. 44-47. Interesante es la teoría de Pessoa sobre el proceso de lo que él llama la «creación sensacionista». En *Páginas íntimas e de auto-interpretação* explica detalladamente los contenidos de la sensación: de la percepción física al fenómeno abstracto de la conciencia (págs. 158-218). Véanse también *OEP.*, págs. 447-448; António Pina Coelho, *Os fundamentos filosóficos da obra de Fernando Pessoa*, I (Lisboa, Editorial Verbo, 1971), págs. 258-266.

não faz pensar em nada. / Quem está ao pé dêle está só ao pé
dêle» (pág. 216).

Es en el poema IX donde explica Caeiro la simbología del
concepto «rebanho»: «O rebanho é os meus pensamentos / E
os meus pensamentos são todos sensações» (pág. 212). La emoción estética se transforma, como veremos en el poema «Autopsicografia» de Pessoa, en emoción pensada. La contradicción
se basa en la dualidad; en la búsqueda de un absoluto supedita-
do a la relación numerada de lo contingente. La dualidad pasará
a ser tan sólo existencial (entre «o ser e o não ser») en Álvaro
de Campos, el heterónimo creador del poema «Tabacaria».

Fácil sería asociar, en varios sentidos, la concepción materialista de la estética de Caeiro con ciertos aspectos de la lírica
de Gabriel Celaya, quien inicia sus publicaciones bajo el nombre de Rafael Múgica; sigue con el de Juan de Leceta, y vuelve
finalmente al más conocido de Gabriel Celaya. Su nombre de
pila, Rafael Gabriel Múgica Celaya, y el de su ascendencia (Leceta) le ofrecen las varias combinaciones de homónimos. Sin
embargo, estudiada su poesía con cierta penetración, como lo
ha hecho José M. González[13], los tres poetas aparentemente
antagónicos en Celaya vienen a ser complementos de la misma
persona. «Este fantasmón que llamo Juan de Leceta», escribe
Celaya, «se atreve a escribir lo que a mí me avergonzaría pensar»[14]. Con su nombre publica *Avisos, Tranquilamente hablando,* y *Las cosas como son.* Y es aquí, en esta última publicación,
donde surge el poeta estoico, existencial, ya cercano al Caeiro
de Pessoa. A ambos los caracteriza, por ejemplo, un lenguaje
coloquial y sentencioso a la vez; ambos rehúyen la especulación
filosófica; ambos se atienen a las cosas tal como son. A Leceta,

---

[13] «El mundo poético de Gabriel Celaya», tesis presentada para el
grado de maestría, y aún inédita, en la Universidad de Puerto Rico (Recinto Universitario de Mayagüez, 1975). Agradezco a José M. González las
notas al respecto. Véase ahora del mismo «Aproximaciones y Diferencias
entre Alberto Caeiro (Fernando Pessoa) y Juan de Leceta (Gabriel Celaya)»,
Atenea (Tercera Época), I, núm. 1 (eenro-marzo 1981), 37-50.

[14] Gabriel Celaya, *Inquisición de la poesía* (Madrid, Taurus, 1972),
págs. 68-69; María de Gracia Ifach, *Cuatro poetas de hoy* (Madrid, Taurus,
1960), pág. 63.

en concreto, le «basta la vida»[15], sus emociones agrupadas a modo de sistema de lo tangible[16]. Y al disfrute del Leceta existencial le corresponde el gozo de la realidad en Caeiro: «Mas eu não quero o presente, quero a realidade; / Quero as cousas que existem, não o tempo que as mede» (*OP.*, pág. 244). Pero si Caeiro insiste en la ausencia de la reflexión, en la carencia de voluntad, la poesía de Leceta viene a ser, por el contrario, la expresión de un estado de crisis ante la inconformidad. En Caeiro encontramos la aceptación estoica: «Aceito as dificultades da vida porque são o destino» (pág. 240), que coincide con una vuelta al arquetipo panteísta: «Só a Naturaleza é divina, e ela não é divina...» (pág. 218); unitaria a veces; otras fraccional: «A Naturaleza é partes sem um todo» (pág. 227). Pero, al igual que Celaya, quien comparte su problemática desde varias perspectivas, Caeiro muere, afirma Pessoa, en 1915, pero muchos de sus problemas los siguen compartiendo, como veremos, sus «discípulos»: Álvaro de Campos, Ricardo Reis y, finalmente, Fernando Pessoa.

ÁLVARO DE CAMPOS O LA IDENTI-
DAD COMO NEGACIÓN: «TABACARIA»

Álvaro de Campos, declara Pessoa, escribe prosa rimada. Es, en este sentido, un gran prosador, «com uma grande ciência do ritmo» (*OP.*, pág. 298). Y, al igual que Caeiro, cultiva el verso libre, descuidando, sin embargo, la construcción gramatical y excediendo en prosaísmos. Sus poemas vienen a ser, de acuerdo con su mentor, «um extravasar de emoção», (pág. 297). Escribe movido por súbitos impulsos y, al contrario de Caeiro —quien escribe mal, llevado por la inspiración—, o de Reis, reflexivo y abstracto —con un purismo que raya en lo exagerado— (página 756), Campos escribe «razoàvelmente». Pero lo define, sobre todo, su estética futurista, presente en «Ode triunfal» (págs. 306-

---

15 Gabriel Celaya, *Poesías completas* (Madrid, Aguilar, 1969), pág. 347.
16 Ángel González, «Originalidad de Juan de Leceta», en «Introducción» a *Poesía de Gabriel Celaya* (Madrid, Alianza Editorial, 1977), páginas 15-20.

11), que publica en *Orpheu*, en 1915. Como «obra-prima do Futurismo» la calificaba Sá-Carneiro en carta que le escribe a Pessoa en junio de 1914 (pág. 778). La misma combinación de versos libres, de paralelismos, interjecciones, anáforas, caracteriza su extenso poema «Ode marítima» (págs. 314-28), canto a la vocación navegante del pueblo lusitano. A los espacios históricos o geográficos (externos) de estos dos poemas opone en «Opiário» (págs. 301-305), lo mismo que en «Insônia» (págs. 374-76), la evasión a través de la figuración de una vida-interior; de una conciencia en delirio, sumergida en sombras, humos y espacios en penumbra. «Não tenho personalidade alguma», escribe en «Opiário» (ver. 81).

El espacio concreto que evoca «Tabacaria» contrasta a la vez con los poemas anteriores. Se escribe el poema unos catorce años después (1928), y sale a la luz, aún más tarde, en el núm. 39 de la revista *Presença* (junio de 1933). Frente al escritorio donde Pessoa trabajaba, en la Rua dos Retroseiros, esquina con la Rua da Prata, existía en Lisboa la tabaquería «Havanesa dos Retroseiros», que da título e inspira el poema (*OP.*, págs. 362-66). Se inicia con la negación categórica de la persona que se extiende del presente («Não sou nada») al futuro («Nunca serei nada»). Y pese a que el poeta viene a ser el portador de «todos os sonhos do mundo» (experiencia en el pasado), a la percepción fragmentada del otro lado de la calle le es inherente la pérdida de la identidad, el aislamiento y la soledad. Frente a un espacio poblado («rua cruzada constantemente por gente»), se establece el cuarto cuadrangular, alejado e interior. Desde él se indaga y analiza la existencia, la realidad física: «o mistério das coisas» (ver. 10) como visiones matrices y lúcidas de la inexistencia. Recogido en su cuarto (vida mental), se sitúa el poeta a la vez frente al otro que, más allá de la ventana, percibe la tabaquería como «coisa real por fora»:

> Estou hoje dividido entre a lealdade que devo
> À Tabacaria do outro lado da rua, como coisa real por fora,
> E à sensação de que tudo é sonho, como coisa real por dentro.

(pág. 363)

La dialéctica queda pues establecida, como en Caeiro, a base de una retórica de oposiciones: de la realidad mental a la social, percibida a la vez desde un yo externo y reflexivo [17]. La posición inicial del expectador es de desconcierto; también de plácida dejadez, envuelto en una realidad banal: el gentío caminando, pero sentido como un continuo fluir hacia la nada.

El poema está construido a base de versos libres, asimétricos, con un ritmo más bien sintáctico que acentual, de versículo bíblico. Lo asocia con la monótona fluidez de Whitman en *Leaves of Grass* [18]. Aliteraciones, construcciones paralelas, anáforas, cambios de puntos de vista, incisos y paréntesis, alteran la dualidad de espacios y de personas. A nivel lingüístico se revela así una conciencia obsesiva de sentirse perdido: de orfandad ante el mundo más allá de la ventana: «lojas», «passeios», «carros», «entes vivos», «cães»: «E tudo isto me pesa como uma condenação ao degrêdo, / E tudo isto é estrangeiro, como tudo» (pág. 364).

A través de la presencia o del recuerdo el poeta vivifica su pasado como intercambio hacia la definición del presente: «Vivi, estudei, amei, e até cri», / E hoje não há mendigo que eu não inveje só por não ser eu» (pág. 365). Se completa el ciclo: presente (la tabaquería frente al cuarto); pasado (la memoria de lo vivido); futuro (la certeza de la anonimidad). Y en esta conciencia de ser algo que no se es, inmerso en el correr del gentío por la calle, se establece la génesis y dinámica del poema: lo que soy frente a lo que me siento no ser:

Conheceram-me logo por quem não era e não desmenti, e perdi-me.
Quando quis tirar a máscara,

---

[17] Marcia Smilack, «Opposition and Interchange: Resolution Through Persona in Fernando Pessoa's 'Tabacaria'», *Luso-Brazilian Review*, X, 1 (June 1973), 113-119; Gaston Bachelard, «La dialectique du dehors et du dedans», en *La poétique de l'espace* (Paris, Presses Universitaires de France, 1958), págs. 191-207; y recientemente véase *in extenso* a Carlos Filipe Moisés, *O Poema e as máscaras* (Coimbra, Livraria Almedina, 1981), págs. 59-204.

[18] Eduardo Lourenço, «Walt Whitman e Pessoa», *Quaderni Portoghesi*, 2 (Autunno 1977), 155-184.

Estava pegada à cara.
Quando a tirei e me vi ao espelho,
Já tinha envelhecido.

(pág. 365)

Tan sólo al final del poema se recobra la conciencia espacial. La presencia del *Êle* (el dueño), y de un cliente conocido (Estêves); el saludo que le envía éste, y la respuesta desde el cuarto, concluyen el discurrir ontológico; por lo mismo, el poema. El intercambio, las oposiciones y alternancias, adquieren una rica complejidad semántica. Como doble se ve el poeta sentado en su escritorio; y tal es la realidad, lo mismo que el deseo de ser frente a la frustración de tan sólo existir como deseo. Pero la misma escritura viene a ser máscara a la vez del primer significado. Los versos se escriben para en ellos constatar intencionalmente lo contrario. Las dos escenas (calle, cuarto); la ambivalencia del no ser frente a la conciencia de percibir una realidad física, la propia negatividad ante la fijación del texto, y la misma voz de Álvaro de Campos, ante quien Pessoa pierde su identidad, logran un alto grado de representación. De este modo, «Tabacaria» viene a ser no sólo mero referente: a través de él se constata también el no-ser, pero, e irónicamente, desde la voz de otra *pessoa*. En el centro se instala el vacío como antítesis a toda posibilidad de comunicación con el mundo de enfrente.

En el intercambio circular se establece así una equivalencia de opuestos: a) entre una realidad ontológica (nada) frente a otra plausible (algo); b) entre la conciencia del querer ser («Não posso querer ser nada») frente a lo que no se podrá ser («Nunca serei nada»); c) entre el yo instalado en su microcosmos (el cuarto), y la posibilidad de ser uno de los otros (la calle). Pero la misma dualidad se enuncia en varios niveles: temporal (pasado, presente), espacial (tabaquería, estudio), y en el proceso del discurso lírico: entre la libre asociación (objetos físicos) y la contemplación ontológica de un yo existencial. «Tabacaria» viene a ser así un paradójico *collage*: la página en cuyo escenario dos voces simultáneas (Pessoa y Álvaro de Campos) se anulan y confirman sucesivamente.

RICARDO REIS: «ODAS»

Fernando Pessoa no sólo admira a Ricardo Reis; lo considera un gran poeta [19]. Coinciden ambos, por ejemplo, en la íntima dependencia entre emoción y pensamiento; y lo diferencia de Caeiro, para quien tan sólo existe, como vimos, la realidad visible, una percepción bucólica de la naturaleza, muy de acuerdo con su educación en los clásicos. Al poeta materialista y lógico de Caeiro se opone, pues, el poeta contemplativo. El epigrama y la oda son las formas preferidas por Reis, al igual que temas y motivos recurrentes en la lírica renacentista. Médico, educado con los jesuitas, Reis vive desde 1919 (*OP.*, pág. 755), y de acuerdo con Pessoa, en el Brasil, en donde se autoexilió por sus creencias monárquicas (Reis, en portugués, «rey»). Su muerte nunca ha sido constatada.

Nace Reis, nos indica Pessoa, de la composición de unos poemas de índole pagana, que escribió hacia 1912, y en los que mantenía una versificación regular. Inventado primero Caeiro, y definido su «falso paganismo», Reis surge asociado como discípulo (Caeiro es el maestro común, incluso del heterónimo Pessoa); y en oposición (a manera de dialéctica hegeliana) nace a la vez Álvaro de Campos. Sin embargo, se percibe fácilmente bajo la máscara de Reis la mano del poeta que la manipula. Se incide de nuevo en el doblamiento del yo (recordemos el *motto* «Ser em todo um Além») ante la realidad múltiple que se le presenta, en un afán absurdo de concebirla o integrarse con ella en sus mínimas particularidades. «Sê todo em cada coisa» o «Para ser grande, sê inteiro», se pide en un breve poema escrito hacia 1933 (*OP.*, núm. 414, pág. 289). La fragmentación temporal (aquí entre el presente y el pasado) que caracterizaba a «Tabacaria» está a la vez presente en la lírica de Reis. Escribía unos años antes, en 1930: «Se recordo quem fui, outrem me vejo, / E o passado é o presente na lembrança» (núm. 385, pág. 283). El recuerdo («*lembrança*») constata un yo actual

---

[19] *Obras em prosa*, págs. 137 y sigs.

frente a otro en el pasado; diferente a la vez de la *persona*
que se revela en el poema; o en los versos que particularizan
el acto integral: «Quem fui é alguém que amo / Porém sòmente
em sonho» (vers. 3-4). El «sueño» (nuevo encubrimiento) faci-
lita así el doblamiento y la asociación con la otra posible identidad. Se establece otra vez, y como veremos en el poema «Autopsicografia», una conciencia de dos seres diferentes, pero similar a la dialéctica entre lo sentido y lo pensado, que define la
estética del Pessoa «fingidor». La conjunción causativa «porém»
indicaría esta separación o choque entre la realidad onírica
(«*sonho*») frente a la recordada («*lembrança*»). Pero es en el
interior del yo donde existe el otro ser como pasado, si bien
visto simultáneamente como «actual» en la conciencia que lo
recuerda: «Nada, senão o instante, me conhece. / Minha mesma
lembrança é nada, e sinto / Que quem sou e quem fui / São
sonhos diferentes» (vers. 9-12). El «yo» adquiere en el breve
poema una nueva faceta en este juego dramático de dobles:
de la conciencia («sonhos diferentes») a la presencia (actual y
recordada) como pasado. Un yo, pues, que se dobla en movimientos cíclicos y sucesivos.

Sin embargo, esta peculiaridad sofística de Reis, evidente en
los poemas citados, y muy de acuerdo, creemos, con nuestro
concepto de persona o máscara (en Reis, una realización dramática de múltiples asociaciones), es atípica en otros poemas.
El poeta, instalado en la tradición grecolatina, y dentro de un
género específico —la Oda—; de temas y motivos recurrentes,
se enmascara bajo esta misma escritura, pasándonos tan sólo
la imposición externa de su retórica. Pues en su interior percibimos fácilmente la mano del poeta ante la angustia del tiempo
como elemento enajenador: como causa de una identidad fragmentada. Los dos poemas citados muestran a trasluz estas
fisuras. Un elemento que condiciona tales polos (la lectura aparente frente a la profunda) son las múltiples incidencias en un
vago sentimiento de nostalgia y de «saudade».

La invitación a Lidia convoca, en el poema «Vem sentar-te
comigo, Lídia, à beira do rio» (págs. 256-57), una apacibilidad
en el tránsito de la vida, a través de la imagen de la corriente

del río. Al «*omnia transeunt*» de Heráclito (núm. 428) se asocia la calma interior de epicúreos y estoicos (*galeenismóos*) del poema «Vem sentar-te comigo...»: el acallamiento de las pasiones («amemo-nos tranqüilamente», ver. 17); una actitud imperturbable (*ataraxia*) ante la muerte de la amada («Eu nada terei que sofrer ao lembrar-me de ti», ver. 30), y una ansia de gozar (*carpe diem*) el momento presente (núms. 316, 362). Las referencias mitológicas invisten, con nueva problemática, los viejos símbolos, incidiendo con frecuencia en el destino ciego que nos determina (núms. 326, 327). Importa el disfrute del oloroso vino (núms. 320, 336, 366), al igual que la gozosa juventud («*Collige, virgo, rosas*»), y la vuelta a la vida retirada («*Beatus ille*»). El paisaje otoñal se asocia con el recuerdo dolorido («Naquilo que já fomos», núm. 324), constatándose, frente al nihilismo total del no ser, el gozo eufórico de los sentidos: «Circunda-te de rosas», pide Reis, «ama, bebe / E cala. O mais é nada» (núm. 358). La naturaleza y sus ciclos vienen a ser un rico compendio de asociaciones simbólicas. Reis percibe su ser dentro de los paradigmas cósmicos, y su «yo», en los cambios del mundo circundante [20].

Pero hay otro aspecto no menos importante en la persona lírica de Reis: es la gravedad sentenciosa y epigramática de sus versos; sus frases proverbiales: «Quem quer pouco, tem tudo» (núm. 392); «Cada um consigo é triste» (núm. 418); o «Reçebo o que me é dado, / E o que falta não quero» (núm. 398). Destaca el concepto de la *vita brevis*: «Breve o dia, breve o ano, breve tudo» (núm. 400). Abundan los consejos: «Sê todo em cada coisa» (núm. 414), que van a la par con la concepción negativa del ser («Nada fica de nada. Nada somos», núm. 413), y con la percepción múltiple del yo: «Tenho mais almas que uma. / Há mais eus do que eu mesmo» (núm. 423). La persona de Reis queda pues perfectamente delineada, identificable. La

---

[20] Este concepto de *topos*, si bien basándose en un soneto de Baudelaire, incluído en *Les Fleurs du mal* («A une Passante»), lc desarrolla Ivette Centeno en «Fortuna e Metamórfosis di un 'topos' nella poesia de Pessoa», *Quaderni Portoghesi*, 1 (Primavera 1977), 55-94.

tradición clásica y el movimiento «saudaista» portugués [21], conjuntamente, le sirvieron de personificación: el de un poeta reflexivo y sentencioso; nostálgico y fatalista.

FERNANDO PESSOA: «AUTOPSICOGRAFIA»

«Autopsicografia» es, sin duda, afirma Carlos Filipe Moisés, uno de los poemas más conocidos y glosados de Fernando Pessoa [22]. Su manifiesto inicial, «O poeta é um fingidor» (*OP.*, núm. 143, págs. 164-165) ha dado lugar a un buen número de divagaciones sobre teoría poética [23]. Incluido en su *Cancioneiro* es, con «Hora absurda» (núm. 56) y «Chuva oblíqua» (núm. 59), uno de los poemas más representativos de esta colección. Sin embargo, difiere del resto en la asunción metapoética que desarrolla en torno al proceso y a la fijación del texto lírico, convirtiéndose, de este modo, en un poema a la vez elucidatorio y auto-referente:

I
O poeta é um fingidor.
Finge tão completamente
Que chega a fingir que é dor
A dor que deveras sente.

II
E os que lêem o que escreve,
Na dor lida sentem bem,
Não as duas que êle teve,
Mas só a que êles não têm.

---

[21] Fernando Pessoa, «A nova poesia portuguesa sociológicamente considerada», *Obras em prosa*, págs. 361-403; páginas que publicó, en parte, en la revista *A Águia*, núm. 4 (Porto 1912), 101-107.

[22] Carlos Filipe Moisés, *Poesia e realidade*, págs. 39 y sigs. Véase también, Jacinto do Prado Coelho, «Introdução» a Fernando Pessoa, *Páginas de Estética e de Teoria e Crítica Literária*, ed. de Georg Rudolf Lind e Jacinto do Prado Coelho, 2.ª ed., Lisboa, Edições Ática, 1973, páginas ix-xxxiv.

[23] Jorge de Sena, *O poeta é um fingidor* (Lisboa, Edições Ática, 1961), págs. 21-95.

E assim nas calhas de roda
Gira, a entreter a razão,
III   Êsse comboio de corda
Que se chama o coração.

En la composición del título, un sugerente neologismo, destacan dos elementos («auto» y «psicografia»), cuyas connotaciones semánticas establecen ya campos diferentes. Pero es el
segundo elemento («psicografia») el que admite sentidos más
amplios: como descripción de la *psique* y de sus peculiaridades,
y como una comunicación gráfica de éstas. Implica en este
sentido un agente que fije el contenido, y un medio que le sirva
de instrumento. El primero es invisible, potencial; material y
tangible el segundo. De este modo, el contenido psíquico es
apenas potencia que se actualiza como texto. Pero es tan sólo
en el poema donde coinciden ambos referentes. Y sería éste,
de acuerdo con la terminología kantiana, su categoría *fenoménica*; al contenido psíquico le correspondería, por el contrario,
la *nouménica*; es decir, el texto escrito [24]. Pero el término «auto»
adquiere varios significados. Implica, por un lado, la contemplación reflexiva; por otro, el proceso *in fieri* de la comunicación. El sujeto («O poeta») pasa a ser instrumento (agente);
a la vez objeto (*medium*) de observación. La asunción es metafórica («O poeta é um fingidor»), pero los actos del sustantivo
que dan título al poema constituyen una selección metonímica.
De este modo, «auto» revela una acción inmanente e interior;
«psicografia», la realización transcendente de la escritura, veri-
ficada a través de un mismo sujeto: «O poeta». Así, la elaboración mental del poema se secunda con la fijación del texto,
pasando de lo virtual a lo operante. Su naturaleza se define
como ambigua. Supone, por lo mismo, una lectura dialéctica:
una conjunción de opuestos. Leído el poema, tan sólo se sienten: «Não as duas que êle teve, / Mas só a que êles não têm»
(II, vers. 3-4) [25]. Testifica a la vez la necesidad de éste como

---

[24] Véase nuestro artículo, «Suggested Bases for a Comparative Study
of Pessoa and Antonio Machado», *Romance Notes*, XX (Fall 1979), 24-29.
[25] En esta concepción de «dolor pensante» frente a «sintiente», per-

único punto de partida en la explicación formal o interna de la operación que le dio origen.

«Autopsicografia» es un poema de simetría perfecta: tres cuartetos heptasilábicos, con rima consonante alterna (abab). Cada estrofa es autónoma en sentido y enunciado, manteniendo unidad semántica y sintáctica (y hasta métrica) completas. Tan sólo el encabalgamiento entre el verso nueve y el diez consignan la excepción. La primera estrofa desarrolla ampliamente el contenido de la composición textual: el dolor que finge el poeta, escrito el poema, es un dolor «que deveras sente» (I, ver. 4). Invoca la segunda estrofa la presencia del destinatario: el lector plural («E os que lêem o que escreve», ver. 1); la tercera pone en juego los elementos que anteceden a la elaboración del poema: «razão» frente a «coração». Las tres estrofas (texto, lector, poeta) configuran así la labor inmanente y externa del poema. Apuntan a la vez a las tres posibles modalidades críticas, y a la mutua correspondencia (en todo poema) de los tres elementos. Se le asigna al texto (I) dos movimientos divergentes: uno que dimana del texto pasando al lector (I-II), pluralizando éste la singularidad del poema en sus varios significados; otro, del texto al poeta (I-III), singularizando así el texto escrito en su fase previa. El orden que se sigue es tan sólo figurado. En el salto (texto-poeta), presente en la primera y tercera estrofa, se invierte el orden natural, constatándose la concepción platónica del hecho poético, no tan sólo como experiencia (*Erlebnis*), sino también como una representación metafórica (*poíesis*) de la motivación inicial. La recurrencia circular es obvia, incidiendo siempre en el texto como primer movimiento de partida; o como punto final en la reconstrucción crítica del proceso.

Ya la paradoja condiciona, al contrastar la dualidad de opuestos (por ejemplo, el dolor «sentido» frente al «fingido», y viceversa), la primera estrofa del poema. El lenguaje poético se

---

cibidos tan sólo como imagen (en Pessoa alterada) externa al «yo» subjetivo, coinciden Pessoa y Ortega y Gasset. Véase, de éste, «Ensayo de estética a manera de prólogo», incluido en *Prólogos* (1914-1943) (*OC., 1941-1946*), vol. VI, págs. 252-255.

torna enajenador: el dolor que el poeta revela (en el texto) es
fingimiento del dolor (hipotético) que antecede al poema y le
da origen. La tentativa de volcar en palabras un contenido psíquico resulta un fracaso. La representación es siempre imper-
fecta; lo que se textifica es la ausencia de lo que no está: el
desencuentro entre intención y texto. Tal problemática (el discurso lírico como alteración, cambio o máscara) caracteriza,
si bien teniendo en cuenta matices y diferencias, la lírica y
poética de Octavio Paz. Pero esto es ya harina de otro costal.

Una nueva paradoja se establece en la segunda estrofa de
«Autopsicografia», en función ahora del sujeto lector, quien de
nuevo ficcionaliza lo leído. La sustitución en ambos casos es
metafórica, pero no sólo a partir del texto, sino también de la
lectura de «os que lêem». El dolor que sienten éstos está en función del expresado, pero el fingido viene a ser diferente del
aprehendido por el lector; o del que éste siente, ya alejado del
texto. Tal experiencia es nuevamente simulada. Los lectores
tan sólo sienten «Não as duas que êle (el poeta) teve, / Mas só
a que êles (lectores) não têm». Se constata así la distancia (el
desencuentro) entre poeta, dolor expresado y lectura que altera
la revelación de ambos.

El binomio inicial de la primera estrofa (texto-poeta), y el
siguiente (arte-vida), tienen final correspondencia en la tercera
estrofa entre razón y sentimiento; o, en términos más amplios,
entre el pensar y el operar. El orden lógico (el poema) se somete
al encanto atractivo del corazón. La dinámica de su actuar
(«calhas», «roda», «comboio») contrasta con la pasividad de
la razón. La acción de «entreter», escribe Carlos Filipe Moisés
en *Poesía e realidade*, se opone a la función pasiva de la razón.
En su inútil tentativa de relegar en el texto intenciones y actos
se aísla como inanidad. El corazón implica lo imprevisible: el
juego de los instintos. La razón se asocia, emblemáticamente,
con el trazado lógico y simétrico del poema. Ambos conforman
todo poema, tanto a partir del lector que lo descifra como del
poeta que lo escribe (*OEP.*, págs. 250-51).

La misma dualidad se presenta en el poema núm. 165, incluido también en el *Cancioneiro* (*OP.*, págs. 172-173):

> Tenho tanto sentimento
> Que é freqüente persuadir-me
> De que sou sentimental,
> Mas reconheço, ao medir-me,
> Que tudo isso é pensamento,
> Que não senti afinal.

De nuevo, la disasociación entre sentimiento y pensamiento. La realidad aparente del primero es tan sólo reconocida por la facultad pensante, dejando de ser (únicamente) un acto afectivo. Conlleva la negación de la subjetividad, y la diferencia entre lo sintiente y lo pensante; la mutua deconstrucción, a la vez, del primer elemento por el segundo. Vimos en «Autopsicografia» el fenómeno inverso: cómo el yo reflexivo examinaba su sentimiento, pasando a ser en el acto conciencia pensante. Lo que confirma la enajenación circular de la experiencia sentida. El sentimiento, al ser explicado, deja de ser lo que es. Pasamos, en la segunda estrofa, del yo singular al plural, adquiriendo valor universal la antítesis entre «sentir» y «pensar». Es como si Hamlet oyera en soliloquio sus mismas ideas. Lo que implica una dialéctica en continuo proceso de enunciados y anulaciones: la máscara como metáfora aquí del poeta «fingidor», pero no tan sólo a nivel metafísico o psicológico; también en el formal y estético. Pues explica a la vez la propia condición humana: su problemática ante el texto que escribe y finalmente lee.

LA «RUBÁIYÁT» DE PESSOA:
LA MÁSCARA COMO FORMA

En un gran baúl fue amontonando Fernando Pessoa sus escritos inéditos; buen número de ellos, incompletos e inconclusos. Y, como en cajón de sastre, abundaban en él las más raras *species litterariae*: tomos de poesía, escritos filosóficos, «páginas íntimas y de autointerpretación», teoría de estética y de crítica literaria, correspondencia, y hasta un tratado de teoría comercial. No es difícil, pues, el poder añadir a sus

Obras completas (lo mismo que a las de Borges) una serie de escritos, no menos interesantes, que invalidarían tal suposición. De paso es interesante destacar cómo la comparación entre ambos poetas, si bien en muchos aspectos diferentes y opuestos, se transciende más allá de esta relación externa. Señalemos, por ejemplo, su educación bilingüe (en inglés leen los clásicos, escriben las primeras líneas y lo practican más tarde), y la gran influencia en los dos de la presencia tutelar de la madre. En Pessoa, como protección a su gran timidez; en Borges, a la timidez se añade su progresiva y total ceguera. La muerte de la madre de Pessoa (el 17 de marzo de 1925) le ocasiona grandes trastornos psicológicos. En su obsesivo aislamiento, y en el abuso del alcohol, busca un equilibrio a su orfandad. La obra poética de ambos la sustentan varias premisas de carácter filosófico. El antagonismo, pongamos por caso, entre realidad y ficción, determina en ambos la concepción caótica de la realidad que transcriben; o del mismo yo que, confuso, ajeno, la enuncia. En ambos esa obsesión por el yo y los otros; o por la *persona* que dicta los versos, tan diferente de la mano que le sirve de *medium*. Las coincidencias podrían ser extendidas a la admiración, en ambos, de Whitman y Paul Valéry. A éste se refiere Borges en múltiples ocasiones, y le dedica un interesante ensayo, si bien breve, en *Otras Inquisiciones*[26]. Las relaciones entre Valéry y Pessoa las analiza João Gaspar Simões («Fernando Pessoa e Paul Valéry») en *Heteropsicografia de Fernando Pessoa*[27].

Pero el hecho de que ambos poetas reciban una educación bilingüe (recordemos que la abuela paterna de Borges, Fanny Haslam, procedía de Staffordshire, norte de Inglaterra, y que Pessoa se graduó, como ya anotamos, de la Escuela Secundaria de Durban, África del Sur, a la que asiste entre 1896 y 1905), les pone en contacto con autores y lecturas comunes. En sus

---

[26] *OC.*, págs. 686-687. Véase Paul de Man, «Un maestro moderno: Jorge Luis Borges», en *Jorge Luis Borges*, ed. de Jaime Alazraki, Madrid, Taurus Ediciones, 1976, págs. 146-147.

[27] Véanse págs. 146-164.

manos, tan distantes en el espacio (Argentina, África del Sur), caen las *Rubáiyát* de Omar Khayyám en la popular versión de Edward FitzGerald (1859)[28]. En efecto, Pessoa publica su «Rubáiyát» en el núm. 3 (3.ª serie) de la revista *Contemporânea*, que aparece en Lisboa entre los meses de julio-agosto de 1926 (véase en la pág. 98)[29]. La vena epicúrea con que calificamos las *Odas* de Ricardo Reis, sus raíces en los clásicos (Horacio sobre todo)[30], bien podría tener también su procedencia en Omar. Veamos la «Rubáiyát» de Pessoa:

> O fim do longo, inútil dia emsombra.
> A mesma sp'rança que não deu se escombra.
> I Prolixa... A vida é um mendigo bêbado
> Que extende a mão à sua propia sombra.

---

[28] A las cinco versiones de FitzGerald (1859 con 75 cuartetos; 1868, con 110, y 1872, 1879 y 1889 con 101, respectivamente) continuaron dos ediciones de Nicolas Whinfield (Londres, 1883 y 1901). Reconocidas, por la influencia en otros países, fueron las ediciones de J. B. Nicolas (*Les Quatrains de Kheyam*, 1867); la de H. Christensen (Conpenhagen, 1903; 1905 en versión francesa), y la de Rosen (Berlin, 1925). En español hemos consultado la única versión que teníamos a mano, la de Enrique Uribe White (Bogotá, Editorial Minerva, 1936), que toma directamente de la de FitzGerald. A través de los simbolistas franceses, probablemente Théophile Gautier, le llegaría Khayyám a Rubén Darío, quien ayuda a su lectura en las letras hispánicas. Véase, por ejemplo, los *Nuevos Rubáyat* del poeta boliviano Franz Tamayo (1879-1956), publicados en La Paz, en 1927. Sobre la «translación» de la ideología y estética del Oriente a la de Occidente (una «invención de la mente europea»), véase Edward Said, *Orientalism* (New York, Pantheon Books, 1978), págs. 166-197. Más concreto sobre Khayyám, ver Ali Dashti, *In Search of Omar Khayyám*, trad. de I. P. Elwell-Sutton (New York, Columbia University Press, 1971), páginas 167-184.

[29] En la misma revista ya había incluido anteriormente Pessoa algunos de sus mejores poemas: «O menino da sua mãe» y «Lisbon Revisited» (*OP.*, págs. 146, 356-362), al igual que varios artículos en prosa. Recogemos los datos, lo mismo que el poema, del artículo de Alexandrino E. Severino, «'Rubáiyát': um poema desconhecido de Fernando Pessoa», *Luso-Brasilian Review*, 15 (Supplementary Issue, Summer 1978), 67-74.

[30] Georg Rudolf Lind, *Teoría Poética de Fernando Pessoa* (Porto, Editorial Inova, 1970), págs. 127-144.

Dormimos o universo. A extensa massa
Da confusão das cousas nos enlaça.
II   Sonhos; e a ebria confluência humana
Vazia echoa-se de raça em raça.

Ao gozo segue a dor, e o gozo a esta.
Ora o vinho bebemos porque é festa,
III   Ora o vinho bebemos porque há dôr.
Mas de um e de outro vinho nada resta.

Los tres cuartetos endecasílabos (siete, como veremos, en Borges), con rima consonante, calcan fielmente la combinación métrica de las *Rubáiyát* de Omar Khayyám: AABA [31]. A excepción del verso B del tercer cuarteto, un monosílabo agudo («Ora o vinho bebemos porque há dor»), el resto son o trisílabos (cinco) o bisílabos (seis). La acentuación es casi uniforme, y lo es la rima externa: vocales fuertes (o-a, o-a, a-o, o-a; a-a-, a-a, a-a, a-a; e-a, e-a, a-o, e-a), cuya cadencia grave y monocorde (a modo de *staccato*) se asocia con la llegada de la penumbra y con la caída del día.

Varios temas claves definen el breve poema de Pessoa. La llegada de la sombra se asocia (carencia de luz) con la pérdida de toda esperanza. Y a partir de esta situación atmosférica se define la vida y la existencia del hombre: «A vida é um mendigo bêbado / Que extende a mão à sua propia sombra». Dos conceptos, pues, en juego: la caída (1) del día (situación espacial); y la vida (2) como ceguera («mendigo bêbado») que causa la ebriedad, asociando así al mundo externo el concepto de existencia. El tema del sueño (irrealidad), y los consiguientes coro-

---

[31] Véase, por ejemplo, la Rubáiyát XVIII («I sometimes think that never blows so red / The Rose as where some buried Caesar bled; / That every Hyacinth the Garden wears / Drop in its Lap from some once Lovely Head»); y las cinco restantes versiones (ed. publicada en New York, Thomas Y. Crowell Company, 1921), págs. 43, 65 (núm. XXIV), 91 (núm. XIX) y 118 (núm. XIX). Seguimos la segunda edición. Véase Parichehr Kasra, «The Structure and History of the Rubāᶜi», *The Rubāᶜiyat of ᶜUmar Khayyām* (New York, Scholar's Facsimiles and Reprints, 1975), págs. XXXVIII-XL; Ali Dashti, *In Search of Omar Khayyám*, págs. 132-140.

larios (confusión, vacío) se derivan de este asentamiento inicial: «O fim do longo, inútil dia emsombra» (I, ver. 1). Al gozo de la vida y a la enervación de los sentidos (Khayyám, «Rubáiyát» XI)[32] le corresponde en Pessoa el estado agónico de la ebriedad: «Ora o vinho bebemos porque é festa. / Ora o vinho bebemos porque há dôr» (III, vers. 2-3). Pero la solución hedonista del poeta portugués conlleva la irrealidad cósmica («Dormimos o universo») y la presencia de la nada. Pues del vino que convoca la fiesta o aplaca el dolor «nada resta» (III, ver. 4). Implicación que coincide con las reflexiones que Omar, de manera epigramática, propone sobre la vida y el destino: la presencia del dolor, la realidad ilusoria y, sobre todo, la imposibilidad de resolver el problema de la existencia («Rubáiyát», núms. XI, XX, XXI, XXXVII).

La pausa sintáctica de los dos versos blancos, en el primero y tercer cuarteto, a la que sigue un extenso encabalgamiento, que incluye el cuarto verso (I, II), ayuda a constatar categóricamente los atributos que definen «la vida» y la «existencia». La primera es, como vimos, un «mendigo bêbado»; es decir, su ebriedad se predica de la falta de sentido: una paradójica «sombra de la sombra». Y la vida es un «sono» que implica la aprehensión de la realidad personal frente al otro «sonho»: la percepción del mundo físico como «confusão»[33]. Tales premisas realzan la metafórica «festa» (mundo externo) en oposición a «dor» (mundo interior). La ebriedad viene a realzar de nuevo el sentido de nihilidad, y tal situación se extiende al espacio que ocupamos: «Dormimos o universo. A extensa

---

[32] Arthur Christensen, *Recherches sur les Rubā'iyāt de ᶜOmar Hayyām* (Heidelberg, Carl Winter's Universitätsbuchhandlung, 1905), págs. 99-114; J. S. Pattinson, *The Symbolism of the Rubáiyát of Omar Khayyám* (Edinburg, Orpheus Publishing House, 1921).

[33] Diferenciando ambos términos, escribe Pessoa en su *Cancioneiro*: «Entre o sono e o sonho, / Entre mim e o que em mim / É o quem eu me suponho, / Corre um rio sem fim» (*OP.*, núm. 160, pág. 171). Entre el acto de dormir («sono») y el del soñar («sonho») corre permanentemente un río («el de la vida»): presente en el tiempo; dinámico y estático a la vez. Viene a ser reflejo y símbolo de la dialéctica existencial del ser en su dualidad antagónica, pero complementaria a la vez.

massa / Da confusão das cousas nos enlaça» (II, vers. 1-2). Explicaríamos así, y a través del término «confusão das cousas», el sentimiento de orfandad y la falta de equilibrio que preside el pensamiento de Pessoa. El sentirse varios, el ser otro, el no saber lo que se es, o el ser «múltiple» o «disgregado», explicaría, en parte, la búsqueda ansiosa de un «yo» mítico ausente. Aquí las implicaciones psicológicas son decisivas. En una ocasión Pessoa se define como «um temperamento feminino com uma inteligência masculina» [34]. La imagen del cuarto con numerosos «espelhos fantásticos», en continua distorsión, o variando lo que reflejan (esa «confusão das cousas») asocia, de nuevo, a Pessoa con Borges. Descubre éste, en cierta ocasión, el don misterioso de la cópula y el de los espejos: su poder en multiplicar ambos la realidad (véase «Tlön, Uqbar, Orbis Tertius») [35]. Y constata Pessoa tal confusión en sus *Páginas Intimas* (págs. 84-94, 124), escritas casi diez años antes de publicar la «Rubáiyát». Afirma en ellas: a) «Não sei quem sou, que alma tenho»; b) «Soy vàriamente outro do que um eu que não sei se existe (se é esses outros)»; c) «Sinto-me múltiplo. Sou como um quarto com inúmeros espelhos fantásticos que torcem para reflexões falsas uma única anterior realidade que não está em nenhuma e está em todas»; d) «...eu sinto-me vários seres» [36].

La forma de la «Rubáiyát», lo mismo que la asunción mítica del lejano poeta persa, de su filosofía hedonista y escéptica, y hasta cierto punto pesimista, se torna un acto crítico: la lectura que el texto de Pessoa verifica en el de Omar. Y si bien texto y poeta están determinados por «otros» (en el centro la figura de FitzGerald, quien reordena y pule a lo largo de su vida las primeras versiones), el salto es ya incalculable. Pues de la exaltación del cuerpo físico pasamos a la radical división entre la alegría y el dolor, y a la fatal conclusión de que, bebido el vino [37], nada queda. Y esta aprehensión existencial se trans-

---

[34] *Páginas Intimas e de Auto-Interpretação*, pág. 27.

[35] *OC.*, pág. 431.

[36] *Páginas Intimas e de Auto-Interpretação*, págs. 93-94.

[37] «El tema báquico», escribe Emilio García Gómez, es otro de los más frecuentes en la lírica arábigo-andaluza. Véase «Prólogo» a *Poemas*

forma, paradójicamente, en alteridad: cambio que es devenir
en el trazado de la lírica contemporánea.

Concluimos. Pessoa ha sido el poeta más grande que ha pro-
ducido Portugal desde Camoens. Sin embargo, su revaloración
es relativamente reciente, y pese a que su crítica va aumentando,
son todavía escasos los trabajos que tratan del total de su
obra, en parte aún inédita. Pero es Pessoa un poeta difícil,
como lo son Quevedo o John Donne. Es, diríamos, un poeta
metafísico; esencialmente dramático [38]. Exige una continua pre-
figuración de personas y hablantes que terminan por confundir
al lector. La unidad o posible coherencia de su obra, dados sus
heterónimos, se contradice y disgrega, debido en parte a esa
obsesión, casi mítica, en aprehender la realidad circundante a
través de diferentes posiciones textuales. Y éstas pasan a ser
símbolos de una identidad enajenada, en un afán por romper
la perspectiva individual, única. Su modo de ser abúlico, en
que insisten varios críticos, no es aplicable, de ningún modo,
a la obra escrita.

La misma prioridad que concede al poderío de la voluntad
sobre la acción lo asocian al *Fausto* de Goethe (Pessoa, como
Valéry, dejó inconcluso un drama, *Fausto*, que esboza en cinco
actos) [39], en su fase previa al encuentro con Mefistófeles. Como

---

arábigoandaluces (Buenos Aires, Espasa-Calpe, 1940), págs. 45-46. Véanse
también, págs. 73, 159, 164, 172; Ali Dashti, *In Search of Omar Khayyám*,
págs. 155-166.

[38] En *Cartas a Armando Côrtes-Rodrigues* (ed. Joel Serrão, Lisboa,
Editorial Confluência, 1945), le insiste en el carácter dramático de
sus heterónimos; en cómo tras sus máscaras —poetas, pensadores, filósofos—
está él (Pessoa), esencialmente un dramaturgo (págs. 42-44). Véase también *Páginas Intimas e de Auto-Interpretação*, págs. 106-108. Como gran
poeta de la «estructuración», y esencialmente dramático, lo califica Roman
Jakobson, en «Les oxymores dialectiques de Fernando Pessoa», *Questions
de Poétique* (Paris, Editions du Seuil, 1973), págs. 463-483. El ensayo, se
anota al pie de página, fue escrito en colaboración con Luciana Stegagno
Picchio.

[39] De este drama que intentó escribir Pessoa tan sólo se conservan
breves fragmentos (*OP.*, págs. 789-791), que el propio Pessoa reunió bajo
el título «Notas Para um Poema Dramático Sôbre o Fausto» (*OP.*, página 789). Véase, al respecto, Albin Eduard Beau, «Über die Bruchstücke

figura antifaustiana, desposeída de la luz del espíritu, finge una
realidad en donde sitúa a los personajes de su mundo hetero-
nímico. Contrasta a la vez, y dentro de la tradición nietzscheana
que conoció (*OEP.*, págs. 320-321), el artista dionisíaco (el imperio del sentimiento) frente al apolíneo (dominio de la razón);
el poeta super-intelectual frente al hiper-sensible [40]. Encarnán-
dose así en varias posibles existencias, transforma su ámbito
personal en una concurrencia plural y múltiple de voces ficticias.
Se adelanta a la vez al mundo agónico de los filósofos existenciales. Coetáneo de Unamuno, coinciden en la concepción dual de
la persona, escindida entre voluntad de ser y conciencia de
finitud, entre ficción y realidad. En la doblez dramática del
«eu» frente a los «outros», Pessoa tornó en literatura las peque-
ñas peculiaridades de su existencia mental. Sus heterónimos
hacen su obra, como ya indicamos, sumamente atractiva; no
menos intrigante: una alegoría de la enajenación personal, y
una fuga utópica, circular, por el mundo de la biografía imaginaria.

---

zu einem *Faust* des portugiesischen Dichters Fernando Pessoa», en *Goethe.
Neue Folge des Jahrbuchs der Goethe-Gesellschaft*, XVII (Weimar 1955),
169-184; en versión portuguesa, «Sobre os fragmentos do *Fausto* de Fernando Pessoa», *Estudos*, II (Coimbra, 1946), págs. 493-519.

[40] Pessoa se muestra familiar, en este sentido, con el concepto de la
filosofía de la historia de Hegel, el concepto «Ding an sich» de Kant,
Schopenhauer, y el sentido de fragmentación y enigma detrás del yo en
Nietzsche; en concreto con su persona en *Así habla Zaratustra*. Ver Leyla
Perrone Moisés, «Pessoa Personne?», *Tel Quel*, núm. 60 (1974), 100; Mário
Sacramento, *Fernando Pessoa*, págs. 71-92.

IV

LA RETÓRICA DE LAS DUALIDADES: *SOMBRA DEL PARAÍSO* (1944) DE VICENTE ALEIXANDRE

«Sí, poeta: el amor y el dolor son tu reino.
Carne mortal la tuya, que, arrebatada por el espíritu,
arde en la noche o se eleva en el mediodía poderoso,
inmensa lengua profética que lamiendo los cielos
ilumina palabras que dan muerte a los hombres»
(«El Poeta», *OC*., págs. 483-84)[1].

En la misma enunciación de *Sombra del Paraíso*, un nominativo en sigular seguido de un genitivo de procedencia, se establecen dos topografías: una explícita («sombra»), otra elíptica («paraíso»). Y, al igual que la «sombra» se opone a la luz, el lugar arcádico y ameno se contrasta con la problemática cotidiana e individual. La asociación de ambos polos organiza la significación del libro de Aleixandre, ya implícita en el título que lo anuncia. Las relaciones semánticas en torno a «sombra» prevalecen en la última sección del libro. Se anticipa aquí el tema del vivir humano: muerte del padre, soledad del individuo, fugacidad de la vida, tragedia del destino humano, fluir continuo del tiempo. El discurso lírico de las primeras secciones, en una rotación de ciento ochenta grados, se torna, en el poe-

---

[1] Citamos siguiendo las *Obras completas* de Vicente Aleixandre, con prólogo de Carlos Bousoño (Madrid, Aguilar, 1968). Abreviamos en el texto con *OC*.

ma «Padre mío» (*OC.*, págs. 573-75), de la parte final, oración y lamento: «Lejos estás, padre mío, allá en tu reino de las sombras. / Mira a tu hijo, oscuro en esta tiniebla huérfana, / lejos de la benévola luz de tus ojos continuos» (vers. 1-3). La misma incertidumbre se revela en los versos que evocan, en el poema «Hijos de los campos» (págs. 584-85), la metáfora del vivir como continuo río: «que nace de la nieve instantánea y va a morir al mar, / al mar perpetuo, padre de vida, muerte sola / que esta espumeante voz sin figura cierta espera» (página 585). Importa destacar, en el poema anterior, si bien de paso, la imagen de «sombra» en relación con el lugar que habita el padre, y en contraste con la «luz» que emana a la vez de sus ojos. Por el contrario, el hijo que evoca su presencia es habitante «oscuro en esta tiniebla huérfana». Observemos la redundancia, hasta cierto punto hiperbólica, de lo «oscuro» en la «tiniebla», y el desplazamiento imaginístico de la «sombra» asociada al paraíso que habita el padre, ya muerto; del mundo en «tinieblas» al que se opone el del hijo.

Por otra parte, *Sombra del Paraíso* documenta a la vez, y sobre todo en las primeras secciones (I, III, IV, V), un mundo figurado, simbólico, establecido a base de series continuas de imágenes que denotan luz o transparencia. Ambos espacios, metafóricos y lingüísticos, casi en reciprocidad simétrica («luz», «transparencia», «claridad»; «sombra», «opacidad») coinciden con las dualidades emotivas (de la exaltación a los «estados depresivos»), estableciéndose, en su doble interrelación, los varios niveles semánticos del libro. Están en juego a la vez polos emotivos en tensión: la presencia paradisíaca se torna, en las últimas partes del libro, evasión y ruptura; la visión prístina y transparente, sombra final. Así, la fabulación arcádica que constatan los poemas más representativos del libro («Criaturas en la aurora», «Nacimiento del amor», «Primavera en la tierra», «Ciudad del Paraíso», etc.), se reafirma dentro de una visión hiperbólica del mundo en torno. En dicha concepción actúan también las voces del pasado (la infancia), la realidad circundante (continuas enfermedades, una guerra civil, otra mundial), las lecturas de los poetas románticos (ingleses y alemanes), y la conciencia de habitar un mundo marginado («sombra»), al que se contrapone, paradójicamente, la metáfora del ausente («paraíso»). Así, la función metonímica del vocablo «sombra» conlleva no tan sólo la ausencia de luz, sino incluso la misma reclusión textual.

DUALIDADES TOPOGRÁFICAS

Pero no tan sólo dos imágenes opuestas, o dos personas que las enuncian; también dos topografías en contraste. Al aquí presente (lugar donde se escribe) se contrasta el espacio textual; y éste viene a ser negación y fuga del anterior. En este sentido *Sombra del Paraíso* sería, adelantando una primera definición, un canto a la primera aurora del cosmos (una concepción arcádica y utópica a la vez), formulada, sin embargo, por una persona íntimamente comprometida con el sujeto que la enuncia. O mejor, y con palabras del mismo Aleixandre, «un canto a la luz desde la conciencia de la oscuridad», a la evasión desde el exilio interior. Y, al igual que el desterrado viajero de las *Soledades* gongorinas recorre un camino alegórico y visual, y lo rehace como texto (un gran triunfo de la percepción y de la imaginación barroca), *Sombra del Paraíso* edifica, si bien desde la subjetividad, una metafísica espacial, poblada de figuras emblemáticas y simbólicas. Fijémonos en los enunciados de algunos poemas representativos: «Al cielo», «Bajo la luz primera», «Ciudad del Paraíso», «Criaturas en la aurora». O el ciclo dedicado, en la sección cuarta, a los cuatro elementos («El aire», «El fuego», «La tierra», «La lluvia»), o los poemas que presencian la rotación cósmica: el nacimiento («Nacimiento del amor»), su plenitud («Plenitud del amor»), su última fase («Último amor») y final evanescencia («Muerte en el paraíso»). Series de imágenes telúricas y vegetales, estudiadas ya por la crítica, delimitan espacios y contornos. Sin embargo, es la palabra la que posibilita el surgir de este «espacio bello». Es también reedificación en el amor: «¡Palabra sola y pura / por siempre —Amor— en el espacio bello!» (pág. 553): representación y mimesis en el libro escrito, dedicado a quien lo escribe (autor) y finalmente lo lee, el poeta lector:

para ti, poeta, que sentiste en tu aliento
la embestida brutal de las aves celestes,
y en cuyas palabras tan pronto vuelan las poderosas alas de las águilas
como se ve brillar el lomo de los calientes peces sin sonido:

(pág. 483).

Pero el libro anula la percepción física y directa de la realidad circundante: es fingimiento, simulación. Por eso se pide en la sección final del poema: «arroja este libro que pretende encerrar en sus páginas un destello de sol, / y mira a la luz cara a cara, apoyada la cabeza en la roca». Define el texto lírico como vehículo de integración telúrica; como duplicación (imagen) emotiva. Ser poeta implica así una obsesiva intención de percibir y significar en comunión íntima con las vivencias cósmicas, pero a partir, en *Sombra del Paraíso*, de un contorno físico utópicamente percibido. Presunción ésta defendida por Percy B. Schelley en *Defense of Poetry* (1840), y presente en un buen número de poetas románticos, obsesionados en su mayoría (Friedrich Schlegel y Schelling, Novalis, Hölderlin, entre otros) con el mito cósmico[2].

---

[2] Samuel T. Coleridge afirma en *Biographia Literaria* (ed. John Shaw-cross, Oxford, 1907), y siguiendo de cerca a Aristóteles, que la poesía debiera ser ideal, evitando, y excluyendo a la vez, lo accidental (XVII, pág. 318). Ya al principio, y arguyendo con William Wordsworth, define los elementos de lo que denomina como «poesía de la naturaleza» (de hecho usa la imagen de la «transparencia» y de la «sombra»), caracterizada por los variados colores imaginísticos con que se presenta ante el lector. Y concede a la imaginación el poder de subordinar el arte a la naturaleza, la forma a la materia. Coincide en parte la poética de Coleridge con la formulada por Aleixandre (si bien salvando tiempos, espacios y tradiciones) en la antología de Gerardo Diego, *Poesía española contemporánea*, donde define la poesía como un «Pacto final... que no olvida ciertamente que el hombre es naturaleza y que el viento unas veces se llama labios, otras arena, mientras el mundo lleva en su seno a todo lo existente», una «clarividente fusión del hombre con lo creado», afirma en el siguiente párrafo (pág. 470). Sobre Coleridge véase René Wellek,

Pero si bien es fácil rastrear esta concepción romántica dentro de la mitificación de la persona poética, en el poema «El Poeta» («Para ti, que conoces cómo la piedra canta»)[3], concurren también el concepto de la palabra como *logos*, y el de la armonía cósmica. Al pronunciamiento de Guillén de que «cada cosa debe estar en su sitio», en su reposo físico y estático, le corresponde en Aleixandre el espacio atemporal, mítico: el «Allá por las serenas / luces de más allá, más todavía, / por donde los navíos como rostros / dulcemente contraídos nos llevan su pasaje, / pero resbalan mudos / hasta dar en lo opaco como lienzos», del poema «Donde ni una gota de tristeza es pecado», incluido en *Espadas como labios* (1930-1931) (*OC.*, página 314). En la fuerza evocativa del «Allá», y en el poder de asociar y recrear espacios estelares, adquiere el verbo lírico de *Sombra del Paraíso* un poder demiúrgico, mágico. En tal fuerza enunciativa se sitúa el primer «Fiat» bíblico donde la palabra fue orden, creación, existencia. Ya desde Hesíodo y San Agustín hasta el mismo *Popol-Vuh* (la biblia sacra de los mayas), la palabra presencia el nacer de la primera luz: del primer mito[4]. En la Edad Media, explica Curtius, el libro llegó a pro-

---

A History of Modern Criticism: 1750-1950. The Romantic Age (New Haven, Yale University Press, 1955), págs. 5-74.

[3] Define Shelley al poeta a modo de «nightingale, who sits in darkness and sings to cheer its own solitude with sweet sounds», concluyendo, «Poets are the unacknowledge legislators of the world». Véase *Shelley's Literary and Philosophical Criticism*, ed. John Schawcross, Oxford University Press, 1909 (part. I). Leopoldo de Luis apunta, en su detallada introducción a *Sombra del Paraíso* (Madrid, Editorial Castalia, 1976), las posibles influencias de los poetas ingleses en la poesía de Aleixandre, aunque sin señalar dónde ni cómo.

[4] Si el mito es, de acuerdo con Northrop Frye, la visualización imaginativa de la posibilidad (ideal) de un mundo real, sin clases, urbano, oculto detrás de aquel en el que vivimos, obviamente el trazado de *Sombra del Paraíso* es mítico. Véase *Anatomy of Criticism* (Princeton, Princeton University Press, 1957), págs. 115, 349. En el mismo estudio define Frye la naturaleza mítica como una creación mental del hombre infinito que coloca sus ciudades más allá del «Camino de Santiago» (pág. 119). Y en *Fables of Identity: Studies in Poetic Mythology* (New York, Harcourt, Brace and World, 1963), postula Frye que el mito central del arte debiera ser la visión del fin del esfuerzo físico, del inocente mundo de

liferar como metáfora de la mente, del corazón y hasta de la misma vida. La experiencia humana era a modo de escritura ya prefigurada. Y en ciertas teogonías adquirió un carácter sacro y reverencial. Fijaba en lápidas los himnos dedicados a la divinidad. Se asoció con lo santo: la escritura era oficio tan sólo de los elegidos. Los escribas pasaron a ser los nuevos sacerdotes de la palabra. Así el antiguo Egipto patrocinó un dios para éstos, y los griegos depositaron la mecánica del trazado gráfico bajo Hermes. Para los babilonios, las estrellas vinieron a representar la escritura de los cielos[5]. Y es la escritura la que, sobre un espacio en blanco, atemporal (la página, la lápida), figura otro no menos real: da presencia a un mundo nuevo. De ahí que la comunión del poeta ha de ser doble: con el texto escrito y con el mundo en él representado. Pero es la palabra en Aleixandre (como en Borges y en Octavio Paz), sombra, prisión. Ha perdido su plenitud enunciativa; su capacidad de recobrar la realidad en su origen prístino: en su primigenia lucidez[6]. A tal sentido alude el poema «Mensaje» (págs. 547-48). La incitación imperativa («Bebed», «abrid», «mirad», «embebed», «besad»), también a modo de exhortación («destelle otra vez»), conlleva la unión de cosmos y hombre, medida éste de todos los horizontes. Pero la fusión ha de ser transcendental, plena. Supone un implícito acto de amor y un despojamiento ascético: una pureza integral. Se pide finalmente:

¡Ah! Amigos, arrojad lejos, sin mirar, los artefactos tristes,
tristes ropas, palabras, palos ciegos, metales,
y desnudos de majestad y pureza frente al grito del mundo,
lanzad el cuerpo al abismo de la mar, de la luz, de la dicha inviolada,
mientras el universo, ascua pura y final, se consume.

---

los deseos satisfechos (pág. 18). Véase también William K. Wimsatt, *Day of the Leopards. Essays in Defense of Poems* (New Haven, Yale University Press, 1976), págs. 74-76.

[5] Franz Dornseiff, *Das Alphabet in Mystik und Magie*, I (Leipzig, Berlin, B. G. Teubner, 1922); Ernst Robert Curtius, *European Literature and the Latin Middle Ages*, trad. Willard R. Trask (New York, Harper and Row, Publishers, 1963), págs. 304 y sigs.

[6] Joseph Hillis Miller, *The Disappearance of God* (Cambridge, Mass., Harvard University Press, 1963), pág. 3.

La indumentaria «tristes ropas» (valor social) se asocia con el poder económico (los «metales»); ambos, con las «palabras» y los «palos ciegos» (la fuerza bruta, el poder), obstáculos éstos que se interponen en la comunión de hombre y creación. La palabra es también un «artefacto triste». Por eso es preferible mirar «a la luz cara a cara», o «sentir el beso postrero del poniente». Pero en un tiempo (de ahí también el carácter elegíaco del libro) los símbolos verbales representaron la analogía divina con la naturaleza, en íntima comunión con la realidad nombrada. *Sombra del Paraíso* asume ya la dislocación entre signo y asignación; en acertada expresión de Octavio Paz, su diseminación. Al desconfiar del valor mimético de la palabra, la percepción sensual de ser en un espacio idílico adquiere máxima significación. Sin embargo, es el signo en su materialidad fónica la única posibilidad de conceder realidad imaginística al texto; de reprimir, a su vez, la sombra que lo envuelve. Desde su ceguera el mundo se torna transparencia, vibración y *anima* telúrica y corporal. En dicha dualidad retórica (de la sombra a la transparencia) se enuncia la metáfora de su título, muy de acuerdo, de nuevo, con el axioma pessoano del poeta como «fingidor», de lo escrito como «fingimiento». Por otra parte, el trazado del texto, su fijación a partir de una sombra personal y en lucha con ésta, va revelando el valor supremo de la máscara que lo anuncia. Justifica el famoso dicho de Tasso: «Sólo Dios y los poetas merecen el nombre de creadores».

En tensión, pues, en *Sombra del Paraíso*, la parábola de la materia frente al espíritu que la vivifica. De ahí también el valor ético de que habla Bousoño al referirse a este período de la poesía de Aleixandre. Sin embargo, a la misma tensión de tales opuestos ya se refería éste en el «Prólogo» a su libro anterior *Pasión de la Tierra* (1928-1929), publicado en México, en 1935. «Allí está», escribe, «como en un plasma (aparte del valor sustantivo que el libro pueda tener) toda mi poesía implícita. Esta es un camino hacia la luz, un largo esfuerzo hacia ella. Sólo mucho después yo he descubierto la claridad y el espacio. Pero desde la angustia de la sombra, desde la turbiedad de las grandes grietas terráqueas estaba presentida la coherencia del total mundo poético» [7]. Define así su «poética» como un «largo esfuerzo hacia la luz», pero a través, como él explica, de una «palabra pasional y telúrica». O en memorable expresión de T. S. Eliot, como ciego escape (no menos simbólico que psicológico) de la propia personalidad [8], en este caso físicamente enclaustrada. Pero en esta ascensión hacia la transparencia concurren a la vez no sólo, y como ya ha señalado Vivanco [9], la tradición de un sistema poético (la vuelta a Góngora, las influencias surrealistas, las contiendas entre poesía pura y revolución, etc.); también la experiencia personal (el retorno imaginario a la niñez), y la escritura de un texto como palinodia contra la realidad histórica que reprime (su «sombra»), esquivándola elípticamente al superponer sobre ella otra suprarreal, onírica, utópica.

Por ejemplo, ya en *Espadas como Labios* (1932), la figuración de la muerte y del amor se asumían en un círculo de total integración cósmica. El libre juego de asociaciones (negaciones, afirmaciones, anáforas, aliteraciones) marcaba, metafóricamente, los varios gestos del amante, en una ansiada entrega ritual. Tal polaridad se escinde y se integra a su vez en *La destrucción o el Amor* (1935). Aquí el signo es goce: carne y piedra. En él se funde la voz que canta, el que canta y su derivación implícita: la unidad en el amor. Por el contrario, *Sombra del Paraíso* instaura la lejanía como sombra, no tan sólo a través de la palabra que enuncia el libro; también del sujeto que la cifra, y del mismo espacio desde el que se percibe (el objeto) descrito [10].

---

[7] Luis Felipe Vivanco, *Introducción a la poesía española contemporánea*, 2.ª ed., I (Madrid, Ediciones Guadarrama, 1971), pág. 302.

[8] T. S. Eliot, «Tradition and the Individual Talent», en *The Sacred Wood. Essays on Poetry and Criticism* (London, Methuen and Co. Ltd., 1972), págs. 47-59.

[9] Luis Felipe Vivanco, *Introducción a la poesía española contemporánea*, I, pág. 381.

[10] La evolución de la lírica de Aleixandre a través de una conciencia poética que conforma su elaborar en relación con el mundo en torno, la

LA RETÓRICA DE LAS ALTERNANCIAS

El sistema lírico de Aleixandre denota, en sus libros posteriores, un proceso de depuración verbal. De una palabra fulgurante, en *Sombra del Paraíso*, pasamos en los libros posteriores a la voz solidaria y comprometida con el vivir humano: al hombre en el tiempo y por el tiempo de *En un Vasto Dominio* (1962), y al total desarraigo (la ironía y la aceptación estoica son sus postulados finales) en *Poemas de la Consumación* (1968)[11]. Se historia de este modo, y a la vez, la trayectoria evolutiva de los varios procesos de significación, pero en un doble plano referencial: del paradigma metafórico al sintagmático o metonímico. Tales vectores (no olvidemos que en el plano horizontal se recorren espacios acontinuos) determinarían, en términos de los formalistas rusos, la «literaturidad» de *Sombra del Paraíso*. Al segundo elemento (las fórmulas sintagmáticas de la enunciación) han apuntado, y con gran esmero, Carlos Bousoño y Leopoldo de Luis[12], documentando incluso con tablas de recurrencias y porcentajes la desviación lingüística y la frecuencia de ciertas recurrencias (modelo de la crítica estilística)[13], posponiendo, sin embargo, el plano más relevante: el

---

estudia acertadamente Gustavo Correa, «Conciencia poética y clarividencia», *CHisp.*, núms. 352-354 (octubre-diciembre 1979), 41-74.

[11] José Olivio Jiménez, *Diez años de poesía española, 1960-1970* (Madrid, Ínsula, 1972), pág. 333.

[12] Documenta, por ejemplo, Leopoldo de Luis («Introducción» a la ed. de *Sombra del Paraíso*) cómo los adjetivos de la «zona paradisíaca» son 14 frente a 158 que describen la «zona de destierro», y cómo los adjetivos «oscuro» y «triste» se emplean unas veinte veces; «apagado» y «nocturno», entre 10 y 20 veces (véanse págs. 47-49). Véase también su artículo, «Aleixandre y su ciclo paraíso-sombra», *Ínsula*, 325 (diciembre 1973), 1, 10-11.

[13] Michael Riffaterre define el contexto estilístico como «un *pattern* rompu par un élément imprévisible». Y líneas seguidas: «Ce qui fait la structure stylistique d'un texte, c'est une séquence d'éléments marqués en contraste avec des éléments non marqués, de dyades, de groupes binaires dont les pôles (contexte, contraste par rapport à ce contexte) sont inséparables...», en *Essais de Stylistique Structurale*, trad. Daniel Delas

de los tropos. Pues en la conjunción de metáfora y metonimia se establecen las estructuras líricas de *Sombra del Paraíso*, presentes ya en la misma enunciación: «Sombra» equivalente a negatividad que es presencia; es decir, espacio histórico. «Paraíso» vendría a asociarse, por el contrario, con la plenitud de ser, a la vez con lo ausente: el espacio mítico.

Sombra del Paraíso es, pues, una enunciación metafórica que se ha interpretado ya de modos diferentes: a) como la huida hacia un mundo inaprensible y fugaz, visto tan sólo en su proyección como sombra o apariencia; b) como figuración utópica (y no menos arcádica) de otra realidad, idealmente percibida; c) como «retorno» a una infancia irónicamente nunca recobrada. Pero la misma serie de los sesenta y dos poemas que constituyen el «Paraíso», distribuidos en seis partes, implica una relación metonímica en cuanto que, poema a poema (también espacio a espacio), van enunciando el «todo» paradisíaco, pero en sus mínimas fracciones. La metáfora, por otra parte, marca una polaridad analógica entre el sujeto que enuncia y el objeto referido; es decir, entre el significante y el complejo vuelo del significado. Entre ambos polos se constituyen las coordenadas de la «ausencia» y de la «presencia»; del «adentro», imaginativo, onírico, al «afuera» circunstancial. La metáfora implica así una relación analógica, cierta semejanza en las correspondencias.

Pero la metonimia es, por el contrario, el camino hacia la totalidad a través de las varias combinaciones contiguas que lo van tejiendo. Lo definen los puntos geográficos («el río», «la noche», «la luna», «el mar», «los campos») y textuales: las enunciaciones nominales. Puntos que son también los «títulos» de cada poema como perspectivas y posiciones ante el todo

---

(Paris, Flammarion, Éditeur, 1971), pág. 65. Y las convergencias estilísticas como «conscious concentrated accumulation of unpredictable construction deliberately intended to attract attention and representing extreme awareness in the use of language», en «Criteria for Style Analysis», *Word*, 15 (1959), 154-174. Véase también «Stylistic context», *Word*, 16 (1960), 207-218; Samuel R. Levin, «Deviation —Statistical and Determinate— in Poetic Language», *Lingua*, 12 (1963), 276-290.

evocado. En este sentido, el discurso de *Sombra del Paraíso* es lineal, contiguo. En el eje perpendicular de la selección, y dentro del nivel paradigmático (metáfora), y en el proceso de la combinación de cada sintagma (metonimia), se constituye su retórica; también los complejos semánticos de muchos de estos poemas [14]. La sombra, al igual que la luz, la oscuridad y la transparencia, adquieren una función metonímica; el paraíso al que alude la dependencia del genitivo, establece, por el contrario, una relación metafórica. Por otra parte, la realidad que asume la metonimia es aprehensible (historia); la de la metáfora, tan sólo simbólica. La función de tales figuras en el discurso lírico ha sido sabiamente ilustrada por Roman Jakobson [15].

Dentro, pues, de estas dos coordenadas, la metonimia implica el deslizamiento del discurso: una continua abertura sintagmática que va del nacimiento del «paraíso» a su decadencia. «Así, pues», y en boca de Michel Le Guern, «el mecanismo de la metáfora se opone netamente al de la metonimia, debido a que opera sobre la sustancia misma del lenguaje en vez de incidir únicamente sobre la relación entre el lenguaje y la realidad expresada» [16]. Y ésta es, como ya indicamos, sombra; paradójicamente, presencia, contexto social. Lo único percibido. En la tensión de tales opuestos radica, explica Aleixandre, el laborar del poeta. Un arte que conlleva el «descubrir», el «enlazar» y el «comunicar» (*OC.*, pág. 1350), siempre a base de una serie sucesiva de oposiciones: amor / dolor; noche / día; mar / cielo; ilusión / desengaño; sombra / transparencia. Así,

---

[14] En la retórica de tales figuras también se fija Manuel Alvar en un agudo análisis del poema de Aleixandre «Ciudad del Paraíso». Véase en *Vicente Aleixandre*, colección de ensayos editados por José Luis Cano (Madrid, Taurus Ediciones, 1977), págs. 231-254.

[15] Roman Jakobson, «Closing Statements: Linguistics and Poetics» en *Style in Language*, ed. T. A. Sebeok (Cambridge, Mass., M. I. T. University Press, 1960), págs. 350-377, Paul Ricoeur, *La métaphore vive* (Paris, Editions du Seuil, 1975), págs. 76-86; M. B. Hester, *The Meaning of Poetic Metaphor* (La Haya, Mouton, 1967).

[16] Michel Le Guern, *La metáfora y la metonimia*, pág. 19.

en el poema que significativamente titula «El poeta», ya comen-
tado en páginas anteriores, escribe:

> Sí, poeta: el amor y el dolor son tu reino.
> Carne mortal la tuya, que, arrebatada por el espíritu,
> arde en la noche o se eleva en el mediodía poderoso,
> inmensa lengua profética que lamiendo los cielos
> ilumina palabras que dan muerte a los hombres.

Se incide, como vemos, en la modalidad profética del gran
vate, cuya carne se torna espíritu, y voz que augura una nueva
vida: la palabra iluminada por los cielos. La alternancia de
oposiciones es de nuevo evidente. El reino del poeta es el amor
y el dolor; su carne mortal se torna pira nocturna, levitación,
pleno día.

En «Plenitud del amor» (págs. 538-540) se asume la voz poética como plenitud de la conciencia cósmica: «Yo reflejo las
nubes, los pájaros, las futuras estrellas». Lo ausente se torna
presencia imaginada; ésta, a su vez, marginada ausencia: las
«vagas preocupaciones del ayer». Sin embargo, ante la amada,
se siente ahora: «Lejos ya la agonía, la soledad gimiente, / las
torpes aves bajas que gravemente rozaron mi frente / en los
oscuros días del dolor». Y lejos también, en los siguientes
versos, «los mares ocultos, que enviaban sus aguas, / pesadas,
gruesas, lentas, bajo la extinguida zona de la luz». Pero esta
«plenitud» surge contra el presagio de su carencia; es decir,
«donde las palabras amantes se deshacían como el / aliento
del amor sin destino...».

Pasada la incertidumbre, vencido el presagio, se rehace en
este poema la armonía cósmica y espacial. La presencia de la
mítica Dafne («un árbol joven») adquiere nueva versión, no
como altanera y esquiva, sino henchida como la «pleamar re-
mota», metáfora ésta de su atractivo cuerpo, o de la amante
ya plenamente lograda. Al mito, en su concreta referencia textual, aluden las sinestesias: «¡Qué dura frente dulce!», «¡qué
piedra hermosa viva!», y la pálida frialdad que se asocia con la
tersura y linealidad de su cuerpo, «entre los brazos vivos de
tu amante furioso». La dislocación mítica (Dafne, árbol, rama,

piedra, tierra) se establece a base de asociaciones metafóricas:
de la presencia de la amada a un recreado «sueño». Sin embargo, el proceso del hallazgo, a la par con la contemplación y
el goce, se va describiendo a base de combinaciones contiguas.
Su frente es piedra «encendida en besos»; el pecho ha sido
invadido por una «risa de lluvia», y esconde su vientre un
«leve musgo de sombra rumorosa de peces». Se define el conjunto como la «maravilla lúcida de tu cuerpo». A la vez se describe el alegórico nacimiento de la luz que invade la sombra;
el de la primavera que llena con «hojas verdes» el árbol otoñal
(«que depone su luto amoroso»); el de la plenitud de la tarde
que culmina después de un amoroso gozo con el día. Y, finalmente, entregado de nuevo a la sombra. Porque el latir del
amante (corolario poético) va al unísono con los ciclos cósmicos que lo circunscriben.

Pero si contrastamos los varios segmentos y los términos
comparados, una serie de asociaciones hiperbólicas confirman
la visión de *Sombra del Paraíso* que se transciende, en magis-
tral frase de Dámaso Alonso, de la infancia del hombre a la del
universo; de la aurora del día a la aurora del mundo [17]. Hiperbólica tal visión en cuanto que dicha figura implica un aislamiento figurativo: la presencia de esa *persona* que, majestuosa-
mente, enfática, se instala en espacios fabulosos e ilimitados.
Que ansía, percibe y ordena lo múltiple, integrándose a la vez
en una circularidad cósmica, telúrica. Tal figura explica a la
vez la gramática de las enunciaciones de *Sombra del Paraíso*:
el verso alejandrino, por ejemplo, o los poemas largos (a veces
excesivamente largos), los extensos versículos, las frases pluri-
membres, la disyuntiva, el complejo uso de frases sinónimas,
y la abundancia del gerundio de carácter impulsivo y dinámico.
Implica también tal retórica el uso de anáforas, apóstrofes y
secuencias exclamativas. Dicha voz, recluida en su «sombra»,
convoca en el texto la metáfora de la evasión. Y en él concurre
a la vez un mundo de gran complejidad temática: del amor,

---

[17] Dámaso Alonso, *Ensayos sobre poesía española* (Madrid, Revista
de Occidente, 1944), págs. 378-390.

la juventud, el placer y la sensualidad a la muerte y la soledad. Ahora bien, si tenemos en cuenta que sale este libro en 1944, el mismo año que se publica *Hijos de la ira* de Dámaso Alonso, un libro lleno de congoja y abatimiento, se realza aún más lo hiperbólico de su concepción: de los módulos temáticos a los del estilo[18]. Ya no sólo en la sincronía del momento en que se fragua (historia, psicología, política), sino también como una agresiva ruptura del sistema poético que lo presencia, y por lo mismo le precede (recuérdese, por ejemplo, *Poeta en Nueva York*, 1929-30, de García Lorca), y como una delirante fuga de esa realidad que evasivamente niega[19]: la verdadera «sombra»[20] (máscara) que convocó su escritura.

---

[18] Gustav Siebenman, *Los estilos poéticos en España desde 1900* (Madrid, Editorial Gredos, 1973), págs. 360-375; Víctor G. de la Concha, *La poesía española de posguerra. Teoría e historia de sus movimientos* (Madrid, Editorial Prensa Española, 1973), págs. 300-304.

[19] Darío Puccini, *La parola poetica di Vicente Aleixandre* (Roma, Mario Bulzoni Editore, 1971), págs. 85-117. Véase ahora en traducción de Elsa Ventosa (Barcelona, Editorial Ariel, 1979), págs. 105-147.

[20] A «escape», «fuga» y «choque» alude el mismo Aleixandre en la antología de Gerardo Diego (*Poesía española contemporánea*). Escape del «genio poético», explica Aleixandre, de «unos estrechos moldes previos» («los signos insuficientes»), fuga o choque entre la «apasionante luz del poema» (la metafórica transparencia) y su «patética actividad cotidiana»; es decir, la sombra (pág. 470).

LA NEGACIÓN DE LA PERSONA: JORGE LUIS BORGES

> «Toda discusión respetable de literatura debe
> tener una base filosófica» (Hazard Adams, *The
> Contexts of Poetry*, Boston, 1963, pág. 181).

Sería el tan citado ensayo —tal vez por breve— de «Borges
y yo»[1] donde con más lucidez y menos ambages literarios establece Borges, si bien esquemáticamente, la dialéctica entre sus
dos *personas*: por un lado, la cotidiana y reflexiva (el familiar
Georgie); por otro, la imaginaria y a la vez imaginada (el Borges
autor), coexistiendo ambas y a la vez radicalmente distintas[2].
Al yo cotidiano, habitual, se contrapone el literario y mítico;
al vanidoso y teatral, el anónimo y humilde. Sin embargo, la
dependencia es mutua y recíproca: en el segundo (Borges) se
reconoce el «yo individual», y sólo en él, como bien afirma
Guillermo Sucre, podrá aquél perpetuarse[3]. El tema de la iden-

---

[1] Véanse *Obras completas* de Jorge Luis Borges, Madrid, 1977, pág. 808.
En adelante abreviamos con *OC*. Incluimos las referencias a esta obra en
el texto mismo.

[2] Véase, sobre el origen del nombre, la ascendencia inglesa de Borges
y su educación bilingüe (en muchos aspectos semejante a la de Fernando
Pessoa), Emir Rodríguez Monegal, *Jorge Luis Borges: a Literary Biography*
(New York, E. P. Dutton, 1978), págs. 10-14, 15-20, 21-26.

[3] Guillermo Sucre, *La máscara, la transparencia. Ensayos sobre Poesía Hispanoamericana*, págs. 161-180.

tidad, física o metafísica, literaria u ontológica, es fundamental
en la obra de Borges: uno de los primeros y en el que insiste
a lo largo de toda su obra con más hincapié [4]. Numerosas metáforas y símbolos al respecto, ya establecidos por la crítica
(espejos, laberintos, corredores, galerías, tableros de ajedrez)
constatan este doblamiento, pero no sólo de circunstancias físi-
cas o de personas; también de tiempos, espacios y textos [5]. Por
ejemplo, las varias referencias a *Monsieur Teste* de Paul Valéry,
a Robert Browning y, sobre todo, a Walt Whitman [6], prueban
esta fascinación literaria de Borges por la *persona* [7].

---

[4] Se recoge el tema, de acuerdo con Sucre, en el texto de *Inquisiciones* (Proa, Buenos Aires, 1925) y, anteriormente, en el artículo de la
revista *Nosotros* (XII, 1921) que toma Sucre de *La realidad y los papeles*
de César Fernández Moreno (Aguilar, Madrid, 1961). Véase Sucre, *La
máscara, la transparencia*, pág. 162, nota.

[5] Abundante es la bibliografía al respecto. Entre los estudios más
recientes y destacables, véanse Jaime Alazraki, *Versiones. Inversiones. Reversiones (El espejo como modelo estructural del relato en los cuentos
de Borges)* (Madrid, Gredos, 1977); Ana María Barrenechea, *La expresión
de la irrealidad en la obra de Borges* (Buenos Aires, Editorial Paidós,
1967); Manuel Blanco González, *Jorge Luis Borges: Anotaciones sobre el
tiempo de su obra* (México, De Andrea, 1963), y la colección de ensayos
que recoge Jaime Alazraki en *Jorge Luis Borges*, Madrid, Taurus, 1976,
lo mismo que el número especial que le dedica la revista *Iberorromania*,
núm. 3, Nueva Serie (1975) y la *Revista Iberoamericana*, núms. 100-101
(julio-diciembre 1977).

[6] A Whitman le dedica Borges un ensayo que, significativamente,
titula «El otro Whitman», y más tarde una nota que incluye en *Otras
Inquisiciones* (1952). Ambos escritos aparecieron por primera vez en *Discusión* (1932). (Véanse *OC.*, págs. 206-208, 249-253). No menos numerosas
son las alusiones a Robert Browning, ya citado por primera vez en el
breve ensayo «Las versiones homéricas», incluido en *Discusión* (1932)
(pág. 241). El mismo Borges señala la «influencia de los monólogos dramáticos» en su «Poema conjetural» (págs. 867-68), y le dedica el poema
«Browning resuelve ser poeta», que aparece en *Books Abroad* (Summer
1971), e incluye posteriormente en su *Obra poética* (Buenos Aires, 1977),
págs. 418-419. En adelante abreviaremos esta colección con *OP.*, e incluimos también las referencias en el texto. Sobre la influencia y difusión de
Whitman en Hispanoamérica, véase Fernando Alegría, *Walt Whitman en
Hispanoamérica* (México, Ediciones Studium, 1954).

[7] Al mismo tema, sin hacerlo exclusivo a su poesía, le han dedicado
estudios Roger Caillois, «Les thèmes fondamentaux de J. L. Borges», en

«EL OTRO, EL MISMO»

Publica Borges *El otro, el mismo* en 1964. Ya en el prólogo (*OC.*, págs. 857-58) afirma: «De los muchos libros de versos que mi resignación, mi descuido y a veces mi pasión fueron borroneando, *El otro, el mismo* es el que prefiero». Y apunta a varios de sus poemas preferidos: «Otro poema de los dones» (págs. 936-37), «Poema conjetural» (págs. 867-68), «Una Rosa y Milton» (pág. 891) y «Junín» (pág. 941), escritos con anterioridad a 1964. El poema «Two English Poems» (págs. 861-62) es, por ejemplo, de 1934. Poemas éstos (escritos entre 1930 y 1967) que «no me deshonran», comenta Borges, tan parco en colgar elogios a la propia obra. Define incluso varios de los temas que, según él, organizan el libro: a) la contradicción entre el tiempo que pasa y la identidad que perdura; b) la intrascendencia de nuestro ser físico, hecho de tiempo y constituido por él; c) la escritura como repetido y monótono ejercicio que va calcando en su trazado las huellas de otra precedente; d) la relación entre el soñador (un ser soñado a la vez), la obra y el poeta que se define a sí mismo en el proceso de la escritura[8] y, finalmente e) el «tablado de ajedrez» como metáfora espacial de las combinaciones lógicas y como imagen del azar. Sobre su cuerpo, estático y cuadrangular («el tablero»), se combinan múltiples posibilidades que, según Borges, definen la mecánica del acto poético. Las piezas se cambian y conjugan (en poesía) como en un sueño, y «sobre él», concluye, «me inclinaría después de haber muerto». Pero aclara incluso las lecturas que precedieron a estos textos, cuyas influencias, nos advierte, se podrán fácilmente reconocer.

Sin embargo, la concepción borgiana del «otro» no es, como veremos, la figuración vocativa de un yo-plural de Whitman («Walt Whitman, a kosmos of Manhattan the son»), o un intercambio dramático de voces («monólogos») que llegan desde la

---

Jorge Luis Borges, L'Herne (Paris, 1964), págs. 211-217; y Marcel Brion, «Masques, miroirs, mensonges et labyrinthe», *Ibid.*, págs. 312-322.

[8] Paul de Man, *Allegories of Reading*, págs. 3-19.

sombra de la historia, en Browning. Adquiere un aspecto más filosófico y, por lo mismo, conceptual y genérico. La realidad física (las cosas) se desplaza en el tiempo y se repite, fantásticamente, en el sueño (la alucinación) o viceversa. Tal sucede, por ejemplo, en el poema «La noche cíclica» (*OC.*, págs. 863-64): nueve cuartetos de versos alejandrinos y rima asonante, con un marcado número de acentos trocaicos y anapésticos. La alusión a los filósofos presocráticos (Pitágoras y Anaxágoras) inicia y cierra el poema. En el proceso («Los astros y los hombres vuelven cíclicamente», ver. 2) se asume un incesante encadenamiento mecánico, determinista. La alteración de espacios, tiempos y fisonomías es, simplemente, una transposición temporal; es decir, todo estaba y estará en lo que ahora mismo es. A la causalidad física se impone la ontológica, y el hombre (vers. 9-10) es una repetición o transmigración genealógica: lo mismo en el pasado (los heroicos antecesores) que en el presente: la memoria que, como mito, los transforma y fija atemporalmente.

Desde la muerte, en un íntimo monólogo consigo mismo, se ve Francisco de Laprida en «Poema conjetural» (págs. 867-68). El viento, semejando una imaginería lorquiana, puebla densamente el espacio de cenizas. La noche se acerca y en su huida desesperada, en medio del campo, el héroe tiene plena conciencia de su inminente fin. Pasa de esta sospecha a la certidumbre, y, en el proceso, Laprida va pensando en aquel «otro» que quiso ser. Pero su destino se hizo en conjunción con la historia (y el destino) de su país. La noche, como en el poema anterior, dobla espacios, azares y momentos. En la noche se le revela el misterio de su vida («la recóndita clave de mis sueños»), y en ella percibe su otro «rostro eterno»: «él mismo», pero ya muerto. La dualidad (el uno, el otro) es de nuevo circular: en el tiempo (a la tarde le sucede la noche; a ésta la madrugada apurada por el cabalgar del jinete); en la huida (el antes, el después) y en la autorreflexión, viéndose a sí mismo ya desde la muerte. El texto termina donde termina la conciencia de estar vivo: en la puñalada. Y señala ésta, subversivamente, el clímax trágico y el final del poema. Lo que nos lleva a uno de los coro-

larios más realzados por la crítica sobre Borges: la historia
del mundo como texto (la metáfora del universo como gran
libro ya en la antigüedad) [9]; y la del individuo como una mera
criptografía grabada por un Dios que, caprichosamente, todo
lo ha determinado *ab initio*. Pero más enigmático en su condensación es el poema titulado «Una brújula» (pág. 875). Define
la historia del mundo como «infinita algarabía» de palabras (los
«signos en rotación» de Paz, que le inspirara Nietzsche), en
cuyas variaciones estamos todos pronominalmente incluidos:
«yo», «tú», «él». Su autor es el enigmático «Alguien» o «Algo».
Lo que nos nombra (el *significans* aristotélico) es tan sólo máscara de la otra esencia (el *significatum*), cuyas huellas apenas
percibimos en la sombra. El arte (la poesía) es, pues, copia de
otro texto ya establecido; quien lo escribe es tan sólo sombra
del fabuloso «Alguien» o «Algo»: su metamáscara.

Pero el tema del «doble» se ramifica en Borges en más amplios enunciados [10]. Lo presenta a modo de apólogo en el cuento
«Everything and Nothing», incluido en *El Hacedor* (*OC.*, páginas 803-4), y en el titulado «El otro», de *El libro de arena* [11];
en manifiestos estéticos (pág. 843) y en ensayos de exégesis
literaria (págs. 688-90; 686-87; 737-39), por sólo citar algunos
de los más representativos. El ya mencionado ensayo de «Borges

---

9 El tema del universo como libro se halla, por ejemplo, en el relato
de «La biblioteca de Babel» (*OC.*, págs. 465-71), publicado por primera vez
en *El jardín de los senderos que se bifurcan* (1942), y recogido en *Ficciones* (1944). La misma metáfora está expuesta en «La busca de Averroes»,
que se incluye en *El Aleph* (1949) (*OC.*, págs. 582-88), y en «Del culto de los
libros», incluido en *Otras Inquisiciones* (*OC.*, págs. 713-16). Tal metáfora,
presente, por ejemplo, en la obra de Sor Juana Inés de la Cruz, la desarrolla Ernst Robert Curtius en *European Literature and the Latin Middle
Ages*, págs. 319-26. Véase también Gershom G. Scholem, «The Zohar I.
The Book and its Author», *Major Trends in Jewish Mysticism* (New York,
Schocken Books, 1971), págs. 156-204.

10 Lanin A. Gyurko, «Borges and the Theme of the Double», *Ibero-
Amerikanisches Archiv*, Neue Folge, núm. 2, iii (1976), 193-226; y, sobre
todo, Silvia Molloy, *Las letras de Borges* (Buenos Aires, Editorial Sudamericana, 1979), págs. 39-48.

11 Citamos siguiendo la segunda edición (Madrid, Ultramar Editores,
1975), págs. 9-21. Abreviamos en adelante, y en el texto, con *LA*.

y yo» tiene un tratamiento más amplio en la historia titulada «El otro». En ambos, el reflejo del espejo o la memoria recupera a un yo visto como pasado: como espectador y actor de sí mismo. Ya en el «epílogo» se nos explica cómo «el viejo tema del doble» mueve este relato (*LA.*, págs. 177-182). Y en la parábola «El espejo y la máscara» (*Ibid.*, págs. 99-107) presenta Borges la quimérica ilusión de un Rey y su poeta de cifrar en un texto (tan sólo una «línea») la maravilla de las maravillas: ese mágico «don» (la belleza) «vedado a los hombres» (pág. 107). La muerte del poeta (su instrumento es también la daga) y la conversión del Rey en mendigo son los castigos impuestos a tan grave violación. Pero en oposición al relato de «El libro de arena» (*LA.*, págs. 167-176) y «La biblioteca de Babel» (*OC.*, págs. 465-71), donde se imagina un número infinito de páginas o de libros, en el relato de «El espejo y la máscara», al igual que «Undr» (*LA.*, págs. 111-19), un gran poema (toda la literatura) se condensa en una sola línea o tan sólo en una palabra. En *Historia de la noche*, libro aún más reciente (Buenos Aires, 1977) y, como el anterior, no incluido en sus *Obras completas*, la identidad del autor viene a ser su no identificación: se es aquello que, paradójicamente, no se ve: «Soy la carne y la cara que no veo», escribe en el poema «The Thing I am» (pág. 119). Y en «El laberinto» (*OC.*, pág. 987) el doble es la fatídica máscara que amenaza («en la sombra») «fatigar las largas soledades» y destruir, incluso, la conciencia integral del ser en cuanto individuo. La búsqueda es mutua («Nos buscamos los dos») y se vive en recelo de quién será finalmente el triunfador.

LA ALTERACIÓN DE LA PERSONA

Tales conceptos literarios tienen una fundamentación filosófica más amplia. De hecho percibimos el mundo físico, de acuerdo con Borges, como una gigante fragmentación; de ahí que las cosas tan sólo se asemejen accidentalmente. Responde esta concepción filosófica a la línea de lecturas llevadas a cabo por Borges, y al pensamiento de sus filósofos preferidos: de

Spinoza y Berkeley a Hume y Schopenhauer. Añadiríamos, a modo de conjunción ecléctica, los *Diálogos* de Platón, los filósofos presocráticos (Pitágoras sobre todo), y al gran maestro del aforismo: Sócrates. De Spinoza procede el concepto de interrelación intrínseca entre parte y todo (algo que es lo que es); también el de la causalidad física. Una sola sustancia compone el universo, y las relaciones establecidas en ella son internas y necesarias, de ningún modo contingentes o externas. Pero lo que más acercaría a Borges a este filósofo es, creemos, la importancia que Spinoza confiere a la sustancia y a los múltiples atributos que de ella se predican; atributos que revelan aspectos de un todo y que llegan a poseer *per se* independencia propia. Lo que lleva a confundir o, mejor, a no discernir claramente las variantes entre identidad y diferencia. Los conceptos de «idea», «texto» u «obra»; del «todo» como lo «múltiple» a la vez, sin diferenciar parte de totalidad, vienen a ser uno de los postulados derivados del sistema filosófico de Spinoza. Sin embargo, es la inhabilidad del lenguaje para multiplicarse o para ser mimesis, lo que confiere dualidad e intercambio al mundo físico que percibimos[12]. De ahí ese insistir en el mito de la primera nominación; en el poder sacro y demiúrgico de la palabra encarnada; en las doctrinas cabalísticas sobre el primer texto (la *Torah*), y sus múltiples niveles de significación[13].

---

[12] Al caso vienen los postulados de Ludwig Wittgenstein sobre el lenguaje (*Philosophical Investigations*, New York, Basil Blackwell, 1953, págs. 47-48), al afirmar cómo el lenguaje, reducido a juego, genera una realidad ficticia que viene a cancelar o reemplazar la histórica. Tal realidad es el mundo creado por la cultura. Cita tomada de Jaime Alazraki, *Jorge Luis Borges*, pág. 185, nota 6. Véase, sobre este filósofo, Anthony Kenny, *Wittgenstein* (Harvard University Press, Cambridge, Mass., 1977), págs. 139-158.

[13] Coincide Borges, por ejemplo, con Octavio Paz en este concepto de la «indigencia del lenguaje» o de la «degradación de la palabra». Tal situación (escribe en *Otras Inquisiciones* de 1952) no sólo se debe al desgaste que va operando el uso, sino también al debilitamiento de las significaciones. El vocablo era antaño signo de una cosa palpable, pero tal fuerza se ha ido perdiendo en el transcurso de los siglos. Véase Sucre, *La máscara, la transparencia*, pág. 289. Sobre el concepto de *Torah* ver

La concepción de un tiempo que sea todos los tiempos (grave problema para San Agustín), al igual que el de un «idioma» que fuera todas las palabras (*OC.*, pág. 875), con obvias alusiones a la poesía metafísica de Quevedo, incide en el recurrente concepto de circularidad [14]. La imagen del río, pongamos por caso, a modo de tautología visual, y la misma naturaleza, diversa y múltiple, asociada con el relato de *El libro de arena*, fijan el concepto de infinitud temporal (en el correr del río y en los cambios cósmicos), y el de identidad entre las muchas arenas (textos o páginas) que lo componen. El ayer es un hoy, y sobre él se inclinan los enunciados del poeta (*OC.*, pág. 880). Tres elementos lo constituyen: tiempo, espacio e historia: «Creo en el alba oír un atareado / Rumor de multitudes que se alejan; / Son lo que me ha querido y olvidado; / Espacio y tiempo y Borges ya me dejan» (vers. 35-38). La realidad, se concluye, es alucinatoria, quimérica. Lo es la vida sensitiva que se percibe:

Gershom G. Scholem, *On the Kabbalah and its Symbolism*, trad. de Ralph Manheim (New York, Schocken Books, 1965), págs. 32-86; Saúl Sosnowski, *Borges y la Cábala. La búsqueda del verbo* (Buenos Aires, Ediciones Hispamérica, 1976), págs. 11-26, y los ensayos de Jaime Alazraki, «Kabbalistic Traits in Borges' Narration», *Studies in Short Fiction*, VIII, 1 (Winter 1971), 78-92; del mismo, «Borges and the *Kabbalah*», *Tri-Quarterly*, 25 (Fall 1972), 240-267.

[14] «El tiempo», escribe Borges, «es un problema para nosotros, un tembloroso y exigente problema, acaso el más vital de la metafísica» (*Historia de la eternidad*, Madrid, 1971, pág. 15). Persiste Borges, sin embargo, en ofrecer varios tratamientos. Por un lado, en su poema «Jactancia de quietud» (*OC.*, pág. 62) escribe: «El tiempo está viviéndome» (ver. 11). Aparece aquí el tiempo como una trágica e ineludible realidad. Por el contrario, en los escritos en prosa es «materia dócil», fácilmente modificable; simultánea a las veces, inexistente otras. Véanse al respecto Alicia Jurado, *Genio y figura de Jorge Luis Borges*, 2.ª ed. (Buenos Aires, Editorial Universitaria, 1967), pág. 96, y la cita de Pedro Ramírez Molas, *Tiempo y narración. Enfoque de la temporalidad en Borges, Carpentier, Cortázar y García Márquez* (Madrid, Editorial Gredos, 1978), pág. 25; también Guillermo Sucre, *Borges, el poeta* (México, Universidad Nacional Autónoma, México, 1967), pág. 96. En oposición al tiempo lineal está el «eterno retorno», presente en sus relatos de la «Historia de la eternidad», en «El tiempo circular», y en «La doctrina de los ciclos», incluidos en *Historia de la eternidad* y en *Otras Inquisiciones* (*OC.*, págs. 353-67, 393-96, 385-92, respectivamente).

un mero sueño que nos imagina vivos. Más allá: la «nada». Tan sólo sobre la particularidad nominal («Borges») se trasciende el yo lírico: ese «tú» venerado por un lejano «rumor de multitudes». Su realización, distendido del «yo» biológico (el uno interno, subjetivo; el otro, externo, histórico) acerca aquí a Borges a la concepción de Whitman, cuya máscara se transforma en la fabulación de un «yo» profético y mítico: el vocero de las vivencias de la multitud. Esto implica, por una parte, el rechazo total de la personalidad individual; por otra, la negación de la realidad sobre la que ésta se sustenta. Y si bien a ambos los caracteriza esta «fabulación de la persona poética», las diferencias, a la vez, son radicales. Por ejemplo, el impulso vitalista y profético que caracteriza a Whitman se torna en Borges aguda conciencia diacrítica, ontológica.

En el poema «Los enigmas» (*OC.*, pág. 916) una dolorida nostalgia de ser inmortal cruza por sus líneas, consciente el poeta, una vez muerto, de su anonimidad: «El morador de un mágico y desierto / Orbe sin antes ni después ni cuándo» (versos 3-4). Tal concepción barroca del ser-para-la muerte o, más concretamente, del vivir muriéndose (*LA.*, pág. 67), sentida vívidamente por Quevedo [15], se nos revela en los primeros versos: «Yo soy el que ahora está cantando / Seré mañana el misterioso, el muerto». Y en el soneto dedicado a «Jonathan Edwards» (1703-1785), la tópica concepción de Heráclito inicia el segundo cuarteto: «Hoy es mañana y es ayer. No hay una / Cosa de Dios en el sereno ambiente / Que no lo exalte misteriosamente, / El oro de la tarde o de la luna» (*OC.*, pág. 910, vers. 5-8). En

---

[15] La admiración de Borges por Quevedo se muestra en el agudo ensayo que le dedica en *Otras Inquisiciones* (1952) (*OC.*, págs. 660-66); y en las continuas referencias (en poesía y prosa) a los principales *tópoi* del poeta español. Véanse, por ejemplo, los poemas «Límites» (*OC.*, página 849), «Los enigmas» (*Ibid.*, pág. 916), y el ya citado soneto dedicado a Jonathan Edwards, al igual que «El instante» (pág. 917). A sus lecturas asiduas de Quevedo (con Unamuno y Gracián su más admirado escritor español) se refiere en varias ocasiones (*OC.*, pág. 1143), coincidiendo en sus consideraciones estoicas sobre el tiempo y el hombre. Escribe, por ejemplo, en *El libro de arena*: «El hombre olvida que es un muerto que conversa con muertos» (pág. 67).

el poema «El instante» (pág. 917), se explica la artificialidad del tiempo cronológico como tan sólo creación de la memoria, pues el año «No es menos vano que la vana historia» (ver. 8). El tiempo es así indivisible, uno. Es movilidad física, y, al igual que ésta, se repite («El hoy fugaz es tenue y es eterno», ver. 13). En él se duplica el hombre que vive: el contingente e histórico y el metafísico y ontológico («el otro»), que, consciente de su duplicidad, se busca en los «gastados / Espejos de la noche» (vers. 11-12). En ellos descubre que nunca es el mismo. Particular al respecto es la súplica en el «Soneto del vino» (página 919): «Vino», le pide el poeta, «enséñame el arte de ver mi propia historia / Como si ésta ya fuera ceniza en la memoria» (vers. 13-14). En efecto, lo que concierne a Borges es esa antagonía entre su cuerpo físico y su trascendencia; su más allá fuera del tiempo cronológico; o entre lo particular, lo concreto, y el ente platónico que desde la sombra es tan sólo un reflejo de otro que, si bien permanente, nunca se percibe. En el primer espejo se refleja el escritor modesto, de voz baja, sin apenas visibilidad pública; en su oposición, el afanado «yo» en lucha por salvar su fraccionamiento físico: de ser uno (él mismo) en la lectura que los «otros» crean.

Junto con el espejo (uno de los símbolos más característicos de Borges), el río (también el agua) es otra de las imágenes más repetidas en su poesía[16]. Es objeto físico que duplica la cara del que en él se mira; es imagen de los cambios de la conciencia, y es metáfora de la misma realidad que se repite y se duplica como unidad y como fragmento. De ahí esa fascinación ante la posibilidad de poder multiplicarse y de no confundir, por lo mismo, la entidad particular del todo en que se predica. Por ejemplo, en el soneto monologado «El espejo» (*OC.*, página 1134) del libro *El oro de los tigres* (1972), que se incluye en sus *Obras completas* (págs. 1081-1140), le acusa ese poder lúdico e irreflexivo en doblar los rostros que ante él se presentan:

---

[16] Véase el tratamiento más concreto en «Poema del cuarto elemento» (*OC.*, págs. 869-70). En «Manuscrito hallado en un libro de Joseph Conrad» escribe Borges: «El mundo es unas cuantas tiernas imprecisiones. / El río, el primer río. El hombre, el primer hombre» (*OC.*, pág. 64).

«Cuando esté muerto», le recrimina, «copiarás a otro, / y luego a otro, a otro, a otro, a otro...» (vers. 13-14). Dicha imagen viene a ser metáfora de lo que es la escritura: una copia de otra precedente. En el poema que también titula «El espejo», incluido en *Historia de la noche,* incide Borges en el mismo símbolo (pág. 107). El niño y el adulto, dos momentos de la misma persona, buscan y rehúyen su propia identificación ante el espejo. Teme el primero que éste le muestre la otra cara, que le es ajena; el segundo, la misma cara, es decir, «El verdadero rostro de mi alma, lastimada de sombras y de culpas, / El que Dios ve y acaso ven los hombres» (vers. 12-14). Para el niño, el espejo encierra la posibilidad de engaño y subterfugio; de poder mostrar aquello que no es. Para el adulto, la posibilidad de encontrarse a sí mismo en una superficie lisa es desafiante. Pero en ambos casos, el ser imaginado ante el espejo es apócrifo; tan sólo reflejo de «otro» que no existe [17].

El encuentro simultáneo del niño y del hombre, en espacios y en tiempos idénticos, queda magistralmente expuesto en el breve relato de «El otro» incluido, como ya indicamos, en *El libro de arena.* De mañana, a las diez, descansa Borges sobre un banco, a orillas del río Charles, en Cambridge. A su espalda, la dinámica ciudad estudiantil; en frente, el manso correr de las aguas, apenas detenidas bajo los puentes. Y a su lado, en el mismo banco, acaba de sentarse ese imaginario «otro» con el que siempre, como el buen Machado, dialoga Borges. Y he aquí que, de pronto, este «otro» empieza a silbar «el estilo criollo de *La tapera* de Elías Regules» (pág. 10). Sorprendido, Borges le pregunta: «—Señor, ¿usted es oriental o argentino?». —«Argentino», le contesta el «otro», «pero desde el catorce vivo en Ginebra». —«En tal caso», replica Borges, «usted se llama Jorge Luis Borges. Yo también soy Jorge Luis Borges», aclarándole: «Estamos en 1969, en la ciudad de Cambridge» (pá-

---

[17] Importante es el símbolo del espejo en *Orphée* de Jean Cocteau; un paso hacia la muerte: «Les miroirs sont les portes», le explica Heurtebise a Orfeo, «par lesquelles la Mort va et vient... regardez-vous toute votre vie dans une glace et vous verrez la Mort travailler comme des abeilles dans une ruche de verre» (I, esc. vii).

ginas 10-11). Dos personas, pues (también una), sentadas en el mismo banco, cuyas diferencias radican tan sólo en sus actuales residencias: el uno, viviendo todavía en Ginebra; el otro, radicado, si bien temporalmente (profesor visitante en Harvard), en Cambridge. Pero también dos tiempos, dos mundos, dos experiencias en íntima simbiosis, y en situaciones opuestas.

La unidad (el concepto de *persōna*) viene a ser, de este modo, un predicado de la dualidad de identificaciones, y en cada tiempo, momento o espacio, uno es siempre «otro». Por eso la búsqueda de esta conciencia de ser «otro» se transforma, con frecuencia, en una figuración siempre eludida de un «tú» que, en un final deseo de ser identificado, se altera, varía o transforma nuevamente. El antagonismo no es radical, dramático, como lo es en el poema de «Autopsicografía» de Fernando Pessoa. En éste, la dualidad del mismo sujeto era antagónica, y se establecía, sobre todo, en términos del sentir frente al pensar: ambos frente a una escritura que alteraba los dos enunciados. En Borges, el problema de la dualidad es ontológico. Y el significante viene a ser la metáfora de un continuo desplazamiento, al igual que lo es la cara (metonimia) en el fondo del espejo que la refleja [18]. Define así la escritura como un trazado de lo permanente en la alteración; o la dispersión de un centro cuya alteridad es a la vez su centro. De este modo el texto viene a ser también máscara de sí mismo; pues, en un momento dado, el significante es a la vez el significado contemplándose como reflejo.

Y le llega a describir el «Otro» a Borges su viejo aposento en Ginebra, los anaqueles cargados de libros, las lecturas preferidas: *Don Quijote, Las Mil y Una Noches* (los tres volúmenes de Lane), Carlyle (de éste *Sartor Resartus*), una biografía de Amiel. Y coinciden en que el viejo profesor es también el muchacho que, siendo joven, vivió en Ginebra; que también leyó,

---

[18] Véase, para un tratamiento más amplio de ambas figuras retóricas, Roman Jakobson, «Two aspects of Languages: metaphor and metonymy» y «Aphasia as a Linguistic Topic», *Selected Writings*, II (The Hague-Paris, Mouton, 1971), págs. 239-258; «Poetry of grammar and grammar of poetry», *Lingua*, 21 (1969), 597-609.

como aquél, *Los demonios* de Fedor Dostoievski y hasta *El
doble* del escritor ruso (pág. 15); que también escribió (como
él) libros de poesía, movido por el gran tema whitmaniano de
la fraternidad entre todos los hombres. El doble viene a ser
así la *persōna* de la *persōna* literaria y biográfica: el ávido lector
de Whitman, y el personaje a su vez (en la lectura, en el tiempo)
de las máscaras que en ambos se convocan. Lo que implica
una nueva concepción estética en el trazado de toda biografía
literaria. En ella habrán de coincidir a la vez (en tiempos y
en espacios simultáneos) la multiplicidad de personas que, de
manera alternante y simultánea, subsisten en lecturas, tiempos,
espacios: un paradójico atentado que niega el mismo proceso
lineal y diacrónico de la línea gráfica. Invierte incluso Borges
el proceso de toda biografía literaria: un retorno desde la vejez
al pasado de la adolescencia. «He cavilado mucho sobre este
encuentro», señala Borges, «que no he contado a nadie. Creo
haber descubierto la clave. El encuentro fue real, pero el otro
conversó conmigo en un sueño y fue así que pudo olvidarme;
yo conversé con él en la vigilia y todavía me atormenta el recuerdo» (pág. 21). En el proceso de la «conversación» se confirma así la relidad de tal encuentro. El «otro» se verifiça a
través del sueño (que se torna «olvido»); el «yo», en la vigilia
extendida por el recuerdo. Como vemos, las polaridades nominales «sueño-vigilia», «olvido-recuerdo», extienden y amplían el
significado parabólico de la reunión. Dichas dualidades operan
como múltiples personas que, disgregadas, definen esa alteridad del yo enunciativo. Pues en el mismo hombre (lo mismo
en el tiempo que en el espacio; en la historia como en la realidad presente de la escritura), persisten dos enunciados o dos
hombres que se definen como semejanza y como diferencia.
El hombre de ayer, de acuerdo con la sentencia griega, «*no es
el hombre de hoy*» (pág. 16).

La misma sustancia temporal de la historia (antepasados,
infancia, primeros lugares habitados, arrabales y suburbios)
constituye a la vez una parte intrínseca de este «otro». Por
ejemplo, en el poema «Junín» (*OC.*, pág. 941), Borges se descubre
a través del heroísmo de sus ascendientes. Dos entidades testi-

fican la realidad presente («soy»), y la atemporal que le precede
(«soy también el otro, el muerto»). En el poema «Ni siquiera
soy polvo», incluido en _Historia de la noche_ (págs. 51-52), libro
escrito desde la sombra de la vejez (un nuevo tema en Borges),
se contradicen los enunciados anteriores. A la exaltación del
«otro» en el poema «Junín» se contrasta aquí la enunciación
negativa de no querer ser lo que se es: un mero sueño (pág. 51).
Ya ni siquiera polvo, tan sólo le resta al «otro» el soñar para
que así, y al igual que Cervantes («hermano y padre»), la «verde
memoria» que de él quede sea parte a la vez del propio nombre.
Sin embargo, la concatenación fatídica, circular, es inevitable.
Dios nos sueña a nosotros del mismo modo que nosotros soña-
mos utópicamente a ese «otro» concebido como continuidad.
Lo que nos lleva a uno de los corolarios presentados tan sagaz-
mente en _Niebla_ de Unamuno: la angustiada búsqueda de la
inmortalidad surge de esa vívida conciencia de su ausencia [19].

El «yo» es «otro» en el tiempo (presente y pasado no se
diferencian), en el espacio (el que está en Cambridge es el mismo
que vive en Ginebra), y en la misma historia que los constituye:
en la sangre, en el nombre de los antepasados ilustres; hasta en
la «tonada» que les identifica. Tal concepción metonímica, parcial, se enuncia a la vez como metáfora de lo permanente frente
a lo caduco; o mejor, de la realidad que, percibida como instante, se niega en el proceso de su constitución. Reducida única-

---

[19] «Pocos sienten tan intensamente como Borges», escribe Saúl Yurkievich, «el conflicto entre el ansia de perduración y el borrable tránsito
de la existencia humana». Véase _Fundadores de la nueva poesía latino-
americana_ (Barcelona, Barral Editores, 1971), pág. 123. Las coincidencias,
en este sentido, con Unamuno son múltiples: no tan sólo en relación con
el tratamiento del problema del tiempo (en ambos el concepto del «eterno
retorno»), sino incluso en el aspecto formal de la narración; es decir, en
el concepto de lectura como escritura; ambas como ficción. En la dependencia también de los personajes de un Dios —sumo creador— que
los maneja a capricho; en la duda total sobre el propio texto que se
escribe —posible fruto de la memoria o del sueño—; en la circularidad
establecida entre lector, texto y autor; y hasta en el concepto de ficciona-
lidad que incluye al último. Recordemos, al caso, el «Prólogo», «Post-
prólogo» y «Apéndice» de _Niebla_ de Unamuno (Madrid, Taurus Ediciones
1967), págs. 49-54; 55; 185-191.

mente a memoria, pasa a ser fracción, alucinación, sueño. Lo
que nos lleva al otro Borges: al poeta de la otredad como esencia ontológica del ser.

Ya Ana María Barrenechea en su lúcido libro *La expresión
de la irrealidad en la obra de Borges* había detallado, escueta-
mente, las implicaciones filosóficas de Borges: del panteísmo a
los conceptos idealistas de Hume y Berkeley[20]. Sus posiciones
sobre el lenguaje, incapaz de abarcar la realidad que nombra;
o de la misma realidad caótica trazada al azar (*Obras completas*,
págs. 456-60) implican, resumiendo, una posición filosófica ante
el cosmos y ante el hombre que lo habita: un planteamiento
crítico y dialéctico. Si la realidad es una invención de nuestra
fantasía, lo es del mismo modo el sujeto que la inventa y hasta
el universo en que se inventa. Pero lo mismo es el tiempo (una
ilusión) que nos condena a ser instantes en esa cadena infinita
que es la eternidad. Se concluye que un determinismo fatídico
fija nuestro destino; que la vida es un estar, como ya indicamos,
habitando la muerte. Así se expresa en el soneto «A quien está
leyéndome» (*OC.*, pág. 924), donde el lector (potencial o eficien-
te) es el «otro» sumido en la muerte: «Te espera el mármol /
Que no leerás. En él ya están escritos / La fecha, la ciudad y
el epitafio» (vers. 6-8). Dicha concepción, de nuevo unamuniana,
adquiere en Borges un sentido de inanidad fatal. Aquí el sueño
es la sombra; ambos, la nada. Y ésta no es trasunto o fijación
de la *vita brevis* frente a la *aeterna*; más bien, una toma de
conciencia de la finitud total y ontológica que abarca, circularmente, al lector, al autor del poema y al mismo universo que se
convoca en cada texto («El universo es, como tú, Proteo. /
Sombra, irás a la sombra que te aguarda / Fatal en el confín
de tu jornada; / Piensa que de algún modo ya estás muerto»
(vers. 10-14)). La enunciación enfática del sujeto personal («tú»),
del posesivo («tu jornada») y del término directo («te»), de las
enunciaciones atributivas («El universo es, como 'tú'») y míticas
(«Proteo» o la realidad infinitamente multiplicada), cargan de
fatal dogmatismo tal concepción. La «otredad» viene a ser,

---

[20] Véanse, págs. 13, 19, 44, 46.

pues, la misma negación de la persona: la ausencia de toda posible perduración.

Escribe Borges este poema en la vejez. Y la muerte, como la concepción decrépita del cuerpo físico, conforman tal obsesión, consciente del final inexorable del ser biológico, separado del «otro» que tal vez perdure en la escritura y se salve, por lo mismo, en la memoria. Pero del primero nada sabremos; sí del «tú» inventado y recreado en cada línea. Mas ambos son a la vez sueños de un tiempo continuo cuyos breves lapsos no cuentan. Discurre así Borges de una proposición particular: «yo soy un sueño» (recordemos su relato «El Golem», *OC.*, páginas 885-887)[21] a otra más general («los otros son también sueños»), universal y cósmica: el universo es a la vez un sueño; una invención del lenguaje, que fantásticamente lo cifra. Lo que implica, por una parte, la alternancia metonímica entre cambio y permanencia; por otra, las dualidades entre certidumbre y duda, realidad y sueño. De ahí que en la última línea se establezca la anulación entre presencia e identidad, constatándose la ausencia del ser (su misma negación) como otredad. Lo que supone de nuevo una concepción ideal de la existencia del individuo, y también la irrealidad del universo que percibimos, tan sólo a través de una escritura cuyas líneas (la metáfora del palimpsesto) convocan otras; y así sucesivamente.

LOS SÍMBOLOS DE LA NEGACIÓN

La realidad es, pues, múltiple, variada: enumeración de formas (*OC.*, pág. 739), fracción. En ella se repite el hombre y se constituye como tal en cada partícula que lo subdivide. Así, una serie de nominativos fijan (casi obsesivamente) este poder dual y dialéctico del ser (sueños, sombras, espejos), y definen la concepción sinuosa, diríamos, de toda entidad. Por ejemplo,

---

[21] Jaime Alazraki, «'El Golem' de J. L. Borges», *Homenaje a Casalduero* (Madrid, Editorial Gredos, 1972), págs. 9-19; también Gershom G. Scholem, «The Idea of the Golem», incluido en *On the Kabbalah and Its Symbolism*, págs. 158-204, citado por Alazraki, pág. 9, nota 1.

en el poema «Everness» (*OC.*, pág. 927) se incide en los mismos conceptos: en el «todo» como parte de lo diverso; en la incapacidad de aprehender la realidad física («No tienen fin sus arduos corredores»); en la fijación de éstas como esencias arquetípicas. Un sistema de estructuras temporales fija, de este modo, el pasado frente al futuro: todas las variantes que «el rostro» deja (o dejará) en el transcurso de los días. El universo viene a ser un producto de la memoria divina. Lo es en cuanto que lo recuerda, y el ir poblándolo implica un desdoblar sin fin «sus arduos corredores» (ver. 11)[22]. Pero lo que se percibe es, como ya señalamos más arriba, la fracción. En cada etapa se abre una puerta; a la vez, se cierra otra. Constituimos un punto en el tiempo y en el espacio: una perspectiva desde la que tan sólo aprehendemos porciones de lo que somos: tiempo. De ahí, por lo mismo, que lo «diverso» del yo venga a ser también «otredad»: un reflejo del mundo y de la realidad que toda lectura inventa, fija o recuerda.

Y de ahí también que el universo sea un repetido cristal («Cristal de esa memoria, el universo», ver. 10): una gravitación divina que la memoria (el olvido no existe) va parcialmente redescubriendo. En el soneto a «Spinoza» (*OC.*, pág. 930) se incide en la idea clave de la duplicidad (la copia de la copia) y de la recurrencia cíclica: «Las tardes a las tardes son iguales» (ver. 4). Abstraído, ausente, va soñando Spinoza su obra a modo de «claro laberinto». El oxímoron, si aceptamos el término «claro» como lo inteligible y lo evidente, apunta a dos conceptos extremos: a la claridad del pensamiento filosófico (1) en relación con el mundo confuso (2) que trata de fijar. Pues la distancia entre lo concebido (la materia en este caso), el texto, y la realidad que tuvo por modelo, es imposible de

---

[22] Tal trama inspira, de acuerdo con Guillermo Sucre, el poemario *Elogio de la sombra* (Buenos Aires, 1969) (*OC.*, págs. 973-1018). Véase en «Borges: el *Elogio de la sombra*», incluido en *Jorge Luis Borges*, págs. 101-116. Interesante al respecto es el comentario de Gérard Genette: «Le temps des oeuvres n'est pas le temps défini de l'écriture, mais le temps indéfini de la lecture et de la mémoire», *Figures*, I (Paris, Editions du Seuil, 1966), pág. 132.

acortar. Spinoza en su paciente sueño «Labra un arduo cristal:
el infinito / Mapa de Aquél que es todas Sus estrellas» (vers. 13-
14). El posesivo «Sus», colocado al final del último verso, al
igual que el determinativo «Aquél», diferenciados ambos por
las grafías mayúsculas, definen el doblamiento de la copia sobre
la copia: el mito de los arquetipos platónicos, pero no menos
la deidad a quien pertenecen «Sus estrellas». Esta calidad cata-
crética del determinativo caracteriza, al desplazar (o mejor,
conjugar) dos posibilidades semánticas, la actividad filosófica
de Spinoza. Aquí el referente («mapa de Aquél») alude, del
mismo modo, al «mapa» ideológico y al distante autor («Sus»)
que lo gravó en el tiempo. Por lo que el sistema filosófico de
Spinoza (sueño o copia de otro) viene a ser apenas un trazado
del «infinito mapa de Aquél», deduciéndose como corolarios:
a) que la realidad se predica como «Idea» de otra ya fijada;
b) que la obra, el tiempo, el espacio, las formas (*OC.*, pág. 739),
el individuo («Un hombre es todos los hombres», *Ibid.*, página 1113), el mismo «yo» poético, y hasta la fama, apenas son
vagos reflejos; sueños en el sueño de otro espejo (ver. 10)[23].
Postulados derivados del concepto de la realidad ideal que define la filosofía de Berkeley y Hume, dos de los filósofos más
citados por Borges en sus ensayos (*OC.*, págs. 757-58)[24].

---

[23] En algún tiempo Borges tuvo en proceso de composición un libro
sobre Spinoza que más tarde abandonó. Pues «al final de cuentas», explica
Borges en la entrevista que le hacen Miguel Espejo y Carlos Dámaso Martínez, «hay algo que me separa de Spinoza. Para él lo único real es Dios
y para mí Dios es una de las invenciones más interesantes de la literatura
fantástica, pero nada más». Véase *La Palabra y el Hombre*, 2.ª época, 18
(abril-junio de 1976), 20.

[24] En varias entrevistas con Borges (Jean de Milleret, *Entrevistas con
Jorge Luis Borges*, Caracas, Monte Ávila Editores, 1971; Richard Burgin,
Conversations with Jorge Luis Borges, New York, 1969), explica éste cómo
su idealismo está inferido de los sistemas filosóficos de Berkeley, Hume
y Schopenhauer (véanse págs. 116 y 138, respectivamente). En «Nueva
refutación al tiempo», ensayo aparecido originalmente en *Sur* bajo diferente título (núm. 115, 1944), pone en evidencia Borges la analogía entre su
pensamiento y la filosofía de Hume, que toma de *A Treatise of Human
Nature* (libr. I, part. IV). Véanse A. H. Bassa, *David Hume* (London, Penguin Books, 1968), págs. 78 y sigs.; Sergio Rábade, *Hume y el fenomenismo*

Recordemos, por ejemplo, cómo Hume pone en entredicho los postulados de la ciencia; cómo llega a eliminar la metafísica que es eminentemente causal, y cómo desvirtúa el valor de la lógica. El problema radical de la filosofía se asienta para Hume en el conocimiento, cuyo elemento fundamental es la percepción. Ésta incluye el «contenido» de la conciencia, y los «actos» en que aparecen dichos contenidos. Lo primero que percibimos, explica Hume, son las impresiones. Éstas son o bien fruto de la sensación (que surge en el alma por causas desconocidas), o de la reflexión. De ella se derivan nuestras ideas. Postula así el concepto del innatismo, y el de la impresión como representación. Las ideas son copias o imágenes de otras. Y si tenemos en cuenta que el entendimiento para Hume actúa como *medium* de relaciones, de conexiones y de asociaciones (cuya acción básica radica en la imaginación), y cuyas leyes doblan las que mueven el mundo físico, nos acercamos a varios de los «hipogramas» [25] que subyacen en buen número de ensayos de Borges y en su lírica: el de la semejanza en la diferencia; el de la contigüidad (en el espacio o/y en el tiempo); el de la duplicidad y la alternancia; el del centro como núcleo en continuo cambio de relaciones, por tan sólo enumerar varios de los más representativos [26].

Muy al caso viene considerar su poema «Arte poética» (*OC.*, pág. 843): siete cuartetos endecasílabos, con rima asonante, e incluido por primera vez en *El Hacedor* (*OC.*, págs. 777-854). La realidad (el poema) es: a) transcurso (tiempo en el «río»); b) espacio («agua» que por él corre); c) espejo, es decir, un cristal que continuamente refleja nuestro rostro. Pues nuestras máscaras (sinécdoque de «nuestras vidas») son rostros que

---

moderno (Madrid, Editorial Gredos, 1975); también Ana María Barrenechea, *La expresión de la irrealidad*, págs. 120-123, 169-170.

[25] Michael Riffaterre define el término como un sistema de signos que comprende al menos una afirmación que puede ser tan extensa como el texto. Es observable en la lengua («hipograma potencial») o en textos anteriores («hipograma actual»). Véase *Semiotics of Poetry* (Bloomington, Indiana University Press, 1978), pág. 23.

[26] Sucre, *La máscara, la transparencia*, pág. 170.

«pasan como el agua»: estática como elemento (véase el «Poema del cuarto elemento», *Ibid.*, págs. 869-70), mas siempre otra en constante fuga. Pero no sólo define Borges la realidad; también el mismo arte (símbolo de otros símbolos), y el acto poético. Imágenes claves («río», «agua», «muerte-sueño», «días-años», «espejo-cara-arte», «lo mismo, lo otro») concretan, si bien a base de viejos tópicos literarios, el nuevo manifiesto poético. La poesía ha de transformar una realidad en otra, operando o bien como mimesis o bien como símbolo. Así en «Arte poética» (vers. 17-20):

> A veces en las tardes una cara
> Nos mira desde el fondo de un espejo;
> El arte debe ser como ese espejo
> Que nos revela nuestra propia cara.

Y si bien el arte debe ser una transposición de imágenes, la muerte viene a ser mimesis del sueño que cada noche la remeda: copia de ese vivir atemporal en la «otredad de la nada». Tal ansia de inmortalidad (vívido deseo en Unamuno), y la aquiescencia de nuestra constitución (tan sólo tiempo) deben ser, pues, el objeto del poeta; más aún, eso es la poesía: un vaivén entre la fulgurante caída del día (el «océano») y su triunfante nacimiento («la aurora»):

> Mirar el río hecho de tiempo y agua
> Y recordar que el tiempo es otro río,
> Saber que nos perdemos como el río
> Y que los rostros pasan como el agua.
>
> (vers. 1-4)

En este sentido alude al admirable poema «Cambridge», incluido en *Elogio de la sombra* (Buenos Aires, 1969) (*OC.*, páginas 980-81), y escrito con ocasión de la estancia de Borges en Boston. El caminar por la calle Craigie, una mañana de invierno («Doblo por Craigie»), determina el soliloquio mental (el poema), que se va haciendo entre el paso que se da y el ya dado, o entre lo que «Pienso» y lo ya «pensado». Potencialidad y acto se funden en la misma secuencia, confirmada a su vez por el paso silábico de los pies trocaicos («doblo») y anfíbracos («mañana»). Se anda un camino «prefijado», y en la variedad de formas («nieve, mañana, muros rojos»), y de espacios («yo vengo de otras ciudades»), se confirma el destino del hombre como un recuerdo en continua mutación: «Somos nuestra memoria, / somos ese quimérico museo de formas inconstantes, / ese montón de espejos rotos». Ante el caminante todo está ahí, quieto, inmóvil. Tan sólo él varía, o tal vez no. El tiempo recordado es la única medida sucesiva, pues se existe «en los reinos espectrales de la memoria». Ésta nos constituye y por ella existimos. Y al igual que el tiempo, la realidad recordada nos divide y desune a modo de «gran montón de espejos». Detrás de ella, «la nada», el «nadie». Es decir, la total negación (nihilismo) del «yo» y del «tú» («el otro») en un continuo presente que se torna, dada su ausencia, búsqueda del origen:

> Como en los sueños
> detrás de las altas puertas no hay nada,
> ni siquiera el vacío.
> Como en los sueños,
> detrás del rostro que nos mira no hay nadie.

> (vers. 36-40)

Ya en «La nadería de la personalidad» (*Inquisiciones*, Proa, Buenos Aires, 1925) intentaba Borges, explica Sucre, «arruinar la superstición del yo con argumentos que no han perdido hoy su validez: el yo no existe, se le puede suponer sólo como una ilusión o como una necesidad lógica con que pretendemos oponernos a la sucesión temporal»[27].

Por lo que la «otredad» es en Borges, concluiremos, «la nada», «el nadie». Ser alguien es convertirse, paradójicamente, en nadie[28]. Por lo mismo, la identidad personal se funda en la

---

[27] *Ibid.*, pág. 161.

[28] El mismo tema del hombre que es nadie y es «todos los hombres» a la vez, lo desarrolla Borges en el cuento de «El inmortal», que incluye en *El Aleph* (*OC.*, págs. 533-44). En *Otras Inquisiciones* incluye un ensayo que titula «De alguien a nadie» (*OC.*, págs. 737-39), y paradójica es su afirmación de que «Nadie es alguien» (*OC.*, pág. 541).

misma negación: en ese «otro» imaginado que, confirmándose en la obra escrita, se enajena del que se siente tan diferente[29]. Se define en ese ir cuestionando la constante disyunción de no saber, en términos de Jacques Lacan, si uno es el mismo que el que habla[30]; o más bien un heroico anti-ego que infatigablemente busca su propia sombra.

LA «RUBÁIYÁT» DE BORGES: LA
LECTURA COMO REESCRITURA

Jorge Guillermo, padre de Borges, aparte de escribir «cinco buenos sonetos» (de acuerdo con la declaración del hijo) y una novela (*El Caudillo*), que publica en Mallorca en 1921, llevó a cabo una versión, en español, de las *Rubáiyát* de Omar Khayyám. Usó la conocida traducción de Edward FitzGerald. Reproduce Jorge Guillermo las *Rubáiyát* en el mismo metro en que aparecen en la versión inglesa, y las publica en la revista *Proa*, que Borges (hijo) dirige en su primera etapa (conoce varias), entre agosto de 1922 y julio de 1923. En nota introductoria, no sólo encomia Borges la traducción del padre sino que alaba, incluso, la novela que éste había publicado hacía un par de años. Tal nota, documenta Rodríguez Monegal[31], fue incluida en *Inquisiciones* de 1925 (págs. 127-30). Y años más tarde, el mismo Borges escribe un ensayo sobre la traducción inglesa de las *Rubáiyát*, y sobre la quimérica figura de Edward FitzGerald. El ensayo, titulado «El enigma de Edward FitzGerald», se incluyó en *Otras Inquisiciones* de 1952 (*OC.*, págs. 688-90). Doce años después, concretamente en 1964, saca Borges a la luz su «*Rubáiyát*» (siete cuartetos endecasílabos, con tres versos en rima consonante y uno libre), que incluye en *Elogio de la som-*

---

[29] El «yo» viene a ser (uno de los corolarios) metonímicamente los muchos otros, pero también, metafóricamente, la transformación en «algo» que se siente, con nostalgia, como un no ser.

[30] *The Language of the Self*, págs. 159-177.

[31] Emir Rodríguez Monegal, *Jorge Luis Borges: a literary biography*, págs. 84-86.

bra (*OC.*, pág. 993). Se convierte así tal composición en tributo al padre, a Edward FitzGerald y a la filosofía del poeta persa.

En el ensayo «El enigma de Edward FitzGerald» traza Borges, brevemente, la historia apócrifa de «Umar ben Ibrahim al-Khayyami», y describe varios de los puntos básicos de sus creencias filosóficas. El universo es, de acuerdo con el poeta persa (y a la vez con Borges), unidad y diversidad dentro de la misma unidad. Del mismo predicado se deriva su creencia en la transmigración perpetua de las almas. Pero, entre sus cálculos matemáticos y sus divagaciones astronómicas, Omar, escribe Borges, «labra composiciones de cuatro versos, de los cuales el primero, el segundo y el último riman entre sí» (página 688). Y continúa: «el manuscrito más copioso le atribuye quinientas de esas cuartetas, número exiguo que será desfavorable a su gloria, pues en Persia (como en España de Lope y Calderón) el poeta debe ser abundante». Curiosa es la muerte de Omar. Ésta ocurre, de acuerdo con Borges, el año 517 de la Héjira, y el mismo día que estaba leyendo el tratado *El Uno y los Muchos* (pág. 689). Interrumpida la lectura por un malestar (o tal vez por una premonición), Omar se reconcilia con Dios, marca la página que nunca volverá a ver, y muere ese mismo día, «a la hora de la puesta del sol».

De asiduo y escrupuloso lector califica Borges a FitzGerald. «Lee y relee el Quijote, que casi le parece el mejor de todos los libros», apunta con ironía. Después de traducciones mediocres de los versos de Calderón y de los trágicos griegos, se dedica al estudio del persa [32]. En sus manos cae una colección manuscrita de las composiciones de Omar, cuyo orden lo establece tan sólo la numeración alfabética de las rimas. FitzGerald las reordena y las organiza de acuerdo con un principio: el de tejer un libro en «cuyo principio estén las imágenes de la mañana, de la rosa y del ruiseñor, y al fin, las de la noche y la sepultura». A tal proyecto —toda una cosmogonía— consagra FitzGerald «su vida de hombre indolente, solitario y maniático».

---

[32] Véase *Rubáiyát of Omar Khayyám. Six Plays of Calderón*, transl. by Edward FitzGerald (London, J. M. Dent and Sons E. D. Dutton, 1942).

Y el milagro ocurre. De la conjunción del persa astrólogo, y del inglés excéntrico y victoriano, surge el extraordinario poeta que no se parece en nada a los dos. Deletrea Borges una nueva poética de la lectura, pero no tan sólo como acto crítico; a la vez como creación de otra previa. Muy de acuerdo ya tal premisa con su concepción literaria y hasta cosmológica: un poeta recrea a otro, del mismo modo que el ser Supremo (Dios), la lectura (recuérdese «Pierre Menard, autor del *Quijote*») y hasta el texto, recrea otras personas (otros textos); copias, imágenes secundarias o fabulaciones de un motivo central. Pero un nuevo elemento, el azar, pudo haber influido en la conjunción entre Omar y FitzGerald. Ya que, concluye Borges, toda «colaboración es misteriosa». «Esta del inglés y del persa», continúa, «lo fue más que ninguna, porque eran muy distintos los dos y acaso en vida no hubieran trabado amistad y la muerte y las vicisitudes y el tiempo sirvieron para que uno supiera del otro y fueran un solo poeta» (*OC.*, pág. 690).

Sin embargo, esta parabólica asunción de las *Rubáiyát* de Omar Khayyám no termina aquí. En la «Rubáiyát» que escribe Borges asume, a partir del primer vocablo («Torne»), de carácter imperativo (se repite cinco veces y al principio del verso A de cada estrofa), la reincorporación mítica del poeta persa (su *persona*) con el mismo tono grandilocuente en que Whitman asumía, ante América, su figuración de gran vate y visionario. He aquí la «Rubáiyát» de Borges:

I
Torne en mi voz la métrica del persa
A recordar que el tiempo es la diversa
Trama de sueños ávidos que somos
Y que el secreto Soñador dispersa.

II
Torne a afirmar que el fuego es la ceniza,
La carne el polvo, el río la huidiza
Imagen de tu vida y de mi vida
Que lentamente se nos va de prisa.

III
Torne a afirmar que el arduo monumento
Que erige la soberbia es como el viento
Que pasa, y que a la luz inconcebible
De Quien perdura, un siglo es un momento.

IV
Torne a advertir que el ruiseñor de oro
Canta una sola vez en el sonoro
Ápice de la noche y que los astros
Avaros no prodigan su tesoro.

V
Torne la luna al verso que tu mano
Escribe como torna en el temprano
Azul a tu jardín. La misma luna
De ese jardín te ha de buscar en vano.

VI
Sean bajo la luna de las tiernas
Tardes tu humilde ejemplo las cisternas,
En cuyo espejo de agua se repiten
Unas pocas imágenes eternas.

VII
Que la luna del persa y los inciertos
Oros de los crepúsculos desiertos
Vuelvan. Hoy es ayer. Eres los otros
Cuyo rostro es el polvo. Eres los muertos.

La existencia queda reducida al juego onírico del «otro» (recordemos el libro que Omar leía el día de su muerte, titulado *El Uno y los Muchos*); y el tiempo es tan sólo la trama que, como sueños que somos, urdimos. Dependientes de un «secreto Soñador», en él adquirimos unidad y diversidad: nos sueña, y en él nos constituimos como reflejos. En la lectura de Omar abrevia Borges varias de sus premisas estéticas: a) el concepto de temporalidad como meramente ilusorio: un sueño que depende, a su vez, de un misterioso y «secreto Soñador» (I, vers. 2-4); b) y, del mismo modo que la existencia es sueño, la carne es polvo, y el río una vívida imagen de este constante desplazamiento (II, vers. 2-4); c) lo que confirma así una «poética de la relatividad». Un siglo es (ante «Quien perdura») un momento; los monumentos a nuestras proezas, apenas «viento» que pasa (III, vers. 1-4), estableciendo d) una «poética de la recurrencia»: toda lectura convoca a otra; el desciframiento de un texto, a otro, pero no tan sólo de imágenes, símbolos o metáforas, sino incluso de la misma forma. Lo que coincide simultáneamente con la «recurrencia cíclica» (el tiempo evocado es el mismo que el tiempo actual) y con la «cósmica»: la misma luna y agua en tiempos y espacios simultáneos (estrofas IV-V). Recurrencia, como ya señalamos, de las mismas imágenes (tan sólo existen «unas pocas imágenes eternas») (VI, vers. 3-4), del mismo tiempo («Hoy es ayer») (VII, vers. 3), y hasta del mismo rostro, asumiendo diversas caras: «Eres los otros / Cuyo rostro es el polvo. Eres los muertos» (VII, vers. 3-4). El todo y la nada, el tiempo y la eternidad, la evocación y la reencarnación, se desprenden como corolarios que definen, en parte, el laborar poético de Borges y, en este caso, su lectura de Omar Khayyám; es decir, de Edward FitzGerald, su traductor.

Esta «Rubáiyát» viene a ser, pues, una apretada síntesis de la «Poética» y hasta de la «Ética» borgiana. *Poética*: numerosos son, por ejemplo, los poemas de Borges que aluden al concepto de temporalidad. Recordemos la imagen del agua como espejo que repite y como tiempo que transcurre en el «Poema del cuarto elemento» (*OC.*, págs. 869-70). La recurrencia cíclica se expresa en «La noche cíclica», y la presencia de ese enigmático «Alguien» («el secreto Soñador» de la «Rubáiyát») en el poema «Una brújula» (pág. 875). En «The Thing I am» la identidad es parte de la misma enajenación. Y la anonimidad del ser (ese alguien que es nadie o el uno que es otro) la revela en el poema «Los enigmas». La imagen del continuo fluir de Heráclito («Hoy es mañana y es ayer») se postula, como vimos, en el soneto a «Jonathan Edwards» (vers. 5-8). El tiempo como concepción mental se asume en «El instante» (pág. 917), y la dualidad entre contingencia física y transcendencia viene revelada en el «Soneto del vino» (pág. 919). Particular es el soneto que titula «A quien está leyéndome» (pág. 924), donde el lector —y todos los posibles lectores— es el otro («sueños del tiempo son también los otros») sumido en el mismo trance onírico. El universo como producto de la memoria divina (el «Soñador» de la «Rubáiyát») se revela en el poema «Everness» (pág. 927). Lo que se percibe como realidad física es ya fracción. Constituimos un punto en el tiempo y en el espacio: tan sólo una perspectiva desde la que aprehendemos nuestra temporalidad. La recurrencia cíclica («las tardes a las tardes son iguales») la expresa Borges también en el soneto «Spinoza» (pág. 930). Aquí el «Soñador» es el mítico «Aquel» a quien pertenece el mapa que «arduamente» inventa el filósofo judío. La realidad se predica, pues, como «Idea» de otra ya fija. Y la obra, el tiempo, el espacio, el mismo yo enunciativo («Torne en mi voz la métrica del persa»), las formas, y hasta el mismo individuo («Un hombre es todos los hombres»), apenas son reflejos: vagos sueños en el sueño de otro espejo. Asienta así una poética de la lectura como acto crítico y como *compendium* estético: una vuelta a los orígenes y a la mutabilidad de la palabra. De este modo, la máscara, como la forma, excluye ciertos rasgos fijos y estáticos. Sin embargo, la enunciación de lo que se nombra (los signos lingüísticos), implica una concepción filosófica y existencial: el hombre ante sí mismo y en el mundo en que se enuncia.

Pero también implica esta «Rubáiyát» una concepción *Ética*[33]. Se define en las varias consideraciones de carácter existencial: el fuego es ceniza; la carne, polvo; el río, imagen de «mi vida» y de «tu vida». Los cuatro elementos, fuego, tierra («polvo»), agua («río») y aire («viento») definen la precaria condición del ser en el tiempo: su mutabilidad ante la nada. Y tal concepción se opera a través de los cambios semánticos que marcan tal desplazamiento: el fuego en ceniza; la carne en polvo; la vida en río; el monumento en viento. Mas una ética no sólo de la existencia como transcurso sino también del laborar poético como praxis. El canto fugaz del «ruiseñor de oro» incide en el concepto del arte como temporalidad. Y tal dialéctica (lo mutable frente a lo permanente) determina la oposición de los varios niveles semánticos. En el horizontal (zona inferior) la concepción es metonímica: el «hoy es ayer»; «el fuego es ceniza»; el canto del pájaro se mide por el lapso entre «la tarde, el crepúsculo y hasta la noche». En el polo vertical (zona superior) las correspondencias son metafóricas. Imágenes de carácter mítico («astros», «luna») se contraponen a las temporales y (o) espaciales: «jardín», «cisterna», «espejo de agua». Una ética

---

[33] A este sentido se refiere Guillermo Sucre en *Borges, el poeta*, págs. 57-69, 110-116; y en *La máscara, la transparencia*, pág. 179.

así de lo temporal frente a lo eterno [34]; de lo inmutable en el cosmos frente al fatal nihilismo que aprisiona la existencia (un sueño) del hombre [35].

Y al igual que en *Las Rubáiyátas de Horacio Martín* de Félix Grande, como veremos, el texto de Borges es también un mosaico y un cruce de referencias. Sin embargo, y pese a sus claves fácilmente reconocibles, la filosofía panteísta de Omar y, sobre todo, su escepticismo crítico, conforman de hecho la ideología de la «Rubáiyát» de Borges a base de ciertas metáforas comunes en ambos: 1) el hombre (su vida) es como un «peón» en el tablero de ajedrez del «Único jugador» (Omar, «Rubáiyát LXXIV»), imagen presente en numerosos poemas de Borges [36]. A tal arte le asigna éste los apartados e) y g) de la bibliografía de «Pierre Menard» (*OC.*, pág. 445). A este «Soñador» que da vida y dispersa tantos sueños («nuestra existencia») corresponde, en términos de Omar, el «Master of the Show»; a los «sueños ávidos» en el texto de Borges, el «moving row» de Omar (Rubáiyát, LXXIII): «We are no other than a moving row / Of visionary Shapes that come and go».

En ambos coinciden a la vez lo contingente frente a lo caduco («They change and perish all — but He remains») (Rubáiyát, LII), y los numerosos símiles en relación con los cuatro elementos: «I came like Water, and like Wind I go» (Rubáiyát, XXXI), o «Dust into Dust, and under Dust, to lie, / Sans Wine,

[34]   María Rosa Lida de Malkiel, «Contribución al estudio de las fuentes literarias de Jorge Luis Borges», *Sur*, núms. 213-214 (julio y agosto de 1952), 50-57.

[35]   Antonio Machado escribe: «Ni mármol duro y eterno, / ni música ni pintura, / sino palabra en el tiempo». Véanse *Nuevas canciones* y *De un cancionero apócrifo*, ed. de José María Valverde, Madrid, 1971, pág. 178. Dicho enunciado lo amplía más tarde, y en oposición a la estética de lo atemporal que proponen los poetas de la *Generación del 27* (realce de la metáfora y del sistema lírico de Góngora) en la antología de Gerardo Diego, *Poesía española contemporánea*, donde afirma: «la poesía es la palabra esencial en el tiempo», y líneas más abajo: «Pero al poeta no le es dado pensar fuera del tiempo, porque piensa su propia vida que no es, fuera del tiempo, absolutamente nada» (pág. 149).

[36]   Citamos las *Rubā'iyat of 'Umar* siguiendo *The Rubáiyát of 'Umar Khayyam*, New York, Scholar's Facsimiles and Reprints, 1975.

sans Song, sans Singer, and —sans End!» (Rubáiyát, XXVI).
A la vez el misterio ante un más allá imposible de descifrar;
o ante una presencia que súbitamente se desvanece, y abarca
por igual al narrador (autor) y a su escucha (lector):

> There was the Door to which I found no Key:
> There was the Veil through which I could not see:
> Some little talk awhile of ME and THEE
> There was — and then no more of THEE and ME.
>
> (Rubáiyát, XXXV)

Un mismo esquema temporal en la concepción acontinua del
tiempo. Y al igual que el «Hoy es ayer» en Borges, el presente
conforma, según Omar, la realidad del pasado y determina
asimismo el futuro: «Yesterday *This* Day's Madness did pre-
pare» (Rubáiyát, LXXX): en ambos existimos vivos y muertos
(«*To-morrow*? -Why, To-Morrow I may be / Myself with Yesterday's Sev'n Thousand Years» (Rubáiyát, XX).

Dramatiza pues la «Rubáiyát» de Borges no sólo la metáfora
de una forma que asume a otra, sino una serie de motivos,
temas y tópicos que adquieren nueva presencia. El escepticismo de ambos poetas —la ironía sobre todo— se mueve en polos
opuestos: del ser al no ser; del tiempo cronológico al eterno;
del círculo cósmico (el eterno retorno en el nacer y morir del
día) a la línea horizontal que marca el recorrido de la existencia humana. Voz distante la de Omar (siglo XI), pero nuevamente reencarnada en la lectura que nos propone Borges, si
bien promulgada anteriormente por su padre, y aun antes por
Edward FitzGerald, el inspirado versificador. Lo que nos lleva
a una consideración final: todo texto (toda crítica) implica no
sólo el desciframiento de varias escrituras, sino también la
reconstrucción de unas cuantas metáforas germinales. Aquellas
que, como en el epílogo al libro *El Hacedor* (*OC.*, pág. 854), van
trazando repetidamente el rostro del hombre que las cifra:
la máscara.

VI

LA MÁSCARA DE LA AUSENCIA: *VUELTA* (1976) DE OCTAVIO PAZ

La poesía no es la verdad:
es la resurrección de las presencias,
la historia
transfigurada en la verdad del tiempo no fechado.

(Octavio Paz, *Vuelta*, 1976, pág. 79)

Sería (es) Paz uno de los poetas actuales a quien el término «universalidad» le definiría justamente. Asociaríamos con dicha abstracción, vaga e imprecisa, su lírica y su «poética», y la multiplicidad de textos que ambas convocan. Un sistema poético que tuvo su origen en Mallarmé (en aquel venturoso poema *Un coup de dés*)[1]; que se entroncó más tarde en el surrealismo

---

[1] Véase Julia Kristeva, «Quelques problèmes de sémiotique littéraire à propos d'un texte de Mallarmé: *un coup de dés*», *Essais de sémiotique poétique*, compilados por A. J. Greimas (Paris, Librairie Larousse, 1972), págs. 208-234, y de la misma, «Poésie et négativité», en Σημειωτικὴ. *Recherches pour une sémanalyse* (Paris, Editions du Seuil, 1969), págs. 246-277; pero, sobre todo, a R. G. Cohn, *L'oeuvre de Mallarmé: un coup de dés* (Paris, Librairie les Lettres, 1951), a quien Kristeva sigue de cerca; también Octavio Paz, *Corriente alterna*, 6.ª ed. (México, Siglo Veintiuno Editores, 1972), págs. 211 y sigs., y del mismo *El arco y la lira*, 2.ª ed. corregida y aumentada (México: Fondo de Cultura Económica, 1967). Citamos por la primera reimpresión, de 1970, págs. 85-87. Dentro del contexto filosófico,

y en la poesía concreta, y que se asoció con el reciente fervor
en torno a la antropología (Lévi-Strauss), estructuralismo (Barthes, Derrida) y semiótica (Charles Sanders Peirce, Roman
Jakobson)[2]. Pero hay en Paz, a la vez, una conciencia crítica
en juego que une a autores y poetas divergentes: de Sor Juana
Inés de la Cruz, por ejemplo, a Sade; de Fernando Pessoa a
Georges Bataille; de la filosofía tántrica y sufí a los mitos aztecas[3]. Viajero a caballo de tres mundos (Europa, Asia y América,
teniendo a París como gran eje del triángulo), e insaciable de-
vorador de doctrinas y textos (Saussure, Heidegger, Marx, Sartre), conforman su escritura un numeroso cruce de ideologías
y poéticas que (a veces corregidas o alteradas) es preciso diferenciar y tener muy en cuenta a la hora de examinar sus escritos[4]. Pero el gran impacto de Paz en las letras hispánicas

---

véase Jean Hyppolite, «Le coup de dés de Stéphane Mallarmé et le mes-
sage», *Les Études philosophiques*, 13 (Octobre-Décembre 1958), 463-468.

[2] Octavio Paz, *Claude Lévi-Strauss o el nuevo festín de Esopo* (México, Joaquín Mortiz, 1972), págs. 9-24.

[3] Mencionaremos, por ejemplo, su libro sobre Sor Juana Inés de la
Cruz. Véase un extracto de la parte introductoria, «Manierismo, barro-
quismo, criollismo», *Revista Canadiense de Estudios Hispánicos*, I (Otoño
1976), 3-15; también el ensayo incluido sobre Sor Juana en *Las peras del
olmo*, 2.ª ed. (Barcelona, Editorial Seix Barral, 1974), págs. 34-48, y su
magnífico ensayo, ya citado, sobre Pessoa (cap. 4, nota 4). El tantrismo
está detalladamente explicado en *Conjunciones y disyunciones* (México,
Joaquín Mortiz, 1969), págs. 49-92. Reflejos de la mística sufí pueden
observarse en el poema «Felicidad en Herat», y la técnica del ideograma
chino, en «Custodia», incluidos en *Ladera este (1962-1968)*, 2.ª ed. (México,
Joaquín Mortiz, 1970), págs. 50, 127. Véase sobre el último poema el estudio de Zunilda Gertel, «Signo poético e ideograma en 'Custodia' de
Octavio Paz», *Dispositio*, I (1976), 148-162; Manuel Durán, «La huella del
Oriente en la poesía de Octavio Paz», *Revista Iberoamericana*, XXXVII,
núm. 74 (enero-marzo de 1971), 97-116.

[4] Ejemplar es, en este sentido, el ya mencionado libro de *El arco y
la lira* que nació como un artículo («Poesía de soledad y poesía de comunión», publicado en *El Hijo Pródigo*, núm. 5), y se expandió más tarde
como libro, publicado por primera vez en 1956, y ampliado con numerosas
modificaciones en 1967. Para un estudio comparativo de ambas versiones
véase a Emir Rodríguez-Monegal, «Relectura de *El arco y la lira*», *Revista
Iberoamericana*, XXXVII, núm. 74 (enero-marzo de 1971), 35-46.

se debe a su concepción lingüística de la realidad. Define en
este sentido el lenguaje como una continua aventura intelectual. En él la realidad se «cifra» y «descifra» circularmente;
también el autor(lector) que la nombra[5]. Un lenguaje que es
dispersión y unidad a la vez; que nos afirma y contradice en
cada enunciación[6]. La escritura se torna así una metafísica
humana; su trazado, un acto circular e histórico en el cual al
corsi le sucede el *recorsi*; a la era de los dioses y de los héroes,
la de los hombres. La opacidad concurre con la luz; la máscara
(el vacío, la negación, la forma) con la transparencia[7]. La palabra
viene a ser la heroica protagonista, y el hombre que la anuncia
se encuentra tan sólo en ella. Una poética, pues, en movimien-

_____

[5] «El mundo es un orbe de significados, un lenguaje», escribe Paz
en *Corriente alterna* (pág. 8); y en *Libertad bajo palabra* (México, Fondo
de Cultura Económica, 1970): «Contra el silencio y el bullicio invento la
Palabra, libertad que se inventa y me inventa cada día» (pág. 10). «Vivimos en un mundo de signos», afirma en *Puertas al campo*, véase *Teatro
de signos / Transparencias*, selección y montaje de Julián Ríos (Madrid,
Editorial Fundamentos, 1974) (sin paginar), y define la escritura como
reflejo del universo: «es su traducción pero asimismo su metáfora» (*El
mono gramático*, Barcelona, Editorial Seix Barral, 1974, pág. 135). Comentando sobre la lectura escribe en *Fourier y la analogía poética*: «cada
persona es una lectura de la realidad; esa lectura es una traducción;
esa traducción es una escritura: un volver a cifrar la realidad que se
descifra. El poema es el doble del universo: una escritura secreta, un
espacio cubierto de jeroglíficos. Escribir un poema es descifrar al universo
para cifrarlo de nuevo» (*Teatro de signos*). «El mundo que entre todos
inventamos», explica en *Ladera este* (pág. 38), es «Pueblo de signos».
Véase también Monique J. Lemaître, *Octavio Paz: poesía y poética* (México, Universidad Nacional Autónoma, 1976), págs. 11-26.

[6] Sobre esta dispersión del individuo en su espacio, escribe en *El
arco y la lira*: «errante» (el hombre) «en un espacio que también se
dispersa», y concluye: «Ha perdido cohesión y ha dejado de tener un
centro, pero cada partícula se concibe como un yo único, más cerrado y
obstinado en sí mismo que el antiguo yo. La dispersión no es pluralidad,
sino repetición: siempre el mismo yo que combate ciegamente a otro yo
ciego. Propagación, pululación de lo idéntico» (pág. 260).

[7] Véase Guillermo Sucre, *La máscara, la transparencia*, págs. 207-236;
431-450. La máscara viene a ser para Paz, como veremos, la forma de lo
que nunca se revela. Coincide el título de Sucre, observamos, con el que
precede a las breves páginas que Paz dedica a Carlos Fuentes en *Corriente
alterna* (págs. 44-50).

to, existencial, a cuya ida, en el trazado diacrónico de sus textos (adolescencia, juventud, madurez) le corresponde ahora, simbólicamente, su «Vuelta» [8]: alegoría de la nueva realidad biográfica de quien la traza. Octavio Paz en busca de una persona mítica ausente.

Apunta directamente *Vuelta* a la reunificación entre significante y concepto (experiencia): la cosa significada. Impulso o sentimiento que movió la escritura de Blake y gran parte de los escritos de Jacobo Rousseau. Una tentativa que, en lucha con los opuestos (herencia del surrealismo) [9], busca la primera enunciación: el *logos* como espíritu; el *verbum* como encarnación. Así, tal búsqueda implica un nuevo sistema de relaciones poéticas; de nuevas analogías (a veces a través de la escritura automática y experimental) que, rompiendo con los códigos precedentes (puntuación, verso libre, simetría de forma), establecen un nuevo pensamiento lírico. En dichos presupuestos reside en parte (creemos) esa ansiedad por afirmarse en otros

---

[8] «Poesía en movimiento» y «poesía en rotación» califica Paz a la poesía mexicana contemporánea. Véase su «Prólogo» a la antología *Poesía en movimiento, México, 1915-1966* (México, Siglo Veintiuno Editores, 1966), págs. 5-6.

[9] Realzan los surrealistas la incoherencia del mundo y, sobre todo, la de la sociedad. Para Paz, de acuerdo con Sucre, «ya no hay obras sino fragmentos, signos dispersos; además, como los surrealistas, hace de la negación un arma crítica: al acentuarla, intenta romper las categorías mentales de la sociedad y toda una manera de ver y concebir la literatura» (*La máscara, la transparencia*, pág. 214). El mismo lenguaje como sistema inconsciente, como «libertad que se inventa», postulado de los últimos ensayos de Paz, estaría en consecuencia con las premisas asentadas por el surrealismo. Pues, al igual que para los surrealistas, la poesía no puede ser para Paz, concluye Sucre, «la expresión del yo, sino la (re)conquista del ser» (pág. 220). Señalados son los estudios de Paz sobre el surrealismo, y su estrecha amistad con Breton. Su primer estudio sobre este movimiento, surgió como conferencia presentada en la Universidad Nacional de México, en 1954, y fue incluido más tarde en *Las peras del olmo* (págs. 136-151); posteriormente, en *La búsqueda del comienzo* (Madrid, Editorial Fundamentos, 1974), págs. 7-27. Véase también *El arco y la lira*, págs. 170-181; *Corriente alterna*, págs. 62-64; Lloyd King, «Surrealism and the Sacred in the Aesthetic Credo of Octavio Paz», *HR.*, XXXVII, 3 (July 1969), 383-393.

textos para negarlos después; o su afán por buscar una conciliación entre lo que el morfema enuncia y la representación semántica (y hasta gráfica) de lo enunciado, distanciando los vocablos entre espacios blancos y silencios; entre pausas que denuncien la ausencia de relación entre forma y pensamiento. Se constituye también el lenguaje en símbolo de la radical contradicción humana entre el querer ser (o significado) y el negarse en cada afirmación (aquella voluntad de significación de que habla Nietzsche): del vacío existente entre las dualidades vida-muerte, tiempo-eternidad; o entre la fusión de dos contrarios, tales como fijación frente a movimiento [10].

Sin embargo, es el lenguaje para Paz el único medio que nos hace reales. Por lo que es, paradójicamente, vida (forma en movimiento) y conocimiento poético; fusión de opuestos (erotismo), y dispersión de sentido (existencia); comunicación (dadas las posibles correspondencias analógicas) y salto temporal a la Edad de Oro (primitivismo) [11]. Una poética que denuncia el radical aislamiento (la soledad, uno de sus temas básicos) entre el hombre y la naturaleza que él nombra: entre el «otro» y el «consigo mismo» [12]. Pues, y de acuerdo con Hillis Miller, la historia de la literatura contemporánea es la ruptura de esta comunión [13]. La enunciación precedió en un principio a la crea-

---

10 Jason Wilson, *Octavio Paz. A Study of his Poetics* (London, Cambridge University Press, 1979), págs. 8-43.

11 «La obra del primitivo», afirma Paz en *Corriente alterna* (pág. 26) «niega la fecha o, más bien, es anterior a toda fecha. Es el tiempo anterior al antes y al después». Y en la misma página: «El presente se revela y oculta en la obra del primitivo como en la semilla o en la máscara: es lo que es y lo que no es, la presencia que está y que no está ante nosotros».

12 «En nuestro tiempo», escribe en *La búsqueda del comienzo* (página 33), «la nota predominante es la soledad». Véase una exposición más amplia en *El laberinto de la soledad*, 2.ª ed. (México, Fondo de Cultura Económica, 1970), págs. 175-191.

13 *The Disappearance of God* (Cambridge, Mass., Belknap Press of Harvard University Press, 1963), págs. 2-3. Coincide Hillis Miller en sus páginas introductorias con los postulados de Georges Poulet en *Les métamorphoses du cercle* (Paris, Librairie Plon, 1961), a quien sigue muy de cerca. Véanse págs. iii-xxxi y 1-21; también Michel Foucault, *Las*

ción de la realidad, y al acto de nombrarla le era inherente el gozo supremo de experiencias divinas en común hermandad con la creación lírica. Tales experiencias, primigenias, mágicas, precedieron a toda concepción religiosa. Conllevaban el don supremo de hermanar, líricamente, cosa y enunciación. Las artes poéticas eran demiúrgicas, transcendentes. Pero ya el hombre, como la historia o el poema que refleja sus vivencias, ocupaba una posición relativa en el mundo en que convivía. Y este dinámico cambio de formas, característica de la última poesía de Paz, viene a reflejar una constante variación de perspectivas en movimiento. Una fuga hacia lo que es relativo y se halla en decadencia: el lenguaje. La desaparición de las antiguas culturas (incluida la azteca); la transformación del lenguaje; los cambios de valores sociales o morales; las divisiones políticas, confieren un claro sentido de negatividad. Y la realidad es tan sólo una perspectiva que se interpreta (o se lee en el poema) de acuerdo con la posición que se ocupa frente a ella. Pero ésta, al igual que el hombre, las circunstancias que le rodean y lo determinan (también la forma), se altera, se transforma. Es dinámica. El hombre se halla así aprisionado en el mundo del instante y de la presencia: su posición está en relación con un solo punto. La alteridad, pues, de perspectivas, y el juego experimental de nuevas formas, predican así su movilidad. Imagen ésta de una realidad fragmentada; en discordia entre el yo que la concibe y finalmente la nombra. Recordemos en este sentido varios poemas representativos de Paz: «Relámpago en reposo», incluido en *Libertad bajo palabra* (página 116); «¿Águila o sol?» (pág. 146), «Maithuna» de *Ladera este* (págs. 116-121) e incluso «Cima y gravedad» (pág. 124).

---

palabras y las cosas. Una arqueología de las ciencias humanas, trad. de Elsa Cecilia Frost (México, Siglo Veintiuno Editores, 1968), págs. 26-52. A este tema de la ausencia de Dios, o de su muerte, a partir del romanticismo, y nota común en Nietzsche y en el existencialismo filosófico, se refiere Paz en «Los signos en rotación» que incluye en el «Epílogo», *El arco y la lira* (págs. 251 y sigs.); posteriormente, en *Los hijos del limo* (Barcelona, Editorial Seix Barral, 1974), págs. 70-78.

LA BÚSQUEDA DEL ORIGEN: «VUELTA»

Pero *Vuelta* es, como ya indicamos, metáfora del regreso (en el discurso, en el espacio) y título del libro que publica Octavio Paz en Barcelona (Editorial Seix Barral), en 1976. Y es también un poema clave que dedica a José Alvarado, y que encabeza con epígrafe de Ramón López Velarde[14]. Como título alude, pues, a un regreso, y tal enunciado (también la litografía que ilustra la portada) es clave en el principio y en la organización que le dio forma. La ilustración, extraída de la *Historia antigua de México*, del abate Francisco Javier Clavijero, presenta un calendario azteca, cuyo centro (primer círculo) lo constituye la efigie solar en forma de cara humana[15], si bien trazada horizontalmente. Las ondulantes llamas que desprende forman un segundo círculo, y un calendario azteca compone el tercero, dividido en cincuenta y dos rectángulos. Se ordenan éstos numéricamente, del uno al trece (en total cuatro grupos), y se ilustran con diminutos grabados: mazorcas de maíz, figuras humanas, venados, etc. Y, si bien la numeración es con-

---

[14] La primera versión del poema salió en 1971 y contaba con 140 líneas; la nueva versión con 168. Algunas adiciones, o cambios, obedecen a razones rítmicas y visuales; otras expanden o aclaran el significado previo. Pero con frecuencia tales alteraciones transforman un poema en otro diferente en la nueva versión. Tal enfrentamiento (un caso de crítica textual comparada, no menos común en la lírica de César Vallejo) se ha de tener en cuenta a la hora de enjuiciar la lírica (o la poética) de Paz. Véanse algunas variantes del poema «Vuelta» en Jason Wilson, *Octavio Paz*, págs. 173-176. Sobre la problemática que presentan estos textos alternos en Paz, véase Enrico Mario Santí, «The Politics of Poetics», *Diacritics*, vol. 8, núm. 4 (Winter 1978), 28-40.

[15] El hombre como representación microcósmica es lugar común en la literatura hispánica. A él le ha dedicado un buen libro Francisco Rico, *El pequeño mundo del hombre. Varia fortuna de una idea en las letras españolas* (Madrid, Editorial Castalia, 1970). El sol, presentado como rostro del hombre, es imagen frecuente en representaciones teatrales, y en los relatos alegóricos del Siglo de Oro. Véase un ejemplo en *El Criticón*, de Baltasar Gracián, edición de Evaristo Correa Calderón, Madrid, Espasa Calpe, 1971, II, libr. II, crisi 7 (pág. 161).

secutiva, varía, sin embargo, el tipo de grabado asignado a cada número. El cuerpo de una serpiente compone el cuarto círculo, y ésta forma cuatro anillos equidistantes del centro (los cuatro puntos cardinales, las cuatro estaciones, los cuatro humores, etc.) [16]. La cabeza de la serpiente coincide, en la parte superior, con la cola. Figurativamente, el principio con el fin; la ida (en el espacio, en el tiempo) con la «Vuelta» en la teogonía azteca. Se asume a la vez la unión de los contrarios. La elección del grabado, ilustrando un libro que se titula *Vuelta*, es intencional, emblemática. La cabeza de la serpiente mordiéndose la cola alude a la interrupción del movimiento recurrente y cíclico; define su escritura como cambio y a la vez fijación: como ausencia [17].

Vuelta es también un libro antológico. Recoge, al igual que otros libros de Paz (*La estación violenta*, 1948-1957; *Salamandra*, 1958-1961; *Ladera este*, 1962-1968) la producción poética de cinco años, entre 1969 y 1974. Alude asimismo el título a un regreso físico: la vuelta de Paz a México después de una larga ausencia (si bien frecuentemente interrumpida) por tierras de Oriente (Nueva Delhi, 1962-68) y Europa. Describe, por lo mismo, una geografía concreta: la ciudad de México, superpoblada, mercantil; llena de humos, ruidosa. Cuatro poemas extensos (al igual que los cuatro círculos que componen el calendario azteca) constituyen y dan nombre a las cuatro partes del libro: «Vuelta» (págs. 7-25); «A la mitad de esta frase...» (págs. 27-45); «Petrificada petrificante» (págs. 47-67) y «Nocturno de San Ildefonso» (págs. 69-83), fragmentada esta última en cuatro unidades. Se funden aquí pasado y presente; el texto escrito y la andadura histórica de quien lo escribe, pues «El muchacho

---

[16] Sobre el número cuatro, y sus varias correspondencias en el mundo clásico, véanse L. Spitzer, *Classical and World Harmony. Prolegomena to an Interpretation of the Word «Stimmung»*, ed. A. G. Hatcher (Baltimore, The John Hopkins University Press, 1963); Juan Eduardo Cirlot, *Diccionario de símbolos* (Barcelona, Editorial Labor, 1969), págs. 138-139; 340-345; 419-422.

[17] Sobre el concepto del «eterno retorno», tan afín al pensamiento de Paz, véase Mircea Eliade, *Cosmos and History. The Myth of the Eternal Return* (New York, Harper, 1959), págs. 12-17.

que camina por este poema, / entre San Ildefonso y el Zócalo, / es el hombre que lo escribe» (pág. 77). Siete poemas constituyen la primera y tercera parte; tan sólo cinco la segunda. Pero es también *Vuelta*, como los últimos textos poéticos de Paz, un mandala geográfico y simbólico; alegórico y mítico [18]. También una «re-escritura» que repite, e incluso traslada, otros poemas y otros libros anteriores, coincidiendo simultáneamente en este texto otros textos. Es del mismo modo una «poética», como lo es el gran poema «Piedra de sol», en el cual se identifican y superponen (como en el calendario azteca de la portada), el proceso del espacio poético (la palabra) con los alternantes cambios en el espacio cósmico [19]. Así la historia (o mejor, la fábula) que postula *Vuelta*, se identificaría con los mitos que la ilustran en su portada: las metamorfosis circulares del calendario azteca [20]. También con la fiesta que celebra: la invención lírica, que, como acto ritual, y al igual que el tiempo y la lengua, es un calendario que continuamente se destruye, repitiéndose. Una máscara que celebra, bajo su forma, los cambios alternantes de quien la maneja.

Es mediodía en la primera parte del poema «Vuelta» [21]. La

---

[18] Las formas poéticas en la poesía de Paz vistas como secuencias armónicas son estudiadas por Rachel Phillips, *The Poetic Modes of Octavio Paz* (Londres, Oxford University Press, 1972), principalmente, págs. 1-5 y 152-154.

[19] Véanse sobre este poema Tomás Segovia, «Una obra maestra: *Piedra de sol*», en *Aproximaciones a Octavio Paz*, compilación de Ángel Flores (México, Joaquín Mortiz, 1974), págs. 171-172; José Emilio Pacheco, «Descripción de *Piedra de sol*», en *Aproximaciones a Octavio Paz*, páginas 173-183.

[20] «La dialéctica entre el movimiento y la fijeza no es sólo un tema en su obra» (la de Paz), afirma Sucre, sino que «llega a constituirse en su estructura misma y, por lo tanto, en la visión del mundo que ella encierra», *La máscara, la transparencia*, pág. 209.

[21] El mediodía, con el sol en su centro, es una imagen recurrente en la lírica de Paz: símbolo, a la vez, de la temporalidad, de la transparencia y del estatismo cósmico; también de la lucidez. La realidad es, así, presenciada en su totalidad. Poesía «solar» la denomina Sucre en «La fijeza y el vértigo», *Revista Iberoamericana*, XXXVII, 74 (enero-marzo de 1971), 47-72. Ve en el «alto mediodía» de Paz «el momento privilegiado de su

percepción de una serie de voces confieren presencia física y
espacial a la persona lírica («estoy», «camino», «miro»), que,
desde su origen, «estoy en Mixcoac» (lugar donde transcurre la
infancia de Paz), y desde su asombro de ser (en el espacio; en
el texto), inicia un camino «hacia atrás»: hacia lo «que dejé o
me dejó». La memoria mueve el regreso («la vuelta»), pero
abre, escribe Paz, un «balcón sobre el vacío» (pág. 21). El vian-
dante se transforma en bruma —se anula en el pasado—, perdido entre la conciencia del presente (concurrencia de asociaciones y sensaciones) y la fabulación del pasado: el «Banco de
México» con el «monumento al Cascabel y a su víbora». Se
superponen, de este modo, tiempos, espacios y culturas. Pero
la experiencia de la ciudad de México, poblada de ruidos y de
humos, con sus llegadas de inmigrantes y sus suburbios lacera-
dos por la pobreza y el polvo,

> (Arquitecturas paralíticas
> barrios encallados
> jardines en descomposición
> médanos de salitre
> baldíos
> campamentos de nómadas urbanos
> hormigueros gusaneras
> ciudades de la ciudad
> costurones de cicatrices
> callejas de carne viva)

origina las varias rupturas rítmicas (pág. 23), tornándose irónicamente *Vuelta* una presencia humillante: sutil denuncia social. Se contrasta y se hace coincidir una realidad opaca, gris,

---

mundo cósmico» (pág. 60). Coincide en el mismo juicio Julio Ortega, en
Figuración de la persona, págs. 219-234. La presencia del mediodía es
clave en el extenso poema «Piedra de sol» (*Libertad bajo palabra*, páginas 237-254); central en «Himno entre ruinas» (*Ibid.*, págs. 211-213). En
el primer poema del libro, escrito en prosa («Libertad bajo palabra»,
págs. 9-10), el sol es pasión; conciencia humana del destino trágico, y
hasta unión de opuestos: «Sequía, campo arrasado por un sol sin pár-
pados, ojo atroz, oh conciencia, presente puro donde pasado y porvenir
arden sin fulgor ni esperanza».

con la plenitud lumínica del día, presente el sol en el centro
del firmamento, pero alumbrando tan sólo un desolado «lecho
de huesos».

Es la ciudad un roto alfabeto de gritos: un «montón de
palabras rotas» (pág. 24). Se convocan reuniones absurdas; se
lanzan noticias irrelevantes («el esto y el aquello / en los telares
del lenguaje»), y se presencian estériles disputas. La decadencia
de la ciudad ha llegado, en parte, por la prostitución de la palabra, movida únicamente por intereses especulativos, materiales.
El lenguaje ha dejado de ser comunión o identificación: máscara vacía de una realidad que no representa. Pues el signo del
dinero (posesión, aumento de riquezas, especulación) se halla
escrito en «cada puerta / en cada frente» a manera de anuncio
bíblico (*Éxodo*, 12, 7) que augura la última plaga: la total desintegración cultural. «Vuelta» es, pues, premonición apocalíptica
y, más que nada, denuncia; confesión ante la confusión de la
gran urbe. Común la experiencia de Paz con la de Gerard Man-
ley Hopkins, quien también vio en la gran metrópoli una des-
humanizada aglomeración de ladrillos, gentes y egoísmo mercantil: «And all is seared with trade; bleared, smeared with
toil; / And wears mans' smudge and shares man's smell: the
soil / Is bare now, nor can foot feel, being shod»[22].

Carece, sin embargo, la referencia de Hopkins del sustrato
mítico del poema de Paz, que condensa la expresión nahuatl
«*atl tlachinolli*» (pág. 24):

> Escrituras hendidas
> 　　　　　　lenguajes en añicos
> 　se quebraron los signos
> 　　　　　　　　　　　atl tlachinolli
> 　　　　se rompió
> 　　　　　　agua quemada.

Atl tlachinolli es jeroglífico que figura en los monumentos
aztecas, escribe Paz en las notas aclaratorias que incluye al
final de *Vuelta* (págs. 85-90), en los bajorrelieves del *teocalli* de

---

[22] *Poems*, 3.ª ed. Robert Bridges y W. H. Gardner (Oxford University
Press, New York, 1948), pág. 70.

la guerra sagrada. Significa «agua» (que también puede ser «sangre»), y («algo») «quemado» (que también puede ser «fuego»). Dicha metáfora, es decir, agua y fuego (o la unión de los contrarios), presidió la fundación de la ciudad de México [23], la sociedad y la cultura azteca. Es a la vez imagen del cosmos y del hombre concebidos como unidad contradictoria y trágica: «el cosmos es movimiento y el eje de ese movimiento es el hombre», explica Paz (pág. 87). Y continúa: «Después de una peregrinación de varios siglos, los mexica fundaron México Tenochtitlán precisamente en el lugar señalado por el augurio de su dios Huitzilopochtli: la peña en la laguna; sobre la peña, el nopal, planta cuyos frutos simbolizan corazones humanos; sobre el nopal, el águila, el ave solar que devora los frutos rojos; la serpiente; las aguas blancas; los árboles y los yerbales también blancos... *Atl tlachinolli*: 'la fuente muy clara y linda aquel día manaba muy bermeja, casi como sangre, la cual se dividía en dos arroyos y en la división del segundo arroyo salía el agua tan azul que era caso de espanto (...)'». (*Códice Ramírez: Relación del origen de los indios que habitan esta Nueva España, según sus historias*, siglo XVI, México, 1944); (*Vuelta*, págs. 87-88).

Varios elementos integran, en el poema «Vuelta», la concepción del viejo mito sobre la fundación de la ciudad azteca: a) las referencias concretas a elementos de violencia: el sol asfixiante, el viento; la muerte por accidente o por ataque cardíaco («Caer en una oficina / o sobre el asfalto» (pág. 21); b) las voces rituales que aún pueblan todo el aire («se eleva el invisible / follaje de sonidos»); c) la falta de espacio que conlleva la aglomeración urbana («Camino sin avanzar / estoy rodeado de ciudad»); d) la pérdida del contacto con la naturaleza («me faltan / la piedra que es almohada y losa / la yerba que es

---

[23] «México», nos aclara el mismo Paz, «es una palabra compuesta de *metztli* 'luna', *xictli* 'ombligo' y *co* 'lugar': lugar en el ombligo de la luna, es decir, en el ombligo del lago de la luna, como se llamaba al lago de México» (*Vuelta*, pág. 90). Véase también, siguiendo la cita de Paz, a Gutierre Tibón, *Historia del nombre y de la fundación de México* (México, F. C. E., 1975).

nube y agua»); y e) la aparición de lo absurdo y de elementos
oníricos (la continua «Germinación de pesadillas»). Y sobre
el mismo texto (instante) y sobre el mismo espacio coinciden:

> el monumento al Cascabel y a su víbora
> los altares al máuser y al machete
> el mausoleo del caimán con charreteras
> esculpida retórica de frases de cemento.

(pág. 23)

Tres textos conforman el poema: el vocablo «nahuatl»
(*Atltlachinolli*); el poema escrito en español («Vuelta»), y la
alusión al poeta chino «Wang Wei», poema dedicado, aclara
Paz, al Subprefecto Chang (*Vuelta*, pág. 88)[24]. Presentes a la vez
el origen de la antigua ciudad, y su asoladora transformación.
El espacio es así un lugar textual donde confluyen rítmicamente
tiempos y presencias múltiples: históricas, imaginarias, míticas.
Pues el pasado, al igual que el futuro, si bien cambiantes, no
existen: tan sólo el presente, y éste es «intocable» (pág. 25).

En el último pasaje del poema la ruptura con la ortografía
tradicional se instituye en un nuevo elemento retórico. Un paréntesis inicia la parte final. Le siguen cuatro versos en letra
cursiva, una interrogación en el segundo verso, comillas sobre
«éxito» y «fracaso» (dos valores en la movilidad de jerarquía
social), un paréntesis que se cierra en el verso noveno, y un
texto cuya caligrafía lo separa (a excepción de *edén subcon-
vertido*, que aparece subrayado) del grupo inicial. A la vez se
contrastan los cuatro primeros versos con el resto (los veinti-
cuatro restantes), coincidiendo en la simultaneidad, lo mismo
que en el contexto mítico, una poética que es alternancia de
opuestos; a la vez, fragmental:

> (*Preguntas*
> *¿qué leyes rigen «éxito» y «fracaso»?*
> *Flotan los cantos de los pescadores*
> *ante la orilla inmóvil...*).

(pág. 25)

---

[24] Véase *Versiones y diversiones* (México, Joaquín Mortiz, 1974), página 205.

A los dos primeros versos se oponen los dos versos siguientes, no guardando ninguna relación de contigüidad; tan sólo analógica.

El poema es una gran metáfora; lo es su escritura y, sobre todo, su ritmo: un juego sucesivo, como podemos observar en los cuatro versos, de fragmentos inconexos. Imágenes de lo cotidiano y de la jerga publicitaria («éxito», «fracaso»); de relaciones míticas y sagradas («los cantos de los pescadores»); de geografías y fábulas legendarias («ante la orilla inmóvil»). Y, como en el conocido poema «Cuento de dos jardines» (*Ladera este*, págs. 130-41), se suceden en «Vuelta» dos espacios (Mixcoac / México); dos tiempos (el de la escritura; el del mito); tres culturas y varias historias (en la sección final, «Nocturno de San Ildefonso» se alude a los sucesos sangrientos de 1968, y al texto *S/Z* de Barthes). «Vuelta» se definiría así como inmóvil regreso en el presente, que, cíclicamente, se transforma en dinámica espiral: todos los tiempos vienen a ser un tiempo; los espacios, un espacio; el edén original otro, si bien «subvertido» [25].

No hay puntuación en todo el poema. Las letras mayúsculas (o minúsculas) caen caprichosamente sobre adverbios, adjetivos o verbos. Y es la colocación de la palabra en el espacio de la página la que determina su ritmo. El poema se define como una forma en movimiento: en su ordenamiento caben varios textos posibles. La contigüidad de opuestos, que surge al trasbordar espacios, y su correspondiente confusión, contrastan con la transparencia de los vocablos y su ilación gramatical correlativa. Apenas existen estructuras subordinadas. Tal dispersión

---

[25] Sobre la topología «espacio-tiempo-lenguaje», véanse Gérard Genette, «Espace et langage», *Figures I*, págs. 101-108; del mismo «La littérature et l'espace», *Figures II* (Paris, Editions du Seuil, 1969), págs. 43-48. También, Maurice Blanchot, *L'espace littéraire* (Paris, Gallimard, 1955), páginas 11-25; 30; Sucre, *La máscara, la transparencia*, págs. 437-440. Para Michel Foucault el lenguaje del espacio es *medium*, y le son comunes la desviación, la distancia, la intermediación, la dispersión, la fragmentación, y hasta la diferencia. Véase «Le langage de l'espace», *Critique*, 203 (Avril 1964), 378-382.

es emblemática; lo es «Vuelta» como escritura, pues repitiéndose, la dispersión es su significado: la fragmentación [26].

El poema «A vista de pájaro», que abre el libro y que dedica a Guillermo Sucre (pág. 9), poeta y crítico venezolano, se definiría como metáfora de la lectura y de todo lector quien, al igual que el ave de presa, cae verticalmente sobre la página para ascender, «ya sangriento el pico». Pero la página es un espacio difuso, disperso; de ahí que el descenso del lector (siempre subjetivo: la lectura lo es) pocas veces es vertical («apenas línea»). Pues toda lectura es reelaboración, metáfora de otra metáfora; por lo mismo, «dispersión»: «sal dispersa». Siempre establece varias opciones analógicas: la posibilidad de elegir una caída, y de congregar sobre el mapa caligráfico («la página disuelta») la pluralidad de textos que en ella se representan. De ahí que (como en Borges) todo poema pueda ser varios poemas, y que toda «escritura» venga a ser un desciframiento enigmático; a la vez plural. Todo lector viene a ser, de este modo, de acuerdo con Paz, otro poeta; cada poema, otro [27].

---

[26] En *Corriente alterna*, Paz afirma: «Creo que el fragmento es la forma que mejor refleja esta realidad en movimiento que vivimos y que somos». Y en otro lugar del mismo libro: «La exposición más perfecta y viva del espíritu de nuestra época, tanto en la filosofía como en la literatura y en las artes, es el fragmento» (*Teatro de signos*, núms. 3 y 4).

[27] Recordemos los postulados críticos que se derivan del cuento de Borges «Tlön, Uqbar, Orbis Tertius» (*OC.*, págs. 431-443) donde establece, coincidiendo con el pensamiento crítico de Paz, «que todas las obras son obras de un solo autor, que es intemporal y es anónimo» (pág. 27). Lo mismo afirma Paz en *Corriente alterna*, pág. 71. Véase también *Claude Lévi-Strauss o el nuevo festín de Esopo*, págs. 61-62. De acuerdo con Paz, se podría afirmar que todo lector del *Quijote*, pongamos por caso, sería su autor de la misma manera que lo sería (es) el «Pierre Menard» de Borges (*OC.*, págs. 444-450). Véase Gérard Genette, *Figures I* (págs. 123-132). La semejanza entre los textos críticos de Borges y Paz es sorprendente y ha sido explorada, en parte, por Emir Rodríguez Monegal en «Borges y Paz: un diálogo de textos críticos», ensayo publicado por primera vez, en inglés, en el número especial que *Books Abroad* dedicó a Octavio Paz (vol. 46, núm. 4, otoño de 1972, 560-566), recogido poco después, con el título de «Borges and Paz: Toward a Dialogue of Critical Texts» en *The Perpetual Present: The Poetry and Prose of Octavio Paz*, ed. Ivar Ivask (Norman, University of Oklahoma Press, 1973), págs. 45-52.

Y la lectura, del mismo modo que la escritura, se torna una
convocación teatral. Pero este poema no presenta tan sólo una
teoría de la lectura, sino también del acto crítico. Como el
poema, la significación es «cambiante y momentánea», explica
Paz. Brota «del encuentro entre el poema y el lector» [28]. En otro
texto más reciente, al hablar de la crítica hispanoamericana,
afirma: «La creación es crítica y la crítica creación»; y en
páginas anteriores: «Crítica y creación viven en perpetua simbiosis. La primera se alimenta de poemas y novelas, pero a su
vez es el agua, el pan y el aire de la creación» [29]. La crítica no
juzga, recrea; no establece valores, mistifica. Se impone la imaginación sobre la inquisición del texto que se descifra, pasando
a ser ésta una actividad tan imaginaria como la poesía o la
ficción que la motiva [30]. De este modo, y en términos de Paul de
Man, la crítica vendría a ser una metáfora del acto de leer;
y éste, a la verdad, es inexhaustible [31].

La mirada («la lectura») se transforma en ávida contemplación («Furiosamente / gira / sobre un reflejo»), e implica un
vivir con plena conciencia sensual del instante. La poética de
la lectura estaría también relacionada con la concepción temporal de Paz, estableciéndose así series de correspondencias y

---

El mismo texto ha sido incluido recientemente en *Borges: hacia una lectura poética* (Madrid, Ediciones Guadarrama, 1976), págs. 9-40.

[28] *Poesía en movimiento*, pág. 34. Valdría la pena contrastar el juicio
de Paz y Borges sobre el acto crítico con el de Maurice Blanchot en
L'espace littéraire, para quien la lectura crítica es un acto pasivo; nadie
añade y nadie quita a lo que está en el texto (pág. 202). Esta capacidad
de leer un texto como texto, es decir, sin interferir con ninguna interpretación, explica Nietzsche en *La voluntad como dominio* (*Der Wille zur
Macht*, 479), es la última forma de la experiencia interior («*innere Er-
fahrung*»).

[29] *Corriente alterna*, págs. 44 y 40, respectivamente.

[30] Coincide de nuevo Paz con muchos de los argumentos de Borges
sobre la actividad crítica, desarrollados en *El idioma de los argentinos*
(1928) y en el cuento de «Pierre Menard». Véase Emir Rodríguez Monegal,
Borges: hacia una lectura poética, págs. 41-46.

[31] Paul de Man, «Criticism and Critics», *Blindness and Insight. Essays
in the Rhetoric of Contemporary Criticism* (New York, Oxford University
Press, 1971), pág. 107, y en particular, págs. 3-19.

de estructuras afines que definen conjuntamente su lírica y la
defensa de ésta en su «poética». Ya *Vuelta*, en su misma enunciación, define el tiempo como cronología en su primitiva acepción del griego (*Cronos*) como destrucción. Se constituye así
en continua presencia: en instante. Tan sólo en él se da la posibilidad de tiempos, espacios y lecturas simultáneas [32]

LA REALIDAD EN SUS FRAGMENTOS: LA FRASE

En «A la mitad de esta frase...», el presente se diluye de
nuevo en múltiples instantes; la totalidad lingüística, en fragmentos. Sobre la ciudad nocturna (es plena noche), la conciencia
del poeta se instaura como centro en busca del padre: el origen [33]. Pero la misma enunciación del texto se asocia con un
«estar» ya en el presente (sin pasado ni futuro) que condensa
el neologismo, ambiguo y bisémico, «mi nacicaída» (pág. 42).
Componen el poema cinco partes, separadas cada una por un
doble espacio entre verso y verso. Un paisaje nocturno preside
la segunda: una «vuelta» en el recuerdo y en la conciencia («soy
un costal de mis sombras») hacia la primera raíz (el padre)
del que tan sólo quedan: «huesos, trapos, botones; / montón
de polvo súbito / a los pies de la luz». En su mitad, y en un
afán de perpetuar el centro, se destaca el paradigma lingüístico:
la sentencia fragmentada. Pues el estar «A la mitad de esta
frase...», es decir, en el centro del discurso, tiene su equivalencia social e histórica: la ciudad («mi ciudad») como «estela
afrentada», «piedra deshonrada, / nombre escupido», tan sólo
gobernada por la jerga mercantil. Su lenguaje ha dejado de ser
revelación, círculo o comunión. No testifica: carece de sombra.
El poeta se convierte en un triste «jardinero de epitafios» (pá-

---

[32] Sucre, *La máscara, la transparencia*, pág. 432.
[33] El padre de Octavio Paz fue abogado («aparece / la caja desencaja-
da: / entre tablones hendidos / el sombrero gris perla, / el par de zapa-
tos, / el traje negro de abogado» (*Vuelta*, pág. 42), y uno de los promo-
tores de la *Reforma Agraria* (1910-1920). Ver Claire Céa, *Octavio Paz* (Paris,
Ediciones Pierre Seghers, 1965), págs. 18-25.

gina 45). «No hay fin ni principio», se afirma en el primer verso de la tercera parte del poema; tan sólo momento, actualidad. Las palabras yacen vacías, volcadas de significado («nos quedamos con el ruido»; no afirman un «sí» o niegan el «no»); vacilan entre el «sino» o el «entre». La ambigüedad se transforma en una metafísica de la contradicción; en una «pausa» continua:

> No hay fin ni principio:
> > estoy en la pausa,
> no acabo ni comienzo,
> > lo que digo
> no tiene pies ni cabeza.
>
> (pág. 43)

Pero hasta la ciudad («en su delirio circular») repite frases rotas. Su «Historia» es la de los grandes titulares [34], y éstos son la «Historia» del México actual: «Doy vueltas en mí mismo / y siempre encuentro / los mismos nombres, / los mismos rostros / y a mí mismo no me encuentro». Y concluye: «Mi historia no es mía: / sílaba de esa frase rota / que en su delirio circular / repite la ciudad, repite» (pág. 43).

Nostalgia pues de la poesía como presencia; de la unidad como centro; del trazado físico del cuerpo como espejo o reflejo del cosmos. La misma dislocación de textos fraccionados, sus ritmos en *staccato*; los versos impares y reiterativos reflejan la transformación de la ciudad de los aztecas. La especulación es ahora el dios que ordena el juego (un «juego / sin reglas»), y los beatíficos magos, visionarios de la divinidad, se han tornado simples tecnócratas («videntes con anteojos») que planifican y determinan el curso del hombre. Conlleva tal denuncia, e inversamente, la nostalgia por la *Arcadia* del origen. Nombrar

---

[34] «La historia», escribe Paz en *El arco y la lira* (pág. 186), «es el lugar de encarnación de la palabra poética», y distingue entre historia social o colectiva (la Historia) y la personal o biográfica (historia). En relación con la experiencia poética explica en la misma página: «La palabra poética es histórica en dos sentidos complementarios, inseparables y contradictorios: en el de constituir un producto social y en el de ser una condición previa a la existencia de toda sociedad».

es ahora un juego de máscaras: ser «otros». Y la escritura viene a ser expresión (y representación) de la nueva realidad: una concurrencia de disonancias, cacofonías, aliteraciones, inesperadas rupturas; el poema, un ludismo de formas fraccionadas. El texto es el ideograma metafórico de su propia desmitificación: la huida, en el vacío, de una designación a otra. Pero esto no es todo. «A la mitad de esta frase...» es, en su cuarta parte, una alusión también al mito de la «primera palabra» que aún «nadie ha oído». De este modo, la poesía, como el amor, vendría a ser, dentro de la línea de Hölderlin y Heidegger [35] (a los que insistentemente se refiere Paz en sus escritos teóricos), la única realización del ser [36]: la única posibilidad de recobrar el origen perdido (utopía), y restaurar en él la mítica Edad de Oro que tanto fascinó, siglos atrás, a los poetas del Renacimiento. Pero ya no como espacio o tiempo recobrado, sino como rito nuevamente representado: como *verbum*.

Los conceptos de la antropología y de la lingüística [37], al igual que la concepción griega del laborar poético, están virtualmente en juego. La dispersión del significante, desconexo de su significado, explica también las formas abiertas e inconexas; reiterativas y circulares. De este modo, la lírica de Paz se torna heroica búsqueda experimental del lenguaje poético como forma, otorgando de este modo a la palabra (ya «sin sombra») nuevas referencias; y a sus fonemas (apenas «ruidos»), asociaciones únicas. Por otra parte, la mayoría de los versos, superpuestos y discontinuos, distribuidos a veces en dos columnas (lo que ofrece varias posibles lecturas), se relacionan metoní-

---

[35] Véanse en concreto Martin Heidegger, *Holzwege* (Frankfurt am Main, 1950), págs. 296-343; *Vorträge und Aufsätze* (Pfullingen, 1954), páginas 207-282; también Jacob Taubes, «From Cult to Culture», *Partisan Review*, XXI (1954), 387-400; y Octavio Paz, *El arco y la lira*, págs. 144-156.

[36] Sobre el don profético del poeta, escribe Paz: «Las palabras del poeta son también las de la tribu o lo serán un día. El poeta transforma, recrea y purifica el idioma; y después, lo comparte» (*El arco y la lira*, pág. 46). Sobre Hölderlin y el concepto de «representación/interpretación», véase Michel Foucault, *Nietzsche* (Paris, Editions de Minuit, 1967), páginas 189 y sigs.; Maurice Blanchot, *L'espace littéraire*, págs. 283-292.

[37] Véase *Claude Lévi-Strauss o el nuevo festín de Esopo*, págs. 9-71.

micamente en cuanto son fragmentos de un todo (el poema, el libro que los incluye), anulándose así su ilación metafórica. La página, los espacios, la carencia de puntuación, la misma coordinación, reafirman la estética establecida por Paz en poemas anteriores. Recordemos cómo el poema «Blanco» se dobla y desdobla, y cómo el mismo acto de leerlo, y de ir doblando sus páginas, adquiere a su vez significación.

DE LA FIJACIÓN AL MOVIMIEN-
TO: «PETRIFICADA PETRIFICANTE»

Característica de la tercera sección («Petrificada petrificante») es la misma enunciación: un participio absoluto, estático, en tensa contigüidad con la formación dinámica de «petrificante». Su ritmo es alternante, desconstructivo. Lo que establece el primer vocablo lo deniega el segundo, y el proceso puede ser invertido. La condensación implica, en términos fonéticos (en el mismo ritmo aliterado)[38] y semánticos, la dispersión. «Petrificada» (femenino) asocia la solidez del basamento; «petrificante» (neutro), el dinamismo, la ascensión (págs. 47-67). «Petrificada» como imagen asocia la carencia o ausencia de impulsos; el estatismo y la soledad. «Petrificante», por el contrario, implica dinamismo, comunicación. Pero ambas imágenes, como dialéctica de la soledad frente a la convivencia[39], quedaron plenamente fundidas en su gran poema «Piedra de sol». La palabra es también piedra en la connotación bíblica (Mateo, 16, 18); en Paz, un móvil de formas en combinación. Tres poemas son consecuentes con esta (in)movilidad: el dedicado a Jorge Guillén (pág. 49); «3 anotaciones / rotaciones» (pág. 58), y «3 adivinanzas en forma de octágono» (pág. 59).

El poema dedicado a Jorge Guillén es de forma irregular. Está trazado a modo de columna asimétrica en su contorno.

---

[38] Véase sobre la retórica de la aliteración el brillante estudio de Paolo Valesio, *Strutture dell'alliterazione. Grammatica, retorica e folklore verbale* (Bologna, Zanichelli Editore, 1968), págs. 32-92.

[39] *El arco y la lira*, págs. 73; 175-181; *Las peras del olmo*, págs. 117-131.

Varios versos definen la «poética» del poeta español: «en forma de pájaro / la / página / es / piedra y firmamento». El basamento de la columna, es decir, el verso final, lo constituye un semiarco que combina el anagrama «OICAPS E SPAÑA», pero leyéndose el primer término («espacio») de derecha a izquierda, teniendo así una «E» en común con «España», designación que guarda estrecha relación con el nombre de JorgE, con el apellido GuillÉn, y con el acento agudo y ortográfico sobre la vocal tónica (é). La primera palabra (o piedra) de la columna está escrita verticalmente, «Jorge», y las dos últimas de manera horizontal, apuntando el segundo vocablo a la procedencia y origen (tradición, características, motivos); el primero, a sus peculiaridades espaciales y cósmicas: «piedra y firmamento» [40]. Recordemos _Cántico_ de Jorge Guillén, y, por ejemplo, los siguientes versos: «Soy, más, estoy. Respiro. / Lo profundo es el aire. / La realidad me inventa, / Soy su leyenda. ¡Salve! [41].

Cuatro caligrafías escritas a mano se combinan en la erección de la columna. Una en letra negra, bastardilla, de trazados finos y delicados, inscrita verticalmente, con siete versos y ocho vocablos: siete monosílabos y un bisílabo. En el segundo grupo, la grafía es más amplia. Los vocablos están escritos en letra redondilla, con tinta china, y trazados con el punto de la pluma

---

[40] Recordemos de nuevo el poema «Piedra de sol» de Paz, y la importancia que la «luz y la piedra» adquieren en todo el poema: elementos cósmicos que se asocian con la esencia del lenguaje poético. Coincide Paz en este sentido con Jorge Guillén, al igual que en la presencia evocadora del pasado «primitivo», motivo del primer período de Picasso. Escribe en este sentido Guillén en el poema «Alba del cansado» (en la sección «..._Que van a dar en la mar_, de _Clamor. Tiempo de Historia_, 1960): «Tan viejo / Soy que yo, yo vi pintar / En las paredes y el lecho / De la cueva de Altamira».

[41] Del poema «Más allá», incluido en la I sección de _Cántico. Fe de vida_, titulada «Al aire de tu vuelo» (Buenos Aires, Editorial Sudamericana, 1962), pág. 18. Sobre la circularidad espacial en la poesía de Guillén, véase George Poulet, _Les métamorphoses du cercle_, págs. 514-518. Véase una crítica al análisis de Poulet en Philip Silver, «Poulet, Guillén y la imaginación poética española», _Revista de Occidente_, núm. 112 (1972), 79-85, y la réplica a éste, de Elsa Dehenninn, «J. Guillén, G. Poulet et l'étrange défi de Ph. Silver», _BH._, LXXVIII (Juillet-Dec. 1976), 373-380.

plano. Lo inicia el vocablo horizontal «Guillén», y lo constituyen cuatro versos y ocho palabras. La escritura disminuye de
tamaño progresivamente (dentro del grupo) para hacerse más
amplia en los dos últimos versos. Las letras van sueltas, sin
ilación entre ellas. Al tercer grupo, en letra cursiva, le pertenecen cuatro versos, escritos también con caracteres negros:
«en forma de pájaro / piedra y firmamento / negro y oro /
arcos dobles». Definen el cuarto grupo las letras mayúsculas
espaciadas «E N E», que ofrecen una combinación dual en la
lectura del último verso. Cuatro tipos, por tanto, de caracteres
gráficos (bastardilla, redondilla, cursiva y mayúsculas) [42]; ocho
versos horizontales en el primer tipo, ocho verticales en el
tercero, y posibles lecturas que el lector puede ordenar y es-
coger para formar una columna de palabras que es «Jorge
Guillén», a él mismo dedicada. Un juego no sólo de formas
superpuestas; también de caligrafías, de plumas (*stilus* en la
acepción latina), y de variedad de piedras (según su colocación
u orden) en el trazado vertical. El móvil es aquí una columna
asentada sobre un espacio figurado («España») y en blanco: la
página. Las imágenes «cielo / tierra», y la perpendicularidad
de la columna (una fusión de distintas escrituras), conllevan
a la vez una asociación erótica. En cuanto que el erotismo implica en Paz la perpetuidad del presente y, sobre todo, la transcendencia del hombre más allá de sus huesos (o más allá de su
historia, diría don Miguel de Unamuno). Y al igual que la escritura se ordena eróticamente, sobre la página el hombre reedifi-
ca su historia y su presente como un perpetuo instante en el
contacto amoroso. La ordenación de este poema/columna, cifrado sobre el espacio (dos objetos) que nos da la propia lectura,
sería también un acto amoroso, ritual. Similar al acto personal:

---

[42] Varios colores (negro, rojo, blanco y amarillo; en el texto también
aparece el verde), y cuatro tipos de letra impresa (versalitas, redondas,
negritas e itálicas), distinguen al poema *Blanco* de Paz, que se abre con
un epígrafe de Stéphane Mallarmé («Avec ce seul objet dont le Néant
s'honore»), y una sentencia tomada de *The Hevajra Tantra*: «By passion
the world is bound, by passion too it is released» (ed. y estudio de D. L.
Snellgrove, Londres, 1959).

a la celebración erótica de dos cuerpos sobre un espacio (el ser del tiempo), o como en Guillén, en la contemplación amorosa de la realidad circundante.

El mismo juego combinatorio lo ofrece «3 anotaciones / rotaciones» y «3 adivinanzas en forma de octágono» [43]. La iniciación numérica en el primero, la alusión al «retrato» como doblamiento, implícito también en el pronombre personal «tú» [44], colocados ambos en la columna del centro, y la relación mutua con los tres grupos de la derecha y los tres de la izquierda (un total de nueve), definen al poema como un móvil rotativo: un mandala verbal [45]. La unidad en la pluralidad, referida numéricamente («*1 dos en uno*»), y pronominalmente («a mí», «a ti»); la asociación arquetípica de lo femenino como centro («Baja desnuda»); la dualidad «luna», «mujer» y, en particular, la alusión al mito de Narciso («al mirarme»; «te miras»), confieren al móvil una rica configuración simbólica. El amor («la mujer»), como el mito («la luna») [46], une al yo con su pasado y con su opuesto, en busca de su «otro» (que es él mismo), pero en constante regreso o rotación hacia (sobre) el uno: «dos en uno» [47]. El poema implica un constante movimiento giratorio.

---

[43] Acompañan a estos textos, escribe Paz en las «Notas» (pág. 90), tres diseños móviles, y en color, de Toshihiro Katayama. «Es un juego», nos explica, «que continúa la experiencia de *Discos móviles*, hechos en 1968, en colaboración con Vicente Rojo». El poema, nos aclara, fue publicado en 1974 (*Carpenter Center for the Visual Arts*, Harvard University).

[44] Émile Benveniste, *Problemas de lingüística general*, págs. 161-187.

[45] José and Miriam Argüelles, *Mandala*, introd. Chögyam Trungpa (Berkeley and London, Shambala Publications, 1972), págs. 53-76; Mirce Eliade, *The Two and the One* (New York, Harper Torch-books, 1969), págs. 189-211; Heinrich Zimmer, *Philosophies of India*, ed. Joseph Campbell (New York, Meridian Books, 1958), págs. 560-602. Dentro de la cultura azteca, véase H. Beyer, *Mito y simbolismo del México antiguo* (México, Sociedad Alemana Mexicanista, 1965); Alfonso Caso, *Aztecs: Peoples on the Sun* (Norman, University of Oklahoma Press, 1967).

[46] *Dictionary of Folklore, Mythology and Legend*, ed. María Leach (New York, 1949), págs. 743b-745a.

[47] La «otredad», escribe Paz en *El arco y la lira*, «está en el hombre mismo. Desde esta perspectiva de incesante muerte y resurrección, de unidad que se resuelve en 'otredad' para recomponerse en una nueva unidad, acaso sea posible penetrar en el enigma de la 'otra voz'» (pá-

El hilo que lo sostiene (su eje) sería el centro («*1 dos en uno*»)
a través del cual se define toda una visión cósmica y antro-
pológica. Pero es también el lector quien, combinando visual-
mente los distintos grupos de frases, hace del poema una metáfora del acto que implica su lectura [48].

Sin embargo, es el poema siguiente el que exige una parti-
cipación más activa. Se le pide al lector / autor que «Coloque
cada una de las 8 frases en cada una de las 8 líneas, de modo
que, leídas del 1 al 8, formen dos oraciones paralelas» (pág. 59).
Forman las líneas una rueda octagonal con un punto común

---

gina 176). Páginas más adelante: «El hombre se realiza o cumple cuando
se hace otro. Al hacerse otro se recobra, reconquista su ser original, anterior a la caída o despeño en el mundo, anterior a la escisión en yo y
'otro'» (pág. 180).

[48] La afiliación, en este sentido, con la poesía concreta brasileña es
obvia; en la línea a la vez de *Mobile* de Michel Butor (Paris, Gallimard,
1962); *Compact* de Maurice Roche (Paris, Editions du Seuil, 1966) y *Lois*
de Philippe Sollers (*Tel Quel*, Été 1971, núm. 46, págs. 3-9). Sobre el primero,
véase Augusto de Campos, «A prosa é mobile», *Suplemento Literario*
(*Estado de São Paulo*) (23 y 30 de marzo de 1963); sobre el segundo,
Haroldo de Campos, «A pele da escritura», *Suplemento literario* (11 de oct.
y 1 de nov. de 1969). Una teoría sobre el movimiento brasileño la presentan,
en conjunto, Décio Pignatari, Haroldo de Campos y Augusto de Campos,
Teoria da poesia concreta; textos críticos e manifestos. 1950-1960 (São
Paulo, Edições Invenção, 1965). La línea de Joyce en *Finnegans Wake*, lo
mismo que Mallarmé (*Un coup de dés*), los *Cantos* de Ezra Pound, e
incluso la poesía gestual de e. e. cummings, a quien Paz conoce muy
bien, están detrás de este movimiento. Véase Haroldo de Campos, *Meta-
linguagem* (Rio de Janeiro, Editôra Vozes Limitada, 1967). Los poemas-
móviles de Paz (véase nota 43), recuerdan la técnica del gran poema-
mural de Pignatari, «Estela Cubana» (1962) que, a modo de gran epopeya,
gira alrededor de tres ejes tipográficos: oraciones intermitentes en latín,
inglés y portugués, reproduciendo a la vez fragmentos de la fábula de
Esopo «El lobo y el cordero» («Lupus et agnus»). La inscripción de este
texto, en tres lenguas, nos recuerda *Renga* de Octavio Paz (Paris, Editions
Gallimard, 1971), si bien teniendo en cuenta el sello oriental (japonés)
que define su mismo título. También al poema trilingüe «Cidade-city-cité»
de Augusto de Campos. Una enorme palabra polisilábica (todo el poema)
va sugiriendo el aterrador diorama de las megápolis: New York (*City*),
São Paulo (*Cidade*) y París (*Cité*). Véase una breve exposición del movimiento en Armando Zárate, «Devenir y síntoma de la poesía concreta»,
Revista Iberoamericana, XLIII, núms. 98-99 (enero-junio de 1977), 117-148.

en el centro. Las posibles combinaciones para formar «dualidades» oracionales incluyen los puntos cardinales, la frase evan-
gélica, los cinco sentidos y sus verbos respectivos. El texto (el
poema) no existe como tal, por lo que se ha anulado, conse-
cuentemente, su autor. Hay que hacerlo a base de posibles relaciones analógicas, semánticas, etc.; de acuerdo con el gusto o
preferencias de cada participante (recordemos en este sentido
la «Máquina de Trovar» de Jorge Meneses, de Machado). Por
lo que el poema viene a ser un continuo hacerse; su lectura,
una continua re-creación. Cada lector crea su propio poema,
y éste viene a ser expresión (como en Machado) de su subjetividad; una lectura multiplicada. Técnica ésta experimentada,
ya en parte, en el poema «Salamandra» [49], en donde la dispersión semántica y la fragmentación buscaban, a través de posibles combinaciones (ahora obvios «juegos visuales»), múltiples
niveles de significación. Pero aquí el centro es un punto siempre
en desplazamiento, y en relación con los varios extremos hacia
los que apunta. Sin embargo, en la elección se instaura también
el azar, que, como en el poema de Mallarmé («*Un coup de
dés*»), es el único orden existente. Y éste rige a su vez al lector
que lo compone.

«NOCTURNO DE SAN ILDEFONSO»

La confusión se impone de nuevo en esta «cuarta parte» de
Vuelta [50]. Alude el título al antiguo colegio de los jesuitas, cons-

---

[49] Véase Ramón Xirau, «Salamandra», *Aproximaciones a Octavio Paz*,
págs. 184-186; y del mismo, *Octavio Paz: el sentido de la palabra* (México,
Editorial Joaquín Mortiz, 1970), págs. 88-91.

[50] La primera versión, con fecha del 10 de marzo de 1974, se publicó
en *Plural*, núm. 36 (12/15 de setiembre de 1974), 24-27. La versión incluida
en *Vuelta* se amplía en setenta y dos versos; expande varios motivos;
cambia de lugar el verso en la página o lo fracciona. Ambas versiones las
incluye Jorge Rodríguez Padrón en *CHisp.*, núms. 343-345 (enero-marzo
de 1979), 615-628.

truido a mediados del siglo XVII, y ocupado en 1932 (estudios superiores de Paz) por la Escuela Nacional Preparatoria (véase pág. 90, nota). El extenso poema se divide, como ya indicamos, en cuatro partes simétricas. Consta la primera de cincuenta y cinco versos, incluidos en tres estrofas; la segunda, de ciento dos, y cinco estrofas; la tercera, de ciento catorce, y cuatro estrofas; finalmente, la cuarta, de setenta y siete versos, distribuidos en tres estrofas. El recorrido por la ciudad azteca, motivo de la segunda parte, es proporcional en sus cinco estrofas: tres de veintiún versos; una de veintitrés; otra de dieciséis. El caminar nocturno (el poema) se divide de acuerdo con las diversas estancias de la gran metrópoli: a) el México de 1931, con su pasado azteca y colonial; b) la ciudad industrial, cuyo centro (plaza del Zócalo) se halla perdido entre los altos edificios que cerca se levantan. Pero más vívida es la imagen de dispersión que causa la aglomeración y el ruidoso tráfico.

Como vemos, «Nocturno de San Ildefonso» asume los varios temas del libro. La metáfora de la fiesta nocturna, en forma de luces de cambiantes colores, de anuncios publicitarios («caligrafía de alto voltaje»), conlleva de nuevo la confusión: la dispersión de los signos y, sobre todo, la desintegración cultural. La ciudad nocturna, vista a través del marco de la ventana, es un fulgurante lanzamiento de anuncios: de «incendios giratorios». Tal espacio, como en otros poemas de Paz, dobla otro: el de la página en blanco («primera parte»), símbolo de la realidad externa que copia e inventa a la vez. Pues en ella «pululan» también, a modo de agitado hormiguero, los signos. Pero en su centro (el agujero) se ha establecido el vacío: la ausencia. En ella se hunde (es la noche alegórica) el poeta. De este modo, buscar sentido a la realidad nocturna (un arduo recorrido por el «túnel»: la ciudad en sombra) implica la ordenación de sus signos, pero no tan sólo en el espacio; también en la historia, en el tiempo. La noche es a la vez la mítica ara del sacrificio, alimentado continuamente por la lumbre de tantos «alfabetos» ardientes:

                                        El espacio
     se hace y se deshace.
                         La noche insiste,
         la noche palpa mi frente,
                              palpa mis pensamientos.
     ¿Qué quiere?

                                                    (págs. 72-73)

El nuevo sacerdote es llamado a participar en el festivo
ritual: la instauración del viejo orden en los signos. De este
modo, en su deambular nocturno, hacia el alba (cuarta parte),
va inventariando la realidad que la memoria o las sensaciones
le asocian. El final del poema coincide con el «clarear» del día;
con el cuerpo de la mujer que yace tendida en el lecho, y cuyo
cuerpo la luna ha ido amorosamente delineando a modo de
inmutable cosmos. Ella es también aquel «otro» que le acoge,
al otro lado del túnel, al principio del poema. Es la plenitud: el
logro transcendente. En ella se encuentra el poeta a sí mismo
en su ser. Por lo que *Vuelta* viene a ser, en su último verso, un
canto al sosiego erótico; a esa fuente en la noche: «su fluir
sosegado».

El transcurso por la ciudad nocturna vino a ser un proceso
de reconstrucción, a través de la evocación («segunda parte»),
en la presencia, de un pasado nuevamente actual. Pero en aquel
entonces (pág. 74) el «sol» era el «tiempo»; éste, «piedra»;
ésta, «cuerpo»; «Estas calles fueron canales. / Al sol, / las
casas eran plata: / ciudad de cal y canto, / luna caída en el
lago». Mas el presente es ahora oprobio. Impera el espectro
de la muerte (los niños hambrientos); la convocación lasciva
del baile (pág. 73); los «insectos de ojos malignos» (el tropel
de automóviles); los «gusanos gigantes» (autobuses). Las letras
yacen «petrificadas»: inmóviles, vacías. De la «cultura» (el lenguaje) tan sólo quedan sus fragmentos. Pero lo mismo sucede
con el proceso histórico («tercera parte»), disgregado ya a partir
del pasado colonial: con sus conceptos sobre la moralidad y los
valores éticos; con los actos del individuo, atosigado de fana-
tismo religioso; de tozudez teológica. La degradación fue, de

acuerdo con el poema, total: abarcó a toda la sociedad. Transformó la inocencia en culpa; el error en historia. El gran cambio (nueva epifanía que augura el poeta) radicará en la verdad lírica. Pues ésta se instala fuera del tiempo: en el siempre «instante». En la palabra radica la libertad: el gran don fraternal de la comunicación. Se vale de nuevo Paz de los postulados románticos y surrealistas en la definición demiúrgica de la poesía. Pensamiento que, como anotamos, cunde en su «poética».

Las similaridades aquí con Antonio Machado, aunque brevemente, son dignas de anotar. En el concepto, por ejemplo, del amor como vía de comunicación (el acto erótico es una búsqueda del «sí mismo»); en la unión con la mujer como confirmación plena del ser; como figura ésta (en Abel Martín) de la «otredad universal» (*OPP.*, págs. 293-312). A éste le dedica Paz una frase cabal («la palabra, de la caridad») en uno de sus primeros ensayos críticos dedicados a Machado [51]. Para Martín el objeto erótico se convertía, en última instancia, en la objetividad. Y en esta búsqueda del «otro» define Paz el acto poético (*El arco y la lira*, pág. 261). Pues el amor (no lo olvidemos) es tema fundamental en el poeta mejicano. El erotismo, afirma, es una garantía hacia la plenitud del ser. «Ser es erotismo», afirma en *El arco y la lira*; y la palabra, el único camino hacia el «otro» (págs. 180-191). Define así al hombre como cambio y temporalidad, y tan sólo en la «otredad» (como en Machado) se constituye su manera propia de ser. Para ambos es la poesía palabra en el tiempo. Pero Paz da un paso más: la palabra es tiempo. En ella se acondiciona, a la vez, la posible libertad del hombre, de acuerdo con el título de su colección de poemas, *Libertad bajo palabra*. Y como en Borges, la palabra es a la vez un tejido («máscara») que oculta el sentido más secreto («Máscaras del alba», *Libertad bajo palabra*, págs. 213-216), ya que el poema (en ambos) no es tan sólo lo escrito; también aquello que bajo él yace oculto: lo que nunca se llegó a decir: el significado ausente. «La escritura», afirma Paz, «reposa en

[51] *Las peras del olmo*, págs. 167-174.

una ausencia, las palabras recubren un agujero» [52]. Manifiesto que coincide con la conclusión final de Borges en «La muralla y los libros» (*Otras Inquisiciones*, 1952), donde explica: «esta inminencia de una revelación, que no se produce, es, quizás, el hecho estético» (*OC.*, pág. 635). Más extensa se podría hacer esta comparación. En el uso, por ejemplo, del espejo: en ambos como símbolo de la despersonalización. Pues, como en Borges, detrás del «doble» que se ve reflejado hay, de acuerdo con Paz, «nadie»; detrás del «espejo» existe tan sólo la «nada»: «De una máscara a otra / hay siempre un yo penúltimo que pide. / Y me hundo en mí mismo y no me toco» («Espejo», *Libertad bajo palabra*, págs. 55-56, vers. 29-31).

El imaginario discurrir nocturno, en esta cuarta parte de *Vuelta*, no fue menos metafísico, temporal e histórico. Poesía, verdad, moralidad, religión e historia, al igual que el amor, y el complejo valor semiótico de la palabra (como piedra, página y tiempo; como cultura) fueron los verdaderos móviles que originaron el alegórico deambular (como experiencia y como texto) de esta «vuelta». Transfiguró Paz en ella el espacio que le dio forma, y la convirtió por medio de la palabra lírica en «verdad del tiempo no fechado»: en mito. En este sentido, *Vuelta* no fue ruptura, sino más bien testificación de textos precedentes; tampoco *parábasis* (transgresión), sino recurrencia, repetición: simplemente «vuelta».

---

[52] Declaración recogida en el periódico *El País* («Borrador»), en su sección «Arte y Pensamiento» (Madrid, 13 de noviembre de 1977). Cita que tomo de Jorge Rodríguez Padrón, *CHisp.*, núms. 343-345, págs. 608-609, nota 11).

VII

LAS PARODIAS DE LA «OTREDAD»: *ANTOLOGIA TRADUCIDA* (1972) DE MAX AUB

«en lo que ha sido me hundo
pagando lo que fui»
(*Antología traducida*, I, pág. 148)

Los varios textos (de Gracián, Santiago de Alvarado y Ortega y Gasset) que, a modo de epígrafes, abren la novela de *Jusep Torres Campalans* de Max Aub, publicada por primera vez en México, en 1958, constituyen una «poética» del acto literario. Explican, en concreto, la composición de *Antología traducida*. El enfoque de una realidad desde una perspectiva individual caracteriza la concepción filosófica de Ortega y Gasset. En *Papeles sobre Velázquez y Goya* [1] habla éste de la visión implícita en el acto estético: cada obra de arte viene a ser «un trozo de la vida de un hombre». Su conjunto circunstancia la variada contradicción de la vida del individuo. El fraccionamiento temporal o la misma situación del yo subjetivo delimita la percepción global. Tan sólo a base de múltiples reflejos (en el agua, en el espejo, en el coselete) [2] se puede representar, de

---

[1] José Ortega y Gasset, *Papeles sobre Velázquez y Goya* (Madrid, Revista de Occidente, 1950), pág. 22.

[2] Sobre el concepto de la «representación en la representación», y donde el revés del coselete del pintor adquiere igualmente significación

acuerdo con el pintor que Gracián describe en *El Criticón* («Dedicatoria de la tercera parte»), «todo aquel relevante de bellezas». Pues tal vez, concluye, «la grandeza del objeto suele adelantar la valentía del concepto»[3]. A tal concepción dialéctica de los contrarios alude el texto de Alvarado (*Nuevo mundo caduco y alegrías de la mocedad en los años de 1781 hasta 1792*): «¿Cómo puede haber verdad sin mentira?». Así, pues, si la literatura debe ser explicada, de acuerdo con nuestra previa observación, en los términos por ella misma empleados[4], la presentación de variados textos y autores (máscaras), explicarán, fraccionalmente, su realidad literaria: la textualidad, en este caso, de *Antología traducida* de Max Aub. También los sesenta y un poetas (número impar y excesivo; no contamos los textos anónimos) como variadas perspectivas (o modalidades de estilo) que, de acuerdo con los epígrafes, definirían las múltiples caras de quien en ella se presenta: Max Aub como poeta, antólogo y traductor.

Poco se ha escrito sobre el Max Aub poeta. A caballo entre dos continentes (Europa, América), nacido en París, de padre alemán y madre francesa, reside en Valencia en sus años de adolescencia y mocedad. Activo participante en la política, sufre las consecuencias del «trastierro», y la búsqueda de un centro ausente: su nacionalidad. Escritor prolífero, se presenta en sus primeros años con una prosa exquisita y refinada. En *Geografía* (1929), y en *Fábula verde* (1933), idealiza, simbólicamente, paisajes, personajes y situaciones extrañas, míticas: viajes, despedidas, recuerdos, añoranzas. Sin embargo, la presencia de Max Aub en el espacio poético (o crítico) apenas ha sido percibida. Sagaz, sutilmente irónico, muy al día, se le recuerda por su narrativa —trilogía sobre la Guerra Civil Española—, o por su biografía imaginaria: *Jusep Torres Campalans*. A un lado queda el autor teatral, el historiador literario, el ensayista, el

---

como envés del cuadro, véase Michel Foucault, «Las Meninas», en *Las palabras y las cosas*, págs. 13-25.

[3] Edición con introducción y notas de Evaristo Correa Calderón, vol. III, pág. 10.

[4] Lionel Trilling, *Más allá de la cultura y otros ensayos*, pág. 32.

crítico de arte, el pintor y el traductor de cuentos y poemas
apócrifos.

* * *

La primera edición de *Antología traducida* aparece en México, en 1963. Le sigue una segunda, aumentada, que sale en
Barcelona, en 1972. Libro paradójico. Se coleccionan «poetas
menores» que tan sólo escribieron un poema (tal vez dos o
tres), pero que resultan (caso curioso) «tan buenos como los
mejores» (pág. 7). Sobre las propias aspiraciones del antólogo
se escribe en el prólogo: «Escribí muchos renglones cortos
con la esperanza de que fuesen versos. Joaquín Díez-Canedo
me los echa siempre en cara. Sin más dificultad que la tristeza,
acabó por convencerme. Entonces me puse a mal traducir estos
poemas segundones que posiblemente tampoco tienen interés»
(pág. 8). Admitida la frustración de Max Aub como poeta (y
hasta veladamente como antólogo y traductor) le queda tan
sólo la bufa lúdica y humorística: la mascarada literaria. De
la «Nota preliminar» (págs. 7-9) nos importa destacar: a) que
Max Aub se reconoce a sí mismo «mal poeta»: carece de oído
y ritmo para ajustar palabra con idea; b) que su traducción
es un abierto «fraude» al lector: del poema que indica «mal
traducir»; del mismo proceso (omite fragmentos); de la presentación de cada poeta (a veces burlesca) en escuetas viñetas
biográficas: todos dignos de ignorarse o de «dudoso interés».
Sin embargo, y pese a la nula autoridad estética del proyecto
(su auto-parodia), se agradecen, siguiendo la norma académica,
las ayudas recibidas. A Howard L. Middleton, especialista en
lenguas y literaturas eslavas; a Juan de La Salle, conocedor del
árabe y del sánscrito, colaborador con el insigne orientalista
Lévi-Provençal. Y el mismo antólogo incluye su *alter ego*: Max
Aub (págs. 148-149). De éste se escribe: «Aunque sale su nombre
con cierta periodicidad sospechosa en libros y revistas, no se
sabe dónde está. Lo único que consta es que escribió muchas
películas mexicanas carentes de interés. Nadie le conoce. Sus
fotografías son evidentes trucos» (pág. 148).

Se da al traste a su vez con el concepto de distinción que conlleva el verse incluido en tales publicaciones; con las consecuentes polémicas nacidas a partir de una omisión (deliberada o inocente); con el número de poetas incluidos (generalmente un número par: diez, veinte, etc.), y hasta con los testimonios o manifiestos (con frecuencia altisonantes) que cada poeta presenta a modo de «Poética». *Antología traducida* viene a ser una desairada parodia al rito de la personalidad: un canto a la modestia, inadvertida o ignorada; a lo que Max Aub como «poeta mediocre» pudo llegar a ser: un mal traductor de versos apócrifos y de poetas menores: él mismo en sus «otros». Se destacan en las breves viñetas introductorias los rasgos pintorescos o anecdóticos. Abundan los judíos y los conversos; los perseguidos por la Inquisición (págs. 85-88), los desterrados y suicidas (pág. 63), y hasta los dementes (pág. 137). A los personajes históricos (Vladimir Nabokov) se les asigna un texto apócrifo. A Guilhaume de Bourgogne (págs. 70-71) o a Ramón de Perpiñá (págs. 46-47), textos que nunca escribieron.

El truco de las «fotografías» que el Max Aub poeta se asigna («son evidentes trucos», comenta el antólogo); o el que ni se sepa dónde está, y hasta el que tenga un homónimo que, al parecer, no le pertenece (Leandro Fernández Moratín) asocian *Antología traducida* con *Jusep Torres Campalans* y, a su vez, con el género de la biografía imaginaria: variada y compleja en su poética [5]. Los ejemplos son numerosos: de *Monsieur Teste* de Valéry y Marcel Schwob en *Vies imaginaires*, a *Ficciones* y *El Aleph* de Borges. Participa también, y dentro de la lírica, de la tradición de los poetas trovadores provenzales, donde el esquema biográfico (generalmente logros o fracasos amorosos) forma parte de la escenificación del texto.

Ya en *Jusep Torres Campalans* (Barcelona, Editorial Lumen, 1970) mezclaba Max Aub personajes históricos y ficticios; hechos acaecidos con otros imaginarios. El nacimiento de Jusep, por

---

[5] Véanse Manuel Durán, Margery A. Safir, «Acerca de Max Aub, Jorge Luis Borges y las biografías imaginarias», *La Palabra y el Hombre*, 2.ª época, núm. 14 (abril-junio de 1975), 62-68.

ejemplo se inscribe en el mismo registro en que aparecen los nombres de Ricardo Güiraldes, Diego Rivera, Rodolfo Usigli y Jorge Icaza (pág. 60). Sus amigos son conocidos artistas (Picasso, Braque, Mondrián)[6]; o críticos literarios de renombre (tal como Jean Cassou, amigo éste de don Miguel de Unamuno en sus años de destierro en París; personaje en *Cómo se hace una novela*)[7]; o hasta de famosos funcionarios consulares. Alfonso Reyes tramita a Jusep los documentos de visado y entrada en México. Pero la novela superpone a la historia del pintor la del propio Max. Jusep es el pobre pintor jubilado con el que coincide Aub en una conferencia celebrada para conmemorar el 350 Aniversario de la publicación de *Don Quijote*. Y a partir de este encuentro se propone Max contar la vida del pintor. Recorre los lugares que habitó; consulta a amigos que le conocieron y trataron, y detalla con cuidado el proceso de la confección del libro. Esfuerzo paralelo en este sentido al llevado a cabo en *Antología traducida*: dificultades en poder documentar con detalle la biografía de un poeta; o en llevar a cabo una traducción perfecta (del caldeo, arameo y chino al sánscrito y ruso). A través de *Antología traducida* se recorren varios caminos: el de los poetas incluidos (biografías, traducciones, textos); las dificultades que se tuvieron que superar en la obtención de los textos; la inclusión del propio antólogo como autor («mediocre» según aquél) y como colega de otros poetas incluidos, con experiencias en común (págs. 139-141; 150-152). Se funde así el plano de la realidad textual con el de la figuración imaginaria de cada poeta. Y viceversa.

Los casos comparables son, a veces, recientes. Recordemos al Antonio Machado poeta apócrifo, incluyéndose como tal en *Los Complementarios*; a Borges dialogando con sus amigos y críticos en *Ficciones* («Tlön, Uqbar, Orbis Tertius») y en *El Aleph* («La otra muerte»); a don Miguel de Unamuno incluyén-

---

[6] Gustav Siebenmann, «Max Aub, inventor de existencias (acerca de *Jusep Torres Campalans*)», *Insula*, núms. 320-321 (julio-agosto, 1973), 10-11; José Luis Cano, «Max Aub, biógrafo; *Jusep Torres Campalans*», *Insula*, núm. 288 (noviembre, 1970), 8-9.

[7] Miguel de Unamuno, *Cómo se hace una novela*, págs. 39-46; 47-58.

dose como personaje en *Niebla* y, finalmente, en *Cómo se hace
una novela*; a don Quijote y Sancho oyéndose en boca de otros
en la «Segunda parte» de *Don Quijote*, por tan sólo mencionar
varios casos ejemplares. «Somos biblios», afirmaba en este
sentido Unamuno en *Cómo se hace una novela*, «y podemos
decir», continúa, «que en el principio fue el Libro o la Historia.
Porque la Historia comienza con el Libro y no con la Palabra,
y antes de la Historia, del Libro, no había conciencia, no había
espejo, no había nada» [8]. Y si adquirimos conciencia de ser
en cuanto leemos, la lectura nos sitúa, de acuerdo con Borges,
en el mismo nivel de la ficción. En el breve ensayo «Magias
parciales del *Quijote*», incluido en *Otras Inquisiciones* (*OC.*,
págs. 667-69), se pregunta: «¿Por qué nos inquieta que el mapa
esté incluido en el mapa y las mil y una noches en el libro de
Las Mil y Una Noches? ¿Por qué nos inquieta que Don Quijote
sea lector del *Quijote*, y Hamlet, espectador de *Hamlet*? Creo
haber dado en la causa», concluye, «tales inversiones sugieren
que si los caracteres de una ficción pueden ser lectores o espectadores, nosotros, sus lectores o espectadores, podemos ser
ficticios» (pág. 669).

Y, como en *Jusep Torres Campalans*, abundan en *Antología
traducida* las notas eruditas. Si, por una parte, intensifican
éstas el sentido de ilusión de una realidad parodiada, por otra
ponen en entredicho el afán erudito de la investigación literaria y filológica, incapaz en último término de verter un texto
en toda su compleja y plural significación. Se justifican de este
modo los textos abreviados o truncos; la supresión, incluso,
de vocablos esenciales. Pero, al igual que los cuadros que figuran en el catálogo de *Jusep Torres Campalans* (págs. 333-44)
son auténticos (los pintó el propio Max Aub), no menos lo son
los textos que se incluyen en *Antología*. Sin embargo, y al contrario que en la novela, donde se narra toda una biografía *in
extenso* (de la adolescencia a la vejez), las notas biográficas se
quedan aquí in ingeniosas viñetas pintorescas de tipos y figuras
estrafalarios. Se realzan, como en Quevedo o en los esperpentos

---

[8] *Ibid.*, págs. 63-64.

de Valle-Inclán, los defectos físicos (uno es la cojera), los vicios
de la carne, las creencias religiosas, lo esotérico de una filosofía.
Detalles que, como en el relato de «El Inmortal» de Borges,
incluido en *El Aleph* (*OC.*, págs. 533-44), configuran la posibilidad, múltiple y nula a la vez, de ser «Todos» y «Nadie»; de
escribir constatando así la propia muerte al incluirse, ya *persona*, en el mismo texto. Se apunta a la vez a la dependencia
entre lecturas llevadas a cabo (influencias, historia particular,
circunstancias sociales) como determinantes en la realización
de la escritura.

* * *

Veamos algunas de las «peculiaridades» textuales de *Antología traducida*. Existe aquí el poema escrito en imitación de
otro poema. Así, Yojanan Ben Ezra Ibn Al-Zakkai, un sefardí
nacido en Salónica, anota puntillosamente Max Aub, presenta
su «imitación» de Yehuda Halevi (págs. 80-84). Lo mismo sucede con Pietro Simonetto, de quien escribe: «Tradujo muchas
novelas inglesas. Lo que sigue pertenece a una comedia publicada en 1785 —*El nigromante*—, tal vez traducción o arreglo de
una isabelina, hoy perdida» (págs. 90-91). Tal retórica de la
simulación (la traducción de una traducción) es conocido *topos*
en las letras contemporáneas. Carlyle finge, por ejemplo, que
Sartor Resartus es la versión parcial de una obra publicada en
Alemania, por el raro doctor Diógenes Teufelsdröckh. Conocidos
son los repetidos trucos en la narrativa de Borges. Muestra en
una ocasión cómo Moisés de León, rabino castellano, compuso
el *Zohar o Libro del Esplendor*, que divulga como obra de un
rabino palestino del siglo III (*OC.*, pág. 668). Datos que él toma,
nos indica en «El idioma analítico de John Wilkins» (*OC.*, página 707), de un libro impreso en Buenos Aires, en 1886, titulado
El curso de lengua universal del doctor Pedro Mata. En *Sub-
versiones* (Madrid, 1971) presenta Max Aub la «Poética» de Abel
Jaldún (págs. 13-17), preceptista árabe especialista en el zéjel,
traduciendo (por primera vez, anota Max Aub), sus cantos y
plegarias (págs. 21-41).

Pero no menos destacable es, en este sentido, la presentación en *Antología traducida*, del poeta belga Robert Van Moore Dupuit (pág. 107). Incluye a la par con su traducción cuatro versos de Quevedo para expresar aquello que el poeta quiso decir, pero no acertó a decirlo tan bien. El fragmento de Quevedo, intencionadamente mutilado, procede de la silva «Roma antigua y moderna» (*Obras Completas. I. Poesía original*, número 137), incluida en *Poemas morales* [9]. El primer cuarteto (endecasílabo perfecto) queda desfigurado. La alteración llevada a cabo por Max Aub (véase pág. 108, nota) da al traste con la perfección formal: suprime varios vocablos («un tiempo», ver. 2; «pobre», ver. 3) y altera la voz del emisor. En Quevedo, el discurso lírico se dirige al vocativo «huésped»: «Esta que miras grande Roma agora, / huésped, fue yerba un tiempo, fue collado». El verbo en presente («miras») se altera en pasado («miró»); la «reina y señora» en «dueña y señora» en la nueva versión. Aquí el traductor se vale del poeta moral (el más leído y admirado por Aub) para superar la pobreza expresiva del poeta belga. Pero al incluir en el poema un texto contrahecho de Quevedo, puntualiza su arte de compositor y traductor. La confección se sostiene como un intercambio *lúdico* de varias posibilidades textuales: a) la de Robert Van Moore Dupuit (no otro que Max); b) la de Francisco de Quevedo (que aquél altera), y c) la del traductor que firma el libro y se alude a sí mismo en la cubierta y en la nota de página. Socava así, parodójicamente: 1) el principio de autoridad: la literatura es (ya en Borges) pertenencia plural; sus metáforas, meras variaciones en el tiempo; 2) la función del lector como modificador del texto: a través de éste se explican las variantes en otros textos; 3) la funcionalidad del texto lírico ejemplar: fija o aclara un pensamiento confuso, o pobremente expresado; 4) la actualidad del Quevedo moral, detrás de la mayoría de los poetas considerados en el presente estudio.

De nuevo, la figura innovadora de Borges como lectura previa determina y conforma la retórica de *Antología traducida*.

---

[9] Edición de José Manuel Blecua, Barcelona, Editorial Planeta, 1968, págs. 112-117.

Por ejemplo, en la fijación de fuentes, épocas, datos, textos, todo es problemático, contingente, posible. Sobre «Ti Kappur Maitili» escribe Aub: «sólo queda el nombre sin que se sepa a ciencia cierta —¿hay alguna?— si corresponde al autor de lo que sigue» (pág. 40). Y de «Fu-Po» afirma: «No se sabe dónde ni cuándo murió» (pág. 38). Ti Kappur muere ajusticiado por el rey al ignorar la fecha en que éste moriría, fin similar al del poeta de la «Parábola del Palacio» de Borges, incluida en *El Hacedor* (*OC.*, págs. 801-802). Leyendo una novela durante un viaje en tren, de Pisa a Roma, Van Moore Dupuit envidia a los personajes de la narración, que no hicieron nada por llegar a ser (piensa él) y que, por el contrario, son más reales («intangibles») que él mismo. «¿Qué hice para no merecer lo mismo?», se pregunta; «¿No me inventaron igual, sin pedirlo? ¿No soy, no fui? Ya sé: gozaré de lápida, pero nadie sabrá cómo fui, mientras éstos que veo, de papel, quedarán intangibles» (página 109). Sin embargo, la obsesión por el tiempo (abrumadora en Unamuno), la añoranza de una patria perdida o lejana, la realidad aniquiladora de la muerte (págs. 17, 18), son los ejes temáticos de *Antología traducida*, con frecuencia mutuamente asociados. Le preocupa a John O'Mulleady (págs. 120-21) ese «adentrarse en el ayer, en lo que ya no es, en lo que quizá no fue». La muerte es presencia obsesionante: una monstruosa fuerza ineludible: «¡O suave viento de la muerte», exclama (pág. 121). En el poema-fragmento «El cementerio» [10], que atribuye a Guilhaume de Bourgogne (págs. 70-71) se clasifica la sociedad de acuerdo con las características morales o éticas de cada grupo:

> Aquí están o estaban los que decían que sí;
> aquí están o estaban los que decían que no;
> aquí están o estaban los que lo deseaban todo;
> aquí están o estaban los que no deseaban nada.

---

[10] Véase el relato «El cementerio de Djelfa» de Max Aub, basado en sus experiencias de exiliado en un campo de concentración, en Argelia. El relato fue incluido en *Historias de mala muerte* (México, Editorial Mortiz, 1965), págs. 73-84. A la misma experiencia se refiere en su libro en verso, *Diario de Djelfa*, 2.ª ed. (México, 1970).

La ordenación es antitética; paralelística y gráfica en el juego de oposiciones. Al tranquilo se opone el desasosegado; al apacible, el vehemente. La agrupación fragmentada confiere una visión invertida de la sociedad, vista humorísticamente desde la muerte.

Le conmueve en Teodoro Lavren «su tristeza por su patria inexistente» (pág. 122). En el mismo sentido alude el poema VIII (págs. 125-26): «Tengo una patria / y es como si no la tuviera» (vers. 15-16). Se documentan incluso influencias, lecturas previas, la asociación y correspondencia entre textos afines. En el poema «Ciego», atribuido a Ramón de Perpiñá, se indica en la nota introductoria: «(¿Recordaría Miguel de Unamuno este poema cuando escribió 'Veré por ti'?). La indiferencia de don Miguel hacia la poesía de este tipo» (rítmica, añadiríamos) «aconseja pensar lo contrario», concluye Max Aub (pág. 46). El poeta viene a ser, en el poema de Unamuno, el simbólico lazarillo en su camino hacia «lo que es hoy esperanza». Sus sentidos, íntimamente incorporados, le sirven de ayuda recíproca: «mis ojos son para ti la prenda / de un caminar seguro» (*OC.*, VI, pág. 293, vers. 17-18). La misma función se le concede en el poema de Aub. En «Ciego» comparte éste con el acompañante una geografía espacial: «¡Ay, ciego de ti, ciego, / A través de ti veo!» (vers. 8-9). La constitución anatómica del uno le confiere una correspondencia espacial al otro: «tu cintura mi tronco, / tu pecho mi desierto, / tus piernas mi alameda, / tu vientre mi mar muerto» (vers. 2-5).

Un sentido de totalidad configura la composición de *Antología traducida*. Si bien el primer poema es anónimo, el segundo, de Hagesícora (pág. 13), pertenece al siglo VII antes de la Era Cristiana. Corresponde el último a Michael McGuleen, poeta nacido en San Francisco. Se suicida en Miconos (Grecia), después de pertenecer a la «generación hippie», que tanta importancia tuvo en los Estados Unidos, especialmente en San Francisco. De él escribe Aub: «Viajó mucho en su corta vida» (1941-1964) «comió poco, bebió y habló mucho, pintó, grabó, hizo cerámica, se cortó poco el pelo y se vistió de cualquier manera» (pág. 163). A la variedad de generaciones, nacionalidades, lenguas, tipos y religiones, se unen los poemas en prosa; la variedad de formas líricas (la mayoría versos libres); de filosofías, de enunciados estéticos, destacando sobre todo la abigarrada pintura de tipos que presenta en cada viñeta biográfica. Escribe Aub de Iván M. Ivanov: «Pasados los cincuenta años, en contra de la mayoría de los de su calaña, se convirtió en adorador del sexo contrario, con el que dilapidó su no corta fortuna» (página 105). Que nunca salió de las «tabernas» anota de Juan Manuel Wilkenstein (pág. 89). Y de Samuel Ebronsohn: «Según me cuentan era un hombre pequeño, con una gran barba, muy amigo de los animales y poco del agua» (pág. 127). En «Poética» (págs. 114-15) se asienta: a) la libre asociación; b) la ambigüedad propia de la expresión lírica; c) los varios niveles semánticos implícitos en todo texto poético: su lectura plural. Mas dentro de la riqueza de asociaciones y niveles semánticos no falta el poema jubilante (a modo de *gratias agere*) en boca de Wilfred Poucas Martos (págs. 116-19): «Nada tenía, / me diste luz y canto, / me diste esposa e hijos, / me diste los libros / que leo, / me diste los libros / que escribo / porque tú lo quisiste, / ...». Pero es el humor, a la par con el prosaísmo y la ironía, el móvil de *Antología traducida*. El poema «Las patatas» (página 113) trae a colación las *Odas elementales* de Pablo Neruda; la asociación descabellada y absurda («todos los teléfonos comunican con números equivocados», pág. 112); las *Greguerías* de Ramón Gómez de la Serna [11], ese gran desconocido por

---

[11] Tal recurso de la «máscara» es común en Gómez de la Serna: desde su teoría y concepción del «payaso» y del «circo» hasta las *6 falsas novelas* (Madrid, 1927). Por ejemplo, en «María Yarsilovna» («Falsa novela rusa») (págs. 9-31), Gómez de la Serna se identifica como escritor ruso para crear una parodia de la novela psicológica, abrumadora en sus conflictos y en sus numerosos personajes y ascendencias. En «La mujer vestida de hombre» («Falsa novela alemana») (págs. 156-206), el travestido conlleva, en el disfraz, la simulación teatral. Tal ritual de la alteración es recurrente en «La virgen pintada de rojo» («Falsa novela negra») (páginas 103-155), donde la acción se desarrolla en una aldea africana. Dentro de la simulación del autor, a la vez personaje e interlocutor, si bien con diferentes nombres (seudónimos) importa destacar la figura de Juan Ardal, de Azorín, personaje en sus *Memorias inmemoriables* (Madrid, 1946) (pá-

la crítica; la frase epigramática y sentenciosa («en el cuenco de / la mano / no cabe un ser humano», pág. 111); al Antonio Machado del aforismo y del proverbio en «Sentencias, donaires, apuntes y recuerdos» de Juan de Mairena.

No tan sólo, pues (resumiendo) una farsa literaria, o una parodia contra *Antologías* (traducidas o no), manifestos, etc., o contra la historia como exhumación de ilustres personajes, o contra la pesquisa filológica. *Antología traducida* de Max Aub toca estos campos. Pero aquí la ficción, no menos posible que la historia social o la realidad literaria, supera a ambas. Sobre una realidad se imponen múltiples personas (modalidades existenciales) que, si bien imaginarias, tienen sentido y llegan a ser posibles en la configuración *lúdica* de una sola cara[12]: la del Max Aub antólogo a través de las sesenta y una máscaras de sus «Otros»: ese poeta que aún nadie conoce (nos dice), y que ni siquiera se sabe dónde está.

---

ginas 198-203). Aquí el juego de la figuración es triple: del escritor y el personaje al interlocutor, representados en la figura de Ardal.

[12] Con título similar al de *Antología traducida* de Max Aub, el poeta argentino Juan Gelmanny se inventa un poeta japonés (*Traducciones II*) y otro inglés (*Traducciones I*), como reacción, explica, contra la obsesionante y problemática «intimidad» de su yo, tan frecuente en sus libros precedentes. Véase Mario Benedetti, «Juan Gelmanny y su ardua empresa de matar la melancolía», en *Los poetas comunicantes* (Montevideo, 1972), págs. 228-229.

LA PERSONA COMO IDEOLOGÍA: *LAS RUBÁIYATAS DE HORACIO MARTÍN* (1978) DE FÉLIX GRANDE

> «Detrás de tus pensamientos y tus sentimientos, hermano mío, está un maestro más poderoso, un sabio desconocido, que se llama 'el mismo'. Habita tu cuerpo, es tu cuerpo».
>
> (Nietzsche, *Así hablaba Zaratustra*)
>
> «Eueryone is the other, and no one is himself».
>
> (HEIDEGGER)

Ya vimos cómo a partir de las *Rubáiyát* de Omar Khayyám, Fernando Pessoa y Borges, situados en tiempos y espacios distantes, y leyendo probablemente versiones distintas, convirtieron sus «Rubáiyát» en una apretada síntesis de su pensamiento lírico. La lectura aquí en Omar, y su transcripción en versión escrita de Edward FitzGerald, convirtió la «Rubáiyát» en máscara de la «identidad literaria»: en alegoría que establecía en el nuevo poema dos niveles de experiencias e ideologías; de posturas ontológicas ante el ser y el existir. Así, bajo la persona de Omar, pasaron a concurrir otras personas, dramatizándose en el proceso una compleja serie de afinidades éticas y estéticas. Las nuevas «Rubáiyát» de Borges y Pessoa fueron reivindicación ajena y propia afirmación.

Una nueva «lectura» de las *Rubáiyát* de Omar asume, ya a partir del mismo título, el libro de Félix Grande, *Las Rubáiyátas de Horacio Martín*[1], galardonado con el Premio Nacional de

---

[1] Barcelona, Ed. Lumen (Colección «El Bardo»), 1978.

Literatura (Madrid, 1979). Como en Borges y en Pessoa, la lectura de Omar se tornó alegoría del nuevo texto: de la forma y
los temas al conflicto social inherente en Horacio Martín (el
protagonista), presente, como veremos, en la misma asociación
simbólica del nombre. La lejana sombra de Omar enmascara
la agria ironía de Martín; su exasperado caminar. Sus escritos,
casuales y dispersos, los recoge y ordena (si bien figurativamente como FitzGerald) Félix Grande, para darlos a la luz
como propios y ajenos a la vez. Pero el truco es «perro viejo»
en la tradición literaria de Occidente.

* * *

Ya la inclusión de los cuatro textos que abren a modo de
epígrafe la primera página del libro de Grande define la temática de Omar. El «cuerpo», expresa el primer texto, es una
cifración cosmológica: «Aquí / en el cuerpo / están los sagrados
ríos Yamuna y Ganges». Es también unificación y diferencia:
«El Sol y la Luna». El segundo texto («Sahāra») define el cuerpo
como santuario: «...pero ninguno más santo / que el de mi
cuerpo». Y es el tercer poema, «Uba-Ul-Agrib», un apóstrofe a
la satisfacción sensual; también una advertencia contra las de-
mandas vengativas de la carne. Octavio Paz firma, con una frase
epigramática y paradójica, el cuarto texto: «El cuerpo es inmortal porque es mortal». Es decir, en su muerte se precluye
su resurrección. Su inmortalidad implica un nuevo retorno a
través de la unificación con el cosmos (el ser-no-ser de Heidegger). Cuatro textos, pues, que, a modo de pórticos, entreabren
el resto del libro: las «Rubáiyátas» propiamente (sesenta y tres
poemas sin numerar)[2], y el «Cuaderno de Lovaina» (siete poe-

---

[2] Con anterioridad ya había incluido Grande, en *CHisp.*, núms. 314-315
(agosto-sept. 1976), 327-331, las «Rubáiyátas de Horacio Martín». La bio-
grafía de éste coincide en varios puntos con la de Grande: nacido en
Castilla (Grande en Extremadura, pasando la adolescencia en tierras de
La Mancha), de familia humilde, emigración a Madrid, autodidacta, etc.
Se alude también a los «heterónimos» de Pessoa, y a los poetas «Com-
plementarios» de Antonio Machado; al andariego personaje Larsen de
Onetti. Se considera discípulo, escribe, de «esos creadores gigantescos»

mas). El contenido oriental de la filosofía de Omar, quien mezcla, como vimos, el amor y la sensualidad con la búsqueda ontológica (si bien escéptica y crítica) del yo, en el cuerpo de la amada y del lenguaje (un nuevo concepto de «patria»), define en parte el nuevo texto de Grande: versos libres (a excepción de cinco sonetos), de forma asimétrica (la media son trece versos), y el cuestionamiento de una realidad (social y política) a través de la presencia (o ausencia) de esa amada simbólica y mítica: la «Doina», la «Loba» (pág. 36); o de la palabra que la reconstruye frente al recuerdo.

Pero el hecho de que las *Rubáiyátas* fueran escritas por Horacio Martín, y de que sea Félix Grande quien prologue el libro, e incluya al final una carta («epílogo») que Martín le escribió, contenida anteriormente en el volumen *La fábula de Horacio Martín* (pág. 107, nota), expande su problemática textual. Pues su autor es, como ya indicamos, tan sólo el transmisor de estos textos, que, si bien suyos, se los asigna a otra persona. Pero es a la vez «lector» y «comentador» (como lo fue Cervantes en *Don Quijote*); crítico irónico de una ideología que atribuye sin embargo a su heterónimo. Y esto es (ya lo dejamos claro) Horacio Martín: la máscara («el doble») de Grande. La retórica del recurso es también señalada constantemente en la narrativa hispanoamericana: de los protagonistas de Cortázar, y las errantes figuras de Onetti, al juego de dobles en *Fuga* (1953) de Anderson Imbert[3]. Sin embargo, Horacio Martín es, como persona, un símbolo multiforme. Se asocia, por un lado, con el Horacio (Oliveira) de *Rayuela* (1963), de Julio Cortázar; por otro, con el Martín (Abel) de Antonio Machado. Se define así el texto como un cruce de voces dramáticas: de personas (Ma-

---

(pág. 327); entre ellos, Pessoa y Machado. Seis de estas «Rubáiyátas» ya habían salido, con anterioridad, en la revista *La Palabra y el Hombre*, 2.ª época, núm. 10 (abril-junio 1974), págs. 48-54.

[3] En su antología *Cuentos en miniatura* (Caracas, Editorial Equinoccio, Universidad Simón Bolívar, 1976), presenta Anderson Imbert una breve historia que titula «La máscara» (págs. 124-125). Su protagonista, Scarface, sugestivo nombre en inglés, convierte la máscara en su única señal de identificación.

chado, Cortázar), de textos (de Vallejo, Paz, Garcilaso y Quevedo), y formas: del soneto y el verso alejandrino a la forma
epigramática y sentenciosa: la «Rubáiyáta» propiamente dicha.

El desplazamiento de Horacio Oliveira en *Rayuela*, un argentino que vive en París, y su inquietante búsqueda a través de
los «otros» (Morelli, Traveler), y la Maga (la mujer en Machado,
en Paz), define su angustia ontológica ante una realidad que,
insistentemente, se modifica. De testigo y acusador pasa a amar-
gado racionalista (no menos escéptico). Acosado por el recuerdo
o por la ausencia, denuncia airadamente el «desamor», la «incomunicación». Tal es (en parte) el Horacio (Oliveira) de Cortázar y el Horacio (Martín) de Félix Grande. Ambos fuera del
país de origen (la última noticia de Horacio Martín llega «desde
un país americano»), ambos solitarios y autoexiliados, ambos
ensimismados ante los dos grandes enigmas: la «mujer» y el
«lenguaje» (pág. 12). Sus continuas fugas y retornos y, más que
nada, el asombro y el miedo ante la propia soledad, explican
sus vidas erráticas. Pues Martín vive escindido entre esa patria
chica que es su «yo» («Doina», «país», «comunidad»), y la patria
solidaria que utópicamente sueña. Niñez, infancia, educación,
son a la vez determinantes en su desesperada fuga. Y la misma
dualidad se establece en *Rayuela* entre el Horacio que vive en
París y el «otro» que añora su lejano Buenos Aires.

En el poema «Elogio de la maldición» (pág. 40), y otro con
título semejante, «Elogio a mi nación de carne y de fonemas»
(pág. 23), el presente «ignoro» (yo), y el imperativo «escucha»
(tú), establecen a un hablante (emisor) y a su correspondiente
oyente (receptor). El mensaje transcrito es abrupto, paradójico;
lo es su título («Elogio de la maldición»), y lo son las expresiones modales («con piedad o rencor») y determinativas: «Ignoro
si debemos llamarle / una traición o una calamidad». Porque,
si bien en la íntima fusión amorosa el tiempo se torna acon-
tinuo (el amor transciende toda causalidad), la marca cronológica del tiempo físico («...la perversa esfera / del reloj de
pared») confirma, de manera apocalíptica, el fin de la dicha.
Así, la comunión y la epifanía (dos en uno) se transmutan, en
un anhelo de inmortalidad y plenitud («eres milagrosa y rotun-

da / igual que la palabra Plenitud»), en conciencia desolada: el tiempo, la muerte, la ausencia; o las cifras gravadas en la esfera del reloj. La unión física es contingente, efímera; pero en esta convocación ritual la vida adquiere sentido: divierte la mente del paso de las horas (Quevedo), y de la angustia existencial de ser para-el-tiempo. La maldición («en forma de besos») es represión y desahogo ante la desdicha del recuerdo, como muerte o como tiempo pasado. Tan sólo la protesta airada (el poema), y la fusión de los amantes («Contigo todo tiene nombre»), pueden deshacer la temporalidad de los dos: el yo y el tú de las enunciaciones pronominales (pág. 24, ver. 10).

En el segundo poema se establece y delimita el concepto «patria» (término ya en Cesare Pavese, poeta éste leído por Grande; y en Borges): una la «carne» (el transeúnte, el camarada, la mujer); otra el lenguaje y la comunicación. Pero concretamente definen las dos últimas estrofas una «Poética» de la fraternidad y de la convivencia social. Si tan sólo somos lo que el lenguaje nos representa (una de las premisas, si bien con finas variantes, en Wittgenstein, Chomsky y Octavio Paz), y si éste nos define como *homo socius*, celebremos (se pide) «el fuego de la mano» (la amistad), respetando en ella la palabra dada: el único puente (como en Blas de Otero) de la comunicación con el «otro». Los últimos versos (19-20) concretan con más precisión, y exaltan al mismo tiempo la temporalidad física del amor («el Tiempo es un abrazo del hombre y la mujer») y la fusión cósmica y verbal («el universo es una palabra formidable»). Tiempo y lenguaje, amor y cosmología, nos revierten a la «Rubáiyáta» que abría la página inicial del libro de Grande. Y por oposición a la negación de la palabra, o a la ausencia del cuerpo que, irascible, irrumpe en versos de denuncia y de ultraje («odio», «rencor», «caos», «yel», «sombra», «nada»; «vida execrable», «época lóbrega», «escarnio»). Al Horacio dionisíaco y exultante de los primeros versos le sucede ahora el desamado e irascible. Pero ambas posturas ya quedaron definidas en las páginas introductorias de Félix Grande al afirmar: «...lo cierto es que Martín no puede resistir el sufrimiento de los que ama: el desamor lo paraliza y lo confunde, pero el asombroso espectáculo del dolor de los otros lo asfixia y lo aterra» (págs. 12-13)[4].

Lo expuesto nos lleva a precisar varios de los símbolos claves presentes en _Las Rubáiyátas de Horacio Martín_: a) el _candil_ como símbolo de la constante vibración emotiva, de la fragilidad física ante una fuerza externa («Un himno inmenso para mi candil», págs. 21-22); de la presencia que, entre sombras, se torna metáfora de lo ausente; finalmente, de la propia consumación; b) la _patria_, a la que ya hemos aludido, como fusión alegórica de la amada y del lenguaje que la crea, nombra, o, ya ausente, la recrimina; c) la _nada_, asociada con frecuencia con el dolor ante la ausencia, la ruptura física, el recuerdo de la pasión convivida y hasta del olvido. De ahí, pues, la vena angustiada y existencial que corre por el libro de Grande; la crudeza y desnuda sinceridad que cruzan por estos versos, en su mayor parte, de desamor y agravio. Esto nos lleva a definir la primera parte de _Las Rubáiyátas_ de acuerdo con los varios ciclos que las constituyen:

1) El cuerpo de la amada viene a ser percibido como espacio erótico: «escóndeme tu carne de modo que jamás logre encontrarla» (pág. 26); como presentimiento de finitud y temporalidad: «he deseado que fueras eterna» (pág. 31), y como transcendencia histórica: «Mirando tu cuerpo desnudo / recuerdo el origen del mundo» (pág. 27). También como refugio contra «las grietas de la muerte» (pág. 32) y del tiempo implacable (pág. 36). Característica de esta fase es la terminología tomada del bestiario, que va definiendo las varias caras de la amada[5]; las inestables posiciones anímicas de los dos amantes:

---

[4] Con este mismo tono de «amargada protesta» se abre la primera página de _Biografía_ de Grande (Barcelona, Seix Barral, 1971). «Que adviertan», escribe, «que me puse entre los torcidos del mundo para ayudarles a zurcir y defendí a la vida con todo mi terror» (pág. 9). Recoge Grande en este libro su producción poética entre 1961-1969. Ya en el primer libro, _Taranto_, que escribe en «Homenaje a César Vallejo», se entrevén varias de las constantes que definen _Las Rubáiyátas de Horacio Martín_: la experiencia del dolor (_Biografía_, págs. 18-20), los pobres desheredados (págs. 36-38), el amor como consumación y dicha (págs. 55-62).

[5] Las referencias a «Loba» son abundantes. Con menos frecuencia

de la confidencia y entrega mutua a la habitualidad del amor convertido en «extraño incesto», en «convivencia irreflexiva».

2) De la plenitud de la posesión amorosa, o de su ausencia (segundo ciclo), pasamos a la ruptura final: «Te despego de mí como a un parche poroso» (pág. 71), que viene precedida por la renuncia, la separación y el abandono. Tan sólo resta el minucioso análisis de la «ausencia»: la cena solitaria (pág. 74), la desolación ante el «abandono», la nostalgia de su «recuerdo» (pág. 82), y hasta la propia «duda» de la existencia. Lo que nos lleva a considerar la otra efigie: la de Martín en sus enunciados epigramáticos: «o soy un sueño que se está soñando» (pág. 33); «Tentando tu cuerpo desnudo / recuerdo el origen del mundo» (pág. 27), e incluso: «Sin mujer en las manos lo mejor es morir» (pág. 34). Y también: «Tú puedes ser la espalda atroz de mi destino» (pág. 30). Y hasta sus pronunciamientos abiertamente políticos y de carácter social: «Comprométete o calla / Ven o vete»; «Ten respeto al descanso de los muertos» (pág. 39).

* * *

Recordemos brevemente al Martín (Abel) de Antonio Machado, a quien le atribuye éste, como vimos, *De un cancionero apócrifo*, y «una importante obra filosófica». La amada es para Martín, anotamos en varias ocasiones, figura de la «otredad universal» (la solidaridad en Grande), y el amor implica en ambos una radical desposesión, a la vez que una búsqueda ontológica: lo que Machado denomina como lo «esencial otro». Para éste, el ser es heterogéneo, mutable, dual. Pero hay otros temas que confirman la lectura del último Machado en *Las Rubáiyátas de Horacio Martín*. En ambos, por ejemplo, la angustia ante la soledad; la presencia de la «Nada» como totalidad absoluta,

---

se encuentran menciones de «víbora» (pág. 37), «perra» (pág. 38), «alimaña» (pág. 38), «araña», «escorpión», lo mismo que los verbos asociados con acciones violentas: «arañar», «ensuciar», «destruir», «exterminar»; o los sustantivos, «dentellada», «zarpazo», al igual que los lugares oscuros: «épocas lóbregas», «alcoba salvaje», «casas de ceniza», «cama solitaria». O el oxímoron, «ascua helada»; las imágenes «cal de pena», «música negra», o las de tipo rural; también el contraste brusco de antítesis:

ontológica; el desolado paraje que el hombre vive en su interior: el «nuevo ejido» de Machado. Sin embargo, lo que más aproxima a ambos es el poder verbal de abstracción y sugerencia; de figurarse seres concretos e históricos, reflejando la problemática social de los «otros» dentro de sus propias coyunturas psíquicas. Sobre esta presencia escribe Grande en cierta ocasión: «Mi gran maestro es Antonio Machado. Lo que yo amo, la expresión poética que yo amo y la que a mí me conmueve es la machadiana, la poesía intimista, lírica, intemporal y adelgazada de lenguaje. Lenguaje a la vez preciso y sugestivo»[6].

Tales observaciones nos llevan a la otra posible lectura del libro de Grande: a su carácter social y ético. La aceptación del dolor ajeno como propio (Félix lleva también a Vallejo en las venas) mueve la estructura temática de «Noria de noches» (pág. 66), y «El peso de Corfú sobre la espalda» (pág. 60). En «Parábola» (pág. 65) se clama contra la mediocridad maliciosa; contra la incomunicación en «Carta de amor» (pág. 69). Las «sirenas» de la comodidad y de la norma le susurran al poeta: «Quédate..., si delinques / te aplastará la soledad». Y líneas seguidas: «Quédate aquí. La ley cobija» (pág. 59). Sin embargo, expresa abiertamente Martín su actitud de rebelde en la carta final, al discrepar de Albert Camus en la interpretación del mito de Sísifo, dichoso al aceptar éste, estoicamente, el destino impuesto por los dioses. Martín, visionario utópico (como Vallejo) de una «nueva sociedad», desea que estos «Sísifos», una vez en la cima, se rebelen contra los dioses, abandonen sus rocas y construyan en lo alto una ciudad (la utopía existencial de Horacio) y un destino común, «cuya verja es la muerte», escribe, «pero cuyo jardín sería siempre la vida» (pág. 110). O bien, la otra alternativa: que en medio del camino, entre la cima y el barranco, se sienten y alcen sus vistas hacia la cum-

---

placer-castigo; tortura-felicidad; yel-dulzura, asociadas frecuentemente con vivencias cósmicas: el aire «ruge», y la llanura que ríe es «proterva» (pág. 102).

[6] *Estafeta literaria*, núm. 629 (febrero 1978).

bre, y, con una sonrisa poblada de desdén, conviertan la fatiga
en olvido despectivo. Pero la amargura ante la indiferencia
airada es recurrente en *Poemas humanos* de César Vallejo.
Sobre éste, y a modo de biografía literaria, escribe Grande:
«Cuando yo me vine a Madrid, hacia 1957, una tarde, Carlos
Sahagún me recitó de memoria varios poemas de Vallejo, varias veces. Después lo busqué, lo encontré, lo leí con avaricia,
durante años. Lo releo. Desde aquel día siempre digo que una
de las influencias fundamentales en el resultado de mi trabajo
es la obra de aquel genio» [7].

En «Todos los siglos de la lluvia» (pág. 28) la asociación de
la lluvia, bajo un ambiente gris, y el saludo dirigido a los «an-
cestrales hermanos» (ver. 11), asocia íntimamente a ambos
poetas:

> Emocionado, me arrebujo con tu respiración
> paso la lengua por tu piel dormida
> y mientras oigo lentamente la llovizna del mundo
> saludo con misericordia a aquellos ancestrales hermanos.

Y, como en Paz, también en Grande el símbolo del «túnel»
(pág. 32); el encuentro con «Ella» en la noche (pág. 31), símbolo en ambos poetas del «Origen» y de la «Plenitud» (págs. 24,
47); también cosmos y espacio que geográficamente se recorre [8].
Y en ambos es «ella» refugio físico y simbólico. Escribe Grande: «Fuera de tu alta carne no es posible / gloria, consuelo ni
misericordia» (pág. 36). Y, al igual que la poesía, es el amor
para ambos un acto de creación: lúcido, entrañable y trascendente. Importa así desechar el vocablo convencional («*Amor
mío*»), o el común apelativo de «*Cariño*» (pág. 55). A la ausencia de la amada le es consecuente un deambular «con una

---

[7] *Apuntes sobre poesía española de posguerra* (Madrid, taurus Ediciones, 1970), pág. 39, nota 9.

[8] A Octavio Paz, lo mismo que a Borges, Cortázar y Onetti, les dedica
Grande varios ensayos en *Mi música es para esta gente* (Madrid, Seminarios y Ediciones, 1975), págs. 93-96; 135-145; 59-74; 26-58, respectivamente.
Insiste con frecuencia en el poder imaginativo de la palabra; en el concepto de la literatura como logro lingüístico y expresivo a la vez.

soledad de siglos» (pág. 62), y sin ella la escritura viene a ser una hila de «versos degenerados» (pág. 68) [9].

Finalmente, en la huida peregrinante de Martín se entreabren, de acuerdo con la carta-epílogo incluida al final, dos posibilidades: o que su huida trasluzca alguna misteriosa armonía, o que el universo oculte para él cierto sentido enigmático. Hasta ayer (opina Grande sobre Martín), éste era un «simple desesperado»; hoy, concluye, ya puede «aspirar a ser o solidario o solitario», dos de las posturas básicas del libro. Pues el fin trágico de Sísifo tiene una compensación: el poema, el logro de la forma en la palabra. Así, en «En vos confío» se ruega: «Dame calor acércame las palabras alucinantes». Y concluye: «Tú eres el enigmático solar / la mano que apacigua el espanto / la niebla enorme que todo lo besa / En vos confío En vos confío En vos confío» (págs. 104-105, vers. 35-38).

Libro complejo, pues, el de Grande: por su lenguaje preciso y esencial, por la «retórica de las máscaras» que lo enuncian, por las muchas lecturas que lo integran. Y, como en Paz, la «palabra» es, en el poema que la fija, un camino hacia la «Plenitud». Y ésta se define como búsqueda continua: a través del cuerpo de la amada, de la conciencia singular y colectiva, del tiempo presente (testigo) y del pasado convertido en «memoria» repetida. Y, como en Borges, también una Ética de la creación, y una Poética que, de acuerdo con Horacio Martín, es lo mismo que decir «Erótica». Pues, como en la última parte del «Nocturno de San Ildefonso» de Paz, en los cuerpos de las mujeres vio también Martín «los mares y vio los siglos, la vegetación y las bestias, los astros y la fruta y la música» (pág. 12). Y en el poema «Telegrama de desengaño» (pág. 33) le pide:

---

[9] La temática de la «ausencia» es clave en el poema «Los yertos moradores de la ausencia» («Van cinco días que no te toco, Loba», pág. 45); es tema reiterativo a lo largo del libro. «Tu ausencia», escribe Horacio, «es una cosa que pesa como plomo» (pág. 46); «es inexorable» (pág. 69). Véanse también los poemas «Oda a un remordimiento» (pág. 70), «El infierno» (pág. 74), y el que finaliza con el famoso verso de Garcilaso «Cuando me paro a contemplar mi estado» («Proclamación de esta vergüenza», pág. 75).

abrázame trénzame a mí alíviame en tu sol
la Creación eres tú, la Verdad es tu carne.

En la concepción problemática de esta máscara, deambulante, acusadora, en busca de un lejano paraíso que, ausente, se torna versos de enojo, se definen varios de los rasgos de la «poesía social» que el mismo Grande define como testimonial («fundamentalmente de realidades colectivas»)[10]. Pero su tiempo histórico se trasmuta aquí en concepción alegórica: de las inolvidables experiencias de la niñez y del desgarro afectivo (la muerte) a la separación final[11]. De este modo se salva la contingencia temporal de *Las Rubáiyátas*, y adquiere en su máscara un carácter simbólico más universal. La voz de Martín, hábilmente camuflada, se torna la mítica «voz de la tribu», que, si bien fuera del tiempo, se enuncia a partir de la misma historia que le da voz y la configura. Libro, pues, lleno de presencia temporal, en donde hasta «mis recuerdos se volvían epitafios» (pág. 103, ver. 36).

Pero también hemos visto cómo a través de las *Rubáiyát* de Omar Khayyám, tres poetas distantes en tiempo y espacio (Pessoa, Borges, Grande) conforman los enunciados de su lírica. Y cómo a partir de Omar articulan y definen, bajo distintas personas, la propia «identidad literaria». Pero singular a su vez el «nuevo poema», ya que, como mimesis de una forma, vino a ser representación alegórica de espacios, lecturas y estilos diferentes. En este sentido, la «palabra lírica» vino a ser tiempo y testimonio, el inicio más seguro, de acuerdo con Machado, de su perennidad; es decir, de su indestructible modernidad.

---

[10] *Apuntes sobre poesía española*, pág. 54.
[11] Emilio Miró, «Félix Grande y su heterónimo Horacio Martín», *Insula*, núm. 385 (diciembre 1978), 6.

CONCLUSIÓN

Difícil sería resumir en breves páginas la compleja ramificación de significados que adquiere el concepto de persona. Pues se convierte, como vimos, no tan sólo en recurso o vehículo de expresión, con un señalado valor ontológico, dramático y social; también en tópico literario: en metáfora de las varias modalidades simbólicas de un «yo» que, enunciándose como escritura, se transforma en máscara de sí mismo. Pero evitemos generalizar, ya que la diferencia de un tratamiento a otro de la persona (recordemos el caso de Pessoa frente al de Machado) es tan dispar, que es preciso puntualizar bien las diferencias.

La percepción del «yo» por el otro vino a confirmar en Unamuno la realidad existencial de su persona. Su mismo aspecto exterior, su indumentaria, «aquello» que los otros percibían, integraba y hacía su ser. El «otro» fue para Unamuno necesidad ontológica. Confirmaba en él, día a día, la realidad de su existencia. En la mitificación de su persona, transcendida de la observación del prójimo, constituía su actuar. Sus escritos fueron espectáculo y aseveración del «yo mismo», como vimos, en variadas poses: del romántico enamorado (Rafael) al poeta trasterrado. Finalmente, al hombre cotidiano y social, confesando diariamente su más íntimo secreto: el de ser hombre. En este sentido, presenta mejor que nadie los absurdos del mundo circundante. Y sobre éste impone, a modo de canto y documento, su voz. Recordando a don Miguel escribía, en cierta ocasión, Ortega y Gasset: «No he conocido un yo más compacto y sólido que el de Unamuno. Cuando entraba en su sitio, instalaba desde luego en el centro su yo, como un señor feudal hincaba en el medio del campo su pendón» [1].

Los apócrifos machadianos conllevan un nuevo estilo, y una nueva ideología; también una profunda concepción filosófica: dispar a veces, otras paradójicas y disgregada. Pero en el juego que implica el laborar poético de Jorge Meneses, en su «Máquina de Trovar», el lector pasó a ser autor y partícipe en la confección comunitaria del nuevo texto. Y éste venía a ser representación del sentimiento colectivo. Auguraba Meneses una nueva modalidad lírica. Y en esta vena, ya dentro de la poesía aliada con la dignidad de ser (vía Vallejo), está el libro de Félix Grande que acabamos de estudiar. Puso éste en juego la visión irónica de la convivencia, llena de traumas e hirientes represiones. La risa amorosa alterna con la aguda carcajada; las dudas, con la aceptación estoica. Su lenguaje adusto, seco y cortante y, sobre todo, la imposición del heterónimo Horacio Martín, dio también validez a nuestro estudio. Se asocia por su tono recriminatorio con *Antología traducida* de Max Aub; en el juego de sus varias «alteridades», si bien radicalmente diferentes en intención y estilo.

Los «heterónimos» de Pessoa vinieron a ser la fabulación de una visión personal y cósmica; también de estilos, modalidades existenciales y filosóficas. Un ingente esfuerzo alegórico por verse uno y múltiple; disgregado en cada punto de la realidad: en sus antítesis y en sus complementos. Representa, pues, Pessoa, ya en la misma asociación con su nombre (*persona*), la búsqueda *par excellence* de la identidad, convenciéndose finalmente de que ésta era tan sólo una apariencia. Es, en este sentido, el poeta de la relación: metáfora no tan sólo del espacio en que uno se sitúa, sino del tiempo (siempre variando) en que se imagina ser y actúa como «otro». De la duda y temor de no ser surgía la insaciable búsqueda de un absoluto, a partir ya de la conciencia de sus propios límites. Los heterónimos vinieron a ser no sólo la expresión de una personalidad (que

---

[1] *Obras completas*, 6.ª ed. (Madrid, Revista de Occidente, 1964), V, pág. 265.

no existe); también la alegoría como continua búsqueda del otro[2]. Recordemos cómo, al igual que Unamuno y Machado, también dejó Pessoa una obra extensa, señalada por sus escritos filosóficos y de teoría literaria. Muere éste en 1935, un año antes que Unamuno. Machado, cuatro años después.

Con Borges, el sujeto enunciador (ese «alguien») queda eliminado. Y con él el autor histórico que firma el poema. Tal repudiación de la persona (ya «nadie») adquiere una dimensión metafísica. Pues en su aniquilación (lo que él llama «la nadería de la personalidad»), Borges fue desmantelando varios de los principios fundamentales del pensamiento occidental: los conceptos de esencia, sustancia y conciencia (ésta es ilusoria); el del espacio y tiempo[3]. El yo que habla, sus gestos y palabras, es un fantasma; tan sólo aquel que los signos lingüísticos fijan y le dan figura es el verdaderamente histórico: la persona que se presenta en el poema. De ahí que el yo tradicional, expresión transparente de la subjetividad, no es más que una ilusión. El sujeto vive en proceso de continua formación, se hace en la escritura, y se desintegra en la lectura particular (y subjetiva) de los otros. El texto viene a ser la «máscara» que denota su ausencia.

Pero la semántica de la «otredad» en Borges adquiere otros niveles, no sólo como teoría sobre la ficción («todos los textos es un texto»), sino también como praxis. En «Borges y yo» ya se apuntaba, si bien brevemente, a la imposibilidad de conjugar la permanencia del yo frente a su alteridad. La escritura implicaba en este sentido un premeditado suicidio del primero: un renacer siempre como «otro», ya propiedad del lector que lo altera, cambia o descifra. Y este Borges (a medio camino entre la ficción y el mito) se opone al «otro»: el que pasea a tientas por las calles de Buenos Aires. Pero no se logra en éste su identificación sino en la persona aparente. Con Borges (no

---

[2] Wylie Sypher, *Loss of the Self in Modern Literature and Art* (New York, Randon House, 1962), págs. 58-86.

[3] Jorge Luis Borges, *Otras Inquisiciones* (1937-1952) (Buenos Aires, Sur, 1952), págs. 169-172.

nos engañemos) empieza una nueva época en las letras y en la crítica contemporánea.

La imagen del artificio de la máscara incita también al juego de las apariencias, a ese «nadie» que, de acuerdo con Octavio Paz, existe detrás de ella («Máscara el mundo máscara sin nadie atrás»)[4]: signo de la continua pérdida ontológica de ser hombre. Sin embargo, en Octavio Paz la desafiante búsqueda de ese «otro» surge, paradójicamente, del conocimiento de su ausencia: de su negación. Pues la misma palabra viene a constatar esta dualidad elusiva, incapaz de ser descifrada (intento neorromántico) en su continuo cambio. Ya para Aleixandre en los momentos claves de *Sombra del Paraíso* (del himno a la elegía) la palabra fue obstáculo (un «artefacto triste») en el vínculo total. Implicó también, y tan sólo a través de ella, un canto al origen: en el cosmos, en la nada y, finalmente, en los otros. Pero Paz es aún más rico en las continuas referencias al «yo» como otredad. Parte de su lírica, de *Blanco* a la escritura automática, concibe la poética de la palabra como un juego alternante de signos («los signos en rotación»). El concepto de máscara define el instrumental en uso. Así, la búsqueda de un pasado mítico, desplazado por la nueva cultura y por el lenguaje fragmentado, es una frustrada negación. Por otra parte, el mismo tiempo que define como cíclico es, a su vez, fugaz. El retorno es también aquí un asentamiento utópico: un contagio de la mente y del sentimiento. Como vimos, este continuo deseo de Paz de ser «algo distinto» o de «ser otro» preside su lírica; no menos su poética.

Vimos también en *Antología traducida* de Max Aub la realización más pura del concepto de máscara: en el ritual del desfile de personas, en la combinación de gestos y figuras estrafalarias, y en la parodia del mismo disfraz. En su configuración híbrida (viñetas biográficas), en su tono, a veces mordaz, humorístico e irónico, y en la serie de sus múltiples figuras, se acerca

[4] «Estrella interior», en *Libertad bajo palabra*, pág. 135. A partir del concepto ontológico de la «naturaleza interior de la realidad» analiza el disfraz (máscara) el escritor mejicano Salvador Elizondo en *El retrato de Zoe y otras mentiras* (México, Joaquín Mortiz, 1969), págs. 26-33.

Antología a la pantomima alegórica. Pues sus poemas son mediocres, y lo son los poetas en ella presentados. Las pésimas traducciones e interpolaciones se tornan una parodia quijotesca del gran vate: de su don profético, órfico o demiúrgico.

Y no menos interesante fue la máscara que, como forma (en las «Rubáiyátas» de Pessoa, Borges y Grande) sintetiza y compendia los motivos y temas más sobresalientes de estos tres poetas. Señaló a la vez el proceso alegórico implícito en toda lectura: metáfora ésta de otra precedente. Nos mostró un caso ejemplar de evolución y transformación de formas y contenidos [5].

---

[5] Claudio Guillén, *Literature as System. Essays Toward the Theory of Literary History* (Princeton, Princeton University Press, 1971), págs. 53-68.

SIGLAS

BBMP   : *Boletín de la Biblioteca Menéndez y Pelayo.*

BEPIF   : *Bulletin des Études Portugaises et de l'Institut Français au Portugal.*

BH   : *Bulletin Hispanique.*

BHS   : *Bulletin of Hispanic Studies.*

CA   : *Cuadernos Americanos.*

CCMU   : *Cuadernos de la Cátedra Miguel de Unamuno.*

CHisp.   : *Cuadernos Hispanoamericanos.*

HR   : *Hispanic Review.*

KRQ   : *Kentucky Romance Quarterly.*

MLN   : *Modern Languages Notes.*

NRFH   : *Nueva Revista de Filología Hispánica.*

OC₁   : Miguel de Unamuno, *Obras completas*, ed. Manuel García Blanco, Madrid, Editorial Escelicer, 1969, vol. VI. Citamos la lírica siguiendo este volumen. El resto de la obra, por la ed. de la Editorial Aguado, Madrid, 1951-1958, vols. I-XVI.

OC₂   : Vicente Aleixandre, *Obras completas*, prólogo de Carlos Bousoño, Madrid, Editorial Aguilar, 1968.

OC₃   : Jorge Luis Borges, *Obras completas* (1923-1972), Madrid, Ultramar Editores, 1977.

OEP   : Fernando Pessoa, *Obras em Prosa*, Organização, Introdução e Notas de Cleonice Berardinelli, 1.ª ed., Rio Janeiro, José Aguilar Editora, 1974.

OP   : Fernando Pessoa, *Obra Poética*, Organização, Introdução e Notas de Maria Aliete Galhoz, 6.ª ed., Rio Janeiro, Editora Nova Aguilar, 1976.

OPP   : Antonio Machado, *Obras. Poesía y Prosa*, ed. Aurora de Albornoz y Guillermo de Torre, Buenos Aires, Editorial Losada, 1964.

PSA   : *Papeles de Son Armadans.*
RFE   : *Revista de Filología Española.*
RFH   : *Revista de Filología Hispánica.*
RHM   : *Revista Hispánica Moderna.*
RI   : *Revista Iberoamericana.*

BIBLIOGRAFÍA SELECTA

I. Estudios generales

A) *La persona como concepto, estructura y símbolo*

Abse, D. W., «Delusional Identity and the Double», *Psychiatry*, 39, 2 (May 1976), 163-175.

Bataille, Georges, *Oeuvres complètes*, II (Paris, Gallimard, 1970), págs. 403-406.

Crawley, A. E., «Doubles», *Encyclopaedia of Religion and Ethics*, ed. James Hastings (New York, Charles Scribner's Sons, 1908-1926), IV, págs. 853-60.

Dictionnaire des symboles (Paris, Ed. R. Laffont, 1969).

Fink, Eugen, *Spiel als Weltsymbol* (Stuttgart, Kohlhammer, 1960); trad. francesa, *Le jeu comme symbole du monde* (Paris, Les Editions de Minuit, 1966).

Fletcher, Angus, *Allegory. The Theory of a Symbolic Mode* (Ithaca, Cornell University Press, 1975).

Frazer, James, G., *The New Golden Bough*, ed. Theodor H. Gaster (New York, Criterion Books, 1959).

Guerard, Albert J., *Stories of the Double* (Philadelphia, 1967).

Jung, Karl Gustav, *Dialectique du moi et de l'inconscient* (Paris, Gallimard, 1964).

Keppler, C. F., *The Literature of the Second Self* (Tucson, The University of Arizona Press, 1972).

Lacan, Jacques, *Ecrits* (Paris, Editions du Seuil, 1966).

—, *The Language of the Self. The Function of Language in Psychoanalysis*, ed. Anthony Wilden (Baltimore, The Johns Hopkins University Press, 1975).

Laín Entralgo, Pedro, *Teoría y realidad del otro*, 2 vols. (Madrid, Revista de Occidente, 1961).

Laing, Ronald D., *The Divided Self* (London, Penguin, 1966).

Langbaum, Robert Woodrow, *The Mysteries of Identity. A Theme in Modern Literature* (New York, Oxford University Press, 1977).

Laplanche, J., and J. B. Pontalis, *The Language of Psychoanalysis*, trad. Donald Nicholson-Smith (London, The Hogarth Press, 1973).

Lommel, Andreas, *Masks; Their Meaning and Function* (New York, Mac-Graw Hill, 1972).

Ortega y Gasset, José, *Obras completas* (1941-1946), 1.ª ed. (Madrid, Revista de Occidente, 1947), VI, págs. 252-253; *Ibid.* (Madrid, Revista de Occidente, 1961), VII, págs. 124-140; 141-153.

Rank, Otto, *The Double. A Psychoanalytic Study*, trad. and ed. with «Introduction» by Harry Tucker Jr. (Chapel Hill, North Carolina University Press, 1971).

Rogers, Robert, *A Psychoanalytic Study of the Double in Literature* (Detroit, Wayne State University Press, 1970).

Standard Dictionary of Folcklore, Mytology, and Legend, ed. Maria Leach, vol. II (New York, 1950), págs. 684-687.

Sypher, Wylie, *Loss of the Self in Modern Literature and Art* (New York, Randon House, 1962).

Todorov, Tzvetan, «Le language et ses doubles», *Théories du Symbole* (Paris, Editions du Seuil, 1977), págs. 261-284.

—, «Bakhtine et l'altérité», *Poétique*, 40 (Novembre 1979), 502-513.

Tymms, Ralph, *Doubles in Literary Psychology* (Cambridge, England, Bowes and Bowes, 1949).

Vinge, Louise, *The Narcissus Theme in Western European Literature up to the Early Nineteenth Century* (London, Lund, 1967).

Wright, George T., *The Poet in the Poem. The Personae of Eliot, Yeats, and Pound* (Berkeley and Los Angeles, University of California Press, 1960).

B) *Teoría literaria*

Approaches to Poetics, ed. Seymour Chatman (New York, Columbia University Press, 1973).

Bachelard, Gaston, *La poétique de l'espace*, 2.ª ed. (Paris, Presses Universitaires de France, 1958).

Benveniste, Emile, *Problemas de Lingüística general*, trad. Juan Almela, 4.ª ed. (México, Siglo Veintiuno Editores, 1974).

Bousoño, Carlos, *Teoría de la expresión poética*, 6.ª ed., versión definitiva, 2 vols. (Madrid, Editorial Gredos, 1976).

Cassirer, Ernst, *An Essay on Man* (New Haven, Yale University Press, 1962), págs. 1-22.

Clancier, Anne, *Psicoanálisis, Literatura, Crítica*, trad. María José Arias (Madrid, Ediciones Cátedra, 1976).

Cohen, Jean, *Estructura del lenguaje poético*, vers. de Martín Blanco Álvarez (Madrid, Editorial Gredos, 1970).

Culler, Jonathan, *Structuralist Poetics* (London, Routledge and Kegan Paul, 1975).

Foucault, Michel, *Las palabras y las cosas*, trad. Elsa Cecilia Frost (México, Siglo Veintiuno Editores, 1968).

Genette, Gérard, *Figures II* (Paris, Editions du Seuil, 1969); *Figures III* (Paris, Editions du Seuil, 1972).

Guillén, Claudio, *Literature as System. Essays Toward the Theory of Literary History* (Princeton, Princeton University Press, 1971).

Heidegger, Martin, *Poetry, Language, Thought*, trad. Albert Hofstadter (New York, Harper and Row, Publishers, 1971).

Jakobson, Roman, *Questions de poétique* (Paris, Editions du Seuil, 1973).

Lázaro Carreter, Fernando, *Estudios de poética (La obra en sí)* (Madrid, Taurus Ediciones, 1976).

Le Guern, Michel, *La metáfora y la metonimia*, trad. Augusto de Gálvez-Cañero y Pidal (Madrid, Ediciones Cátedra, 1976).

Levin, Samuel R., *Linguistic Structures in Poetry* (The Hague, Mouton Publishers, 1977).

Man, Paul de, *Allegories of Reading* (New Haven, Yale University Press, 1979).

Martínez Bonati, Félix, *La estructura de la obra literaria* (Barcelona, Seix Barral, 1972).

Mignolo, Walter D., *Elementos para una teoría del texto literario* (Barcelona, Editorial Crítica, 1978).

Perspectives on Poetry, eds. James L. Calderwood and Harold E. Toliver (New York, Oxford University Press, 1968).

Prescott, F. Clark, *The Poetic Mind* (Ithaca, Cornell University Press, 1959).

Riffaterre, Michael, *Essais de Stylistique structurale*, trad. Daniel Delas (Paris, Flammarion, 1971).

Starobinski, Jean, *La relation critique* (Paris, Gallimard, 1970).

Style in Language, ed. Thomas A. Sebeok, Cambridge, Mass., MIT Press, 1960.

C) *Lírica contemporánea*

Alonso, Amado, *Poesía y estilo de Pablo Neruda*, 4.ª ed. (Buenos Aires, Editorial Sudamericana, 1968).

Alonso, Dámaso, *Poetas españoles contemporáneos*, 3.ª ed. aumentada (Madrid, Editorial Gredos, 1978).

Alvar, Manuel, *Estudios y ensayos de literatura contemporánea* (Madrid, Editorial Gredos, 1971).

Brotherston, Gordon, *Latin American Poetry. Origins and Presence* (London, Cambridge University Press, 1975).

Bruns, Gerald, L., *Modern Poetry and the Idea of Language* (New Haven, Yale University Press, 1975).

Castellet, José María, *Un cuarto de siglo de poesía española (1939-1964)* (Barcelona, Editorial Seix Barral, 1966).

Cernuda, Luis, *Estudios sobre poesía española contemporánea* (Madrid, Ediciones Guadarrama, 1957).

Debicki, Andrew P., *Poetas hispanoamericanos contemporáneos. Punto de vista, perspectiva, experiencia* (Madrid, Editorial Gredos, 1976).

Fernández Moreno, César, *Introducción a la poesía* (México, 1962).

Friedrich, Hugo, *Estructura de la lírica moderna. De Baudelaire hasta nuestros días*, trad. Joan Petit (Barcelona, Editorial Seix Barral, 1974).

Grande, Félix, *Apuntes sobre poesía española de posguerra* (Madrid, Taurus, 1970).

Hamberger, Michael, *The Truth in Poetry. Tensions in Modern Poetry: from Baudelaire to the 1960's* (New York, Harcout, Brace and World, Inc., 1970).

Lynch, David, *Yeats: The Poetics of the Self* (Chicago, The University of Chicago Press, 1979).

Morris, C. B., *A Generation of Spanish Poets: 1920-1936* (Cambridge, Cambridge University Press, 1969).

Paz, Octavio, *El arco y la lira*, 2.ª ed. (México, Fondo de Cultura Económica, 1967).

Peters, H. F., *Rainer Maria Rilke: Masks and the Man* (Seattle, University of Washington Press, 1960).

Salinas, Pedro, *Ensayos de literatura hispánica (Del Cantar de Mío Cid a García Lorca* (Madrid, Aguilar, 1961).

Shaw, Priscilla Washburn, *Rilke, Valéry and Yeats: The Domain of the Self* (New Brunswick, New Jersey, Rutgers University Press, 1964).

Siebenmann, Gustav, *Los estilos poéticos en España después de 1900* (Madrid, Editorial Gredos, 1973).

Sucre, Guillermo, *La máscara, la transparencia. Ensayos sobre Poesía Hispanoamericana* (Caracas, Monte Avila Editores, 1975).

The Poem Itself, ed. Stanley Burnshaw (New York, Schoken Book, 1970).

Vivanco, Luis Felipe, *Introducción a la poesía española contemporánea* (Madrid, Guadarrama, 1957).

Ynduráin, Francisco, *Clásicos Modernos. Estudios de crítica literaria* (Madrid, Editorial Gredos, 1969).

Yurkievich, Saúl, *Fundadores de la nueva poesía latinoamericana* (Barcelona, Editorial Seix Barral, 1971).

Zardoya, Concha, *Poesía española del 98 y del 27: estudios temáticos y estilísticos* (Madrid, Editorial Gredos, 1968).

II. Autores individuales

1. *Miguel de Unamuno*

Balseiro, José, «El *Cancionero* y un intermedio semipersonal», en *Blasco Ibáñez, Unamuno, Valle-Inclán, Baroja* (Chapel Hill, The University of North Carolina Press, 1949), págs. 77-119.

Blanco Aguinaga, Carlos, *El Unamuno contemplativo* (México, El Colegio de México, 1959).

Bustos Tovar, Eugenio de, «Miguel de Unamuno, 'poeta de dentro a fuera': Análisis sémico del poema 'Castilla'», *CCMU.*, XXIII (1973), 71-137.

Cano, José Luis, *Poesía española del Siglo XX; De Unamuno a Blas de Otero* (Madrid, Editorial Guadarrama, 1960).

Ciplijauskaité, Biruté, *El poeta y la poesía (Del romanticismo a la poesía social)* (Madrid, Insula, 1966).

Collado, Jesús, *Kierkegaard y Unamuno. La existencia religiosa* (Madrid, Editorial Gredos, 1963).

Fernández, Pelayo H., «Enfoque para una teoría unamuniana del yo y del 'otro'», en *Pensamiento y Letras en la España del Siglo XX*, ed. Germán Bleiberg y E. Inman Fox, Nashville, Vanderbilt University Press, 1966, 187-191.

Fernández y González, A. R., «Unamuno en su espejo», *BBMP.*, XLII, números 1-4 (1966), 233-304.

García Blanco, Manuel, *Don Miguel de Unamuno y sus poesías* (Salamanca, Acta Salmanticensia, Universidad de Salamanca, 1954).

García Morejón, Julio, *Unamuno y el Cancionero. La salvación por la palabra* (São Paulo, Faculdade de Filosofia, Ciências e Letras de Assis, 1966).

González Martín, Vicente, «Miguel de Unamuno y Giacomo Leopardi», *CCMU.*, XXIV (Salamanca 1976), 27-52.

Granjel, Luis S., «Unamuno en su *Cancionero* (Guía de lectores)», *Letras de Deusto*, XIV (julio-diciembre 1977), 163-172.

Gullón, Ricardo, «Imágenes del otro», *RHM.*, XXXI (1965), 210-21.

—, «Unamuno y su *Cancionero*», *La Torre*, 53 (1966), 69-92.

Kock, Josse de, *Introducción al Cancionero de Miguel de Unamuno* (Madrid, Editorial Gredos, 1968).

Lacy, Allen, *Miguel de Unamuno: The Rhetoric of Existence* (The Hague-Paris, Mouton and Co., 1967).

Laín, Milagro, *La palabra de Unamuno* (Caracas, Ediciones de la Universidad Central de Venezuela, 1964).

Marías, Julián, *Miguel de Unamuno* (Madrid, Espasa-Calpe, 1943).

Martínez-López, Ramón, ed., *Unamuno Centennial Studies*, Austin, University of Texas Press, 1966.

May, Bárbara, «Propresión cíclica y trágica del yo unamuniano», *CHisp.*, 314-315 (agosto-sept. 1976), 342-359.

Meyer, François, *La ontología de Miguel de Unamuno* (Madrid, Editorial Gredos, 1962).

Ribbans, Geoffrey W., *Niebla y soledad. Aspectos de Unamuno y Machado* (Madrid, Editorial Gredos, 1971).

Richards, Katharine C., «Unamuno and 'The Other'», *KRQ.*, 23 (1976), 439-49.

Pagés Larraya, Antonio, «Unamuno, poeta lírico», *Atenea*, LXX (1942), 246-272.

Rudd, Margaret Thomas, *The Lone Heretic. A Biography of Miguel de Unamuno y Jugo* (Austin, University of Texas Press, 1963).

Sánchez Barbudo, Antonio, *Estudios sobre Galdós, Unamuno y Machado*, 2.ª ed. (Madrid, Editorial Guadarrama, 1968), págs. 67-290.

—, ed., *Miguel de Unamuno* (Madrid, Taurus Ediciones, 1974).

Smith, G., «Unamuno, Ortega and the 'Otro'», *Revista de Estudios Hispánicos*, 6 (1972), 373-85.

Valdés, Mario J., *Death in the Literature of Unamuno* (Urbana, University of Illinois Press, 1966).

Valverde, José María, «Notas sobre la poesía de Unamuno», *Primeras jornadas de Lengua y Literatura Hispanoamericana* (1953), *Acta Salmanticensia*, X, 2 (Salamanca 1956), 229-239.

Vivanco, Luis F., «El mundo hecho hombre en el *Cancionero* de Unamuno», *La Torre*, núms. 35-36 (1961), 361-386.

Wyers, Frances, *Miguel de Unamuno; The Contrary Self* (London, Tamesis Books Limited, 1976).

Zubizarreta, Armando, F., *Unamuno en su «nivola»*, Madrid, Taurus, 1960.

2. Antonio Machado

Ángeles, José, ed., *Estudios sobre Antonio Machado* (Barcelona, Editorial Ariel, 1977).

Barjau, Eustaquio, *Antonio Machado: teoría y práctica del apócrifo* (Barcelona, Editorial Ariel, 1975).

Cano, José Luis, *Antonio Machado: biografía ilustrada* (Barcelona, Editorial Destino, 1975).

Caravaggi, Giovanni, «Sulle genesi degli 'apocrifi' di A. Machado», *Studi e problemi di critica testuale*, 10 (abril 1975), 183-215.

Cerezo Galán, Pedro, *Palabra en el tiempo (Poesía y filosofía en Antonio Machado)* (Madrid, Editorial Gredos, 1975).

Clavería, Carlos, «Notas sobre la poética de Antonio Machado», *Cinco estudios de literatura española* (Salamanca 1945), págs. 95-118.

Cobos, Pablo de A., *El pensamiento de Antonio Machado en Juan de Mairena* (Madrid, Ínsula, 1971).

Colinas, Antonio, «En torno a los 'apócrifos' de Antonio Machado», *CHisp.*, núms. 304-307 (1975-76), 1143-49.

Frutos Cortés, Eugenio, *Creación poética* (Madrid, Ediciones Porrúa Turanzas, 1976), págs. 151-215.

Gullón, Ricardo, *Una poética para Antonio Machado* (Madrid, Editorial Gredos, 1970).

Gullón, Ricardo y Allen W. Phillips, eds., *Antonio Machado* (Madrid, Taurus Ediciones, 1973).

Laitenberg, Hugo, *Antonio Machado. Sein Versuch einer Selpstinterpretation in seinen apokryphen Dichterphilosophen* (Wiesbaden, Franz Steiner Verlag, 1972).

Lapesa, Rafael, *Poetas y prosistas de ayer y de hoy* (Madrid, Editorial Gredos, 1977).

López Morillas, Juan, *Hacia el 98: literatura, sociedad, ideología* (Barcelona, Editorial Ariel, 1972), págs. 257-267.

Macrí, O., *Studi introduttivi a Poesíe di A. Machado* (Milano, Lerici, 1961).

Molina, R. A., «Ver y mirar en la obra poética de Antonio Machado», *PSA.*, 9 (1956), 241-264.

Pérez Delgado, Rafael, «Ida y vuelta a los clásicos con Antonio Machado y contraluz de Unamuno», *PSA.*, 46 (1967), 11-93.

Predmore, Michael P., «The Nostalgia of Paradise and the Dilemma of Solipsism in the Early Poetry of Antonio Machado», *RHM.*, XXXVIII (1974-75), 30-51.

Sánchez Barbudo, Antonio, *Los poemas de Antonio Machado. Los temas, el sentimiento y la expresión* (Barcelona, Lumen, 1967).

Sesé, Bernard, *Antonio Machado (1875-1939). El Hombre. El Poeta. El Pensador*, vers. de Soledad García Mouton, 2 vols. (Madrid, Editorial Gredos, 1980).

Siguán, A., «El tema del otro en Antonio Machado», *Convivium*, núm. 21 (enero-junio 1966), 266-286.

Tuñón de Lara, Manuel, *Antonio Machado, poeta del pueblo*, 3.ª ed. (Barcelona, Nova Terra/Laia, 1976).

Valverde, José María, *Antonio Machado* (Madrid, Siglo Veintiuno Editores, 1975).

Yglesias, Luis Ellicott, «Alienation and the Poetic word: a study of the poetics of Miguel de Unamuno and Antonio Machado», Disertación doctoral (Harvard University, 1968).

Ynduráin, Domingo, *Ideas recurrentes en Antonio Machado*, prol. de Aurora de Albornoz (Madrid, Ediciones Turner, 1975).

Zardoya, Concha, «El 'Yo' en las *Soledades* y *Galerías* de Antonio Machado», *Asomante*, XXV, 2 (1969), 39-60.

Zubiría, Ramón de, *La poesía de Antonio Machado* (Madrid, Editorial Gredos, 1955).

3. Fernando Pessoa

Bréchon, Robert, «Fernando Pessoa et ses personnages», *Critique*, 251 (Avril 1968), 380-398.

Busquet, Alain, «Fernando Pessoa ou les délices du doute», en *Verbe et vertige: situations de la poésie* (Paris, 1961), págs. 174-185.

Casais Monteiro, Adolfo, *Estudios sobre a poesia de Fernando Pessoa* (Rio de Janeiro, Livraria Agir, 1958).

Coelho, Jacinto do Prado, *Diversidade e Unidade em Fernando Pessoa*, 4.ª ed. (Lisboa, Editorial Verbo, 1973).

Griffin, Jonathan, «Four Poets in One Man», en *Selected Poems of Fernando Pessoa* (New York, Penguin Books, 1974), págs. 9-23.

Jakobson, Roman e Luciana Stegagno Pichio, «Les oxymores dialectiques de Fernando Pessoa», en *Questions de Poétiques* (Paris, Editions du Seuil, 1973), págs. 463-483.

Jones, Marilyn S., «The literary function of the 'other' in the Poetry of Fernando Pessoa», Disertación doctoral (Brown University, 1974).

Kujawski, Gilberto de Mello, «Fernando Pessoa, o Uno e o Múltiplo», *Convivium*, I, 5 (São Paulo, Outubro 1962), 31-55.

Lourenço, Eduardo, «Walt Whitman e Pessoa», *Quaderni portoghesi*, 2 (Autunno 1977), 155-184.

Lourenço, Eduardo, *Pessoa revisitado* (Porto, Ed. Inova, 1973).

Margarido, Alfredo, «La pensée politique de Fernando Pessoa», *BEPIF*, XXXII (1971), 141-84.

Moisés, Carlos Filipe, *Poesia e Realidade* (São Paulo, Editora Cultrix, 1977).

Moisés, Leyla Perrone, «Pessoa personne?», *Tel Quel*, 60 (1974), 86-104.

Nunes, Benedito, «Os outros de Fernando Pessoa», *BEPIF.*, XXXI (1970), 335-358.

Padrão, María da Glória, *A Metáfora em Fernando Pessoa* (Porto, Editorial Inova, 1973).

Panarese, Luigi, *Poesie di Fernando Pessoa* (Milano, Lerici Editori, 1967).

Pavão, J. Almeida, «Pessoa e os heterónimos», *Ocidente*, LXXXI, 403 (Novembro 1971), 296-303.

Paz, Octavio, *Cuadrivio* (México, Joaquín Mortiz, 1969), págs. 131-163.

Pina Coelho, António, *Os fundamentos filosóficos da obra de Fernando Pessoa*, 2 vols. (Lisboa, Editorial Verbo, 1971).

Rickard, Peter, «Introduction» a Fernando Pessoa, *Selected Poems*, Austin, University of Texas Press, 1971, págs. 1-61.

Sacramento, Mário, *Fernando Pessoa poeta da hora absurda*, 2.ª ed. (Porto, Editorial Inova, 1970).

Schiappa de Azevedo, Maria Teresa, «A volta do poeta fingidor», *Revista da Faculdade de Letras* (Coimbra 1977), 365-383.

Sena, Jorge de, *O poeta é um fingidor* (Lisboa, Edições Ática, 1961), páginas 21-95.

Severino, Alexandrino, «'Rubáiyát': um poema desconhecido de Fernando Pessoa», *Luso-Brazilian Review*, 15 (Supplementary Issue, Summer, 1978), 67-74.

Sheets, Jane M., «Fernando Pessoa as Anti-poet: Alberto Caeiro», *BHS.*, XLVI (1969), 39-47.

Simões, João Gaspar, *Heteropsicografía de Fernando Pessoa* (Porto, Editorial Inova, 1973).

—, *Vida e Obra de Fernando Pessoa. História duma Geração*, 3.ª ed. (Lisboa, Livraria Bertrand, 1973).

Stegagno Picchio, Luciana, «Pessoa uno e quattro», *Strumenti Critici*, I, 4 (oct. 1967), 377-401.

Wyss, Tobías, *Dialog und Stille. Max Jacob, Giuseppe Ungaretti, Fernando Pessoa* (Zürich, Juris-Verlag, 1969).

4. *Vicente Aleixandre*

Alonso, Dámaso, *Ensayos sobre poesía española* (Madrid, Revista de Occidente, 1944), págs. 378-390.

—, *Poetas españoles contemporáneos*, 3.ª ed. aumentada (Madrid, Editorial Gredos, 1978), págs. 267-313.

Bousoño, Carlos, *La poesía de Vicente Aleixandre*, 3.ª ed. aumentada (Madrid, Editorial Gredos, 1977).

Cano, José Luis, ed., *Vicente Aleixandre* (Madrid, Taurus Ediciones, 1977).

Correa, Gustavo, «Conciencia poética y clarividencia», *CHisp.*, núms. 352-354 (octubre-diciembre 1979), 41-74.

De la Concha, Víctor G., *La poesía española de posguerra. Teoría e historia de sus movimientos* (Madrid, Ed. Prensa Española, 1973).

Gimferrer, Pere, «Prólogo» a la ed. de Vicente Aleixandre, *Antología total*, Barcelona, Seix Barral, 1975, págs. 9-32.

Granados, Vicente, *La poesía de Vicente Aleixandre (Formación y evolución)* (Madrid, Cupsa Editorial, 1977).

Luis, Leopoldo de, *Vicente Aleixandre* (Madrid, Epesa, 1970).

Morelli, Gabriele, *Linguaggio poetico di Vicente Aleixandre*, 2.ª ed. (Roma, Mario Bulzoni Editore, 1976).

Puccini, Darío, *La parola poetica di Vicente Aleixandre* (Roma, Mario Bulzoni Editore, 1971).

Sobejano, Gonzalo, «'Sombra del Paraíso': ayer y hoy», *CHisp.*, núms. 352-354 (octubre-diciembre 1979), 370-383.

Vivanco, Luis Felipe, *Introducción a la poesía española contemporánea*, 2.ª ed. (Madrid, Ediciones Guadarrama, 1971), I, págs. 301-345.

Zardoya, Concha, *Poesía española del siglo XX. Estudios temáticos y estilísticos* (Madrid, Editorial Gredos, 1974), III, págs. 237-260.

5. *Jorge Luis Borges*

Alazraki, Jaime, *Versiones. Inversiones. Reversiones (El espejo como modelo estructural del relato en los cuentos de Borges* (Madrid, Editorial Gredos, 1977).

Alazraki, Jaime (editor), *Jorge Luis Borges*, col. «El escritor y la crítica» (Madrid, Taurus Ediciones, 1976).

—, «Borges o el difícil oficio de la intimidad: reflexiones sobre su poesía más reciente», *RI.*, núms. 98-99 (enero-junio de 1977), 449-463.

Barrenechea, Ana María, *La expresión de la irrealidad en la obra de Borges* (Buenos Aires, Editorial Paidós, 1967).

Bastos, María Luisa, *Borges ante la crítica argentina, 1923-1960* (Buenos Aires, Ed. Hispamérica, 1974).

Bosco, María Angélica, *Borges y los otros* (Buenos Aires, Fabril, 1967).

Brion, Marcel, «Masques, miroirs, mensonges, labyrinthe», en *Jorge Luis Borges* (Paris, L'Herne, 1964), págs. 312-322.

Burgin, Richard, *Conversations with Jorge Luis Borges* (New York, 1969).

Caillois, Roger, «Les thèmes fondamentaux de J. L. Borges», en *Jorge Luis Borges* (Paris, L'Herne, 1964), págs. 211-217.

Charbonnier, Georges, *Entretiens avec Jorge Luis Borges* (Paris, Gallimard, 1967).

Christ, Ronald J., *The Narrow Act: Borges' Art of Allusion* (New York, New York University Press, 1969).

Ferrer, Manuel, *Borges y la nada* (London, Tamesis Books Limited, 1971).

Gertel, Zunilda, «La imagen metafísica en la poesía de Borges», *RI.*, números 98-99 (enero-junio de 1977), 433-448.

Gyurko, Lanin A., «Borges and the Theme of the Double», *Ibero-Amerikanisches Archiv.*, 2, iii (1976), 193-226.

Hart, Thomas R., «The Literary Criticism of Jorge Luis Borges», *MLN.*, 78, 5 (December 1963), 489-503.

Ibarra, Néstor, *Borges et Borges* (Paris, L'Herne, 1969).

Jurado, Alicia, *Genio y figura de Jorge Luis Borges* (Buenos Aires, Editorial Universitaria, 1966.

Lida, María Rosa, «Contribución al estudio de las fuentes literarias de Jorge Luis Borges», *Sur*, núms. 213-4 (julio-agosto 1952), 50-57.

Milleret, Jean de, *Entrevistas con Jorge Luis Borges* (Caracas, Monte Ávila Editores, 1971).

Prieto, Adolfo, *Borges y la nueva generación* (Buenos Aires, Letras Universitarias, 1954).

Rest, Jaime, *El laberinto del universo. Borges y el pensamiento nominalista* (Buenos Aires, Ediciones Librería Fausto, 1976).

Rodríguez Monegal, Emir, *Jorge Luis Borges: a literary biography* (New York, E. P. Dutton, 1978).

Ruiz Díaz, Adolfo, «Elementos musulmanes en la obra de Borges. Sobre la realidad de las ficciones», *Iberorromania*, 3 (1975), 147-169.

Sucre, Guillermo, *Borges el poeta* (México, Universidad Nacional Autónoma, 1967).

—, *La máscara, la transparencia. Ensayos sobre Poesía Hispanoamericana* (Caracas, Monte Ávila Editores, 1975), págs. 161-180.

Yates, Donald A., «Behind 'Borges and I'», *Modern Fiction Studies*, vol. 19, núm. 3 (Autum 1973), 317-324.

Irby, James E., «Borges and the Idea of Utopia», *Books Abroad*, vol. 45, núm. 3 (Summer 1971), 411-420.

6. *Octavio Paz*

Aproximaciones a Octavio Paz, compilación de Ángel Flores (México, Joaquín Mortiz, 1974).

Bellini, Giuseppe, *Quevedo y la poesía hispanoamericana del siglo XX: Vallejo, Carrera Andrade, Paz, Neruda, Borges*, trad. J. Enrique Ojeda (New York, Editorial Eliseo Torres, 1976).

Brotherston, Gordon, «The Tradition of Octavio Paz», en *Latin American Poetry. Origins and Presence* (London, Cambridge University Press, 1975), págs. 138-168.

Céa, Claire, *Octavio Paz* (Paris, Editions Pierre Seghers, 1965).

Debicki, Andrew P., *Poetas hispanoamericanos contemporáneos*, págs. 141-158.

Durán, Manuel, «La huella del Oriente en la poesía de Octavio Paz», *RI.*, núm. 74 (enero-marzo de 1971), 97-116.

Honig, Edwin, «A Conversation with Octavio Paz», *MLN.*, 91, 5 (October 1976), 1073-1083.

Ivask, Ivar, ed., *The Perpetual Present: the Poetry and Prose of Octavio Paz* (Norman, University of Oklahoma Press, 1973).

King, Lloyd, «Surrealism and the Sacred in the Aesthetic Credo of Octavio Paz», *HR.*, XXXVII (1969), 383-393.

Lemaître, Monique J., *Octavio Paz: poesía y poética* (México, Universidad Nacional Autónoma de México, 1976).

Merrell, Floyd, «Some Considerations of the Nation of 'Otherness' in Octavio Paz' Posdata», *KRQ.*, 24 (1977), 163-74.

Phillips, Allen, *Cinco estudios sobre literatura mexicana moderna* (México, Secretaría de Educación Pública, 1974).

Phillips, Rachel, *The Poetic Modes of Octavio Paz* (Oxford, Oxford University Press, 1972).

Rodríguez Monegal, Emir, «Borges y Paz: un diálogo de textos críticos», en *Borges: hacia una interpretación* (Madrid, Ediciones Guadarrama, 1976), págs. 9-40.

Rodríguez Padrón, Jorge, *Octavio Paz* (Madrid, Ediciones Júcar, 1975).

Roggiano, Alfredo (ed.), *Octavio Paz* (colección de ensayos de diferentes críticos) (Madrid, Editorial Fundamentos, 1979).

Santí, Enrico Mario, «The Politics of Poetics», *Diacritics*, vol. 8, núm. 4 (Winter, 1978), 28-40.

Wilson, Jason, *Octavio Paz. A Study of his Poetics* (Cambridge, Cambridge University Press, 1979).

Xirau, Ramón, *Octavio Paz: el sentido de la palabra* (México, Joaquín Mortiz, 1970).

Yurkievich, Saúl, «Octavio Paz, indagador de la palabra», *RI.*, 74 (enero-marzo de 1971), 73-95.

7. Max Aub

Cano, José Luis, «Max Aub, biógrafo: *Jusep Torres Campalans*», *Insula*, núm. 288 (noviembre 1970), 8-9.

Durán, Manuel, «Max Aub o la vocación de escritor», en *De Valle Inclán a León Felipe* (México, Finisterre, 1974), págs. 229-241.

Durán, Manuel y Margery A. Safir, «Acerca de Max Aub, Jorge Luis Borges y las biografías imaginarias», *La Palabra y el Hombre*, 2.ª época, núm. 14 (abril-junio de 1975), 62-68.

García Lora, José, «Unidad y pluralidad de Max Aub», *Insula*, núms. 320-321 (julio-agosto 1973), 15.

Mainer, José Carlo, «Max Aub: entre la anti-España y la literatura universal», *Insula*, núms. 320-321 (julio-agosto 1973), 6 y 12.

Scuderi, María, «Max Aub, antológico», *La Nación* (junio 24, 1967).

Siebenmann, Gustav, «Max Aub, inventor de existencias (acerca de *Jusep Torres Campalans*)», *Insula*, 320-321 (julio-agosto 1973), 10-11.

8. Félix Grande

Brotherston, Gordon, «The Speaking voice in Félix Grande's poetry», en *Studies in Modern Spanish Literature and Art*, presented to Helen Grant, ed. by Nigel Glendinning (London, Tamesis Books, 1972), 1-12.

Castellet, José María, *Un cuarto de siglo de poesía española (1936-1964)* (Barcelona, Editorial Seix Barral, 1966).

Hernández, Jesús, «Félix Grande», *Norte*, 267 (1975), 21-25.

Jiménez, José Olivio, *Diez años de poesía española (1960-1970)* (Madrid, Insula, 1972).

Manrique de Lara, J. G., «Félix Grande o la poesía psicolírica del entorno», en *Poetas sociales españoles* (Madrid, 1974), págs. 153-159.

Miró, Emilio, «Félix Grande: música amenazada», *Insula*, 235 (1966), 5.

—, «Félix Grande entre el verso y la prosa», *CHisp.*, núm. 228 (1968), 787-794.

Quiñones, Fernando, «Félix Grande, premio de poesía 'Casa de las Américas'», *CHisp.*, núm. 208 (1967), 137-140.

ÍNDICE ONOMÁSTICO

ÍNDICE GENERAL

BIBLIOTECA ROMÁNICA HISPÁNICA
Dirigida por: DÁMASO ALONSO

I. TRATADOS Y MONOGRAFÍAS

1. Wartburg, W. von: *La fragmentación lingüística de la Romania.* Segunda edición aumentada. Reimpresión. 208 págs. 17 mapas.
2. Wellek, R. y Warren, A.: *Teoría literaria.* Prólogo de Dámaso Alonso. Cuarta edición. Reimpresión. 432 págs.
3. Kayser, W.: *Interpretación y análisis de la obra literaria.* Cuarta edición revisada. Reimpresión. 594 págs.
4. Peers, E. A.: *Historia del movimiento romántico español.* 2 vols. Segunda edición. Reimpresión. 1.026 págs.
5. Alonso, A.: *De la pronunciación medieval a la moderna en español.* 2 vols.
9. Wellek, R.: *Historia de la crítica moderna (1750-1950).* 3 vols.
10. Baldinger, K.: *La formación de los dominios lingüísticos en la Península Ibérica.* Segunda edición corregida y muy aumentada. 496 págs. 23 mapas.
11. Marley, S. G. y Bruerton, C.: *Cronología de las comedias de Lope de Vega.* 694 págs.
12. Martí, A.: *La preceptiva retórica española en el Siglo de Oro.* Premio Nacional de Literatura. 346 págs.
13. Aguiar e Silva, V. M. de: *Teoría de la literatura.* Segunda reimpresión. 550 págs.
14. Hörmann, H.: *Psicología del lenguaje.* 496 págs.
15. Rodríguez Adrados, F.: *Lingüística indoeuropea.* 2 vols. 1.152 págs.

II. ESTUDIOS Y ENSAYOS

1. Alonso, D.: *Poesía española (Ensayo de métodos y límites estilísticos).* Quinta edición. Reimpresión. 672 págs. 2 láminas.
2. Alonso, A.: *Estudios lingüísticos (Temas españoles).* Tercera edición. Reimpresión. 286 págs.
3. Alonso, D. y Bousoño, C.: *Seis calas en la expresión literaria española (Prosa-Poesía-Teatro).* Cuarta edición. 446 págs.
4. García de Diego, V.: *Lecciones de lingüística española (Conferencias pronunciadas en el Ateneo de Madrid).* Tercera edición. Reimpresión. 234 págs.
5. Casalduero, J.: *Vida y obra de Galdós (1843-1920).* Cuarta edición ampliada. 312 págs.
6. Alonso, D.: *Poetas españoles contemporáneos.* Tercera edición aumentada. Reimpresión. 424 págs.
7. Bousoño, C.: *Teoría de la expresión poética.* Premio «Fastenrath». 2 vols. Sexta edición aumentada. 1.120 págs.

9. Menéndez Pidal, R.: *Toponimia prerrománica hispana.* Reimpresión. 314 págs. 3 mapas.

10. Clavería, C.: *Temas de Unamuno.* Segunda edición. 168 págs.

11. Sánchez, L. A.: *Proceso y contenido de la novela hispanoamericana.* Tercera edición. 630 págs.

12. Alonso, A.: *Estudios lingüísticos (Temas hispanoamericanos).* Tercera edición. Reimpresión. 360 págs.

16. Hatzfeld, H.: *Estudios literarios sobre mística española.* Tercera edición corregida y aumentada. 460 págs.

17. Alonso, A.: *Materia y forma en poesía.* Tercera edición. Reimpresión. 402 págs.

18. Alonso, D.: *Estudios y ensayos gongorinos.* Tercera edición. 602 páginas. 15 láminas.

19. Spitzer, L.: *Lingüística e historia literaria.* Segunda edición. Reimpresión. 308 págs.

20. Zamora Vicente, A.: *Las sonatas de Valle Inclán.* Segunda edición. Reimpresión. 190 págs.

21. Zubiría, R. de: *La poesía de Antonio Machado.* Tercera edición. Reimpresión. 268 págs.

24. Gaos, V.: *La poética de Campoamor.* Segunda edición corregida y aumentada, con un apéndice sobre la poesía de Campoamor. 234 págs.

27. Bousoño, C.: *La poesía de Vicente Aleixandre.* Tercera edición aumentada. 558 págs.

28. Sobejano, G.: *El epíteto en la lírica española.* Agotado.

31. Palau de Nemes, G.: *Vida y obra de Juan Ramón Jiménez (La poesía desnuda).* 2 vols. Segunda edición completamente renovada. 678 págs.

33. Sánchez, L. A.: *Escritores representativos de América.* Véase sección VII, Campo Abierto núm. 11.

34. Asensio, E.: *Poética y realidad en el cancionero peninsular de la Edad Media.* Segunda edición aumentada. 308 págs.

37. Alonso, D.: *De los siglos oscuros al de Oro.* Véase sección VII, Campo Abierto núm. 14.

39. Díaz, J. P.: *Gustavo Adolfo Bécquer (Vida y poesía).* Tercera edición corregida y aumentada. 514 págs.

40. Carilla, E.: *El Romanticismo en la América hispánica.* 2 vols. Tercera edición revisada y ampliada. 668 págs.

41. Nora, E. G. de: *La novela española contemporánea (1898-1967).* Premio de la Crítica. 3 vols.

42. Eich, Ch.: *Federico García Lorca, poeta de la intensidad.* Segunda edición revisada. Reimpresión. 206 págs.

43. Macrí, O.: *Fernando de Herrera.* Segunda edición corregida y aumentada. 696 págs.

44. Bayo, M. J.: *Virgilio y la pastoral española del Renacimiento (1480-1550).* Segunda edición. 290 págs.

45. Alonso, D.: *Dos españoles del Siglo de Oro (Un poeta madrileñista, latinista y francesista en la mitad del siglo XVI. El Fabio de la «Epístola Moral»: su cara y cruz en Méjico y en España).* Reimpresión. 258 págs.

46. Criado de Val, M.: *Teoría de Castilla la Nueva (La dualidad castellana en la lengua, la literatura y la historia).* Segunda edición ampliada. 400 págs. 8 mapas.

47. Schulman, I. A.: *Símbolo y color en la obra de José Martí.* Segunda edición. 498 págs.

49. Casalduero, J.: *Espronceda.* Segunda edición. 280 págs.

51. Pierce, F.: *La poesía épica del Siglo de Oro.* Segunda edición revisada y aumentada. 396 págs.

52. Correa Calderón, E.: *Baltasar Gracián (Su vida y su obra).* Segunda edición aumentada. 426 págs.

53. Martín-Gamero, S.: *La enseñanza del inglés en España (Desde la Edad Media hasta el siglo XIX).* 247 págs.

54. Casalduero, J.: *Estudios sobre el teatro español (Lope de Vega, Guillén de Castro, Cervantes, Tirso de Molina, Ruiz de Alarcón, Calderón, Jovellanos, Moratín, Larra, Duque de Rivas, Bécquer, Valle Inclán, Buñuel).* Cuarta edición aumentada. En prensa.

57. Casalduero, J.: *Sentido y forma de las «Novelas ejemplares».* Segunda edición corregida. Reimpresión. 272 págs.

58. Shepard, S.: *El Pinciano y las teorías literarias del Siglo de Oro.* Segunda edición aumentada. 210 págs.

60. Casalduero, J.: *Estudios de literatura española («Poema de Mío Cid», Arcipreste de Hita, Renacimiento y Barroco, «El Lazarillo», Cervantes, Jovellanos, Duque de Rivas, Espronceda, Bécquer, Galdós, Ganivet, Valle Inclán, Antonio Machado, Gabriel Miró, Jorge Guillén).* Tercera edición aumentada. 478 págs.

61. Coseriu, E.: *Teoría del lenguaje y lingüística general (Cinco estudios).* Tercera edición revisada y corregida. Reimpresión. 330 págs.

62. Miró Quesada, S. A.: *El primer virrey-poeta en América (Don Juan de Mendoza y Luna, marqués de Montesclaros).* 274 págs.

63. Correa, G.: *El simbolismo religioso en las novelas de Pérez Galdós.* Reimpresión. 278 págs.

64. Balbín, R. de: *Sistema de rítmica castellana.* Premio «Francisco Franco» del C. S. I. C. Tercera edición aumentada. 422 págs.

65. Ilie, P.: *La novelística de Camilo José Cela.* Tercera edición aumentada. 330 págs.

67. Cano Ballesta, J.: *La poesía de Miguel Hernández.* Segunda edición aumentada. Reimpresión. 356 págs.

69. Videla, G.: *El ultraísmo (Estudios sobre movimientos poéticos de vanguardia en España).* Segunda edición. 246 págs.

71. Herrero, J.: *Fernán Caballero: un nuevo planteamiento.* 346 págs.

72. Beinhauer, W.: *El español coloquial.* Prólogo de Dámaso Alonso. Tercera edición aumentada y actualizada. 556 págs.

133. Arróniz, O.: *La influencia italiana en el nacimiento de la comedia española*. 340 págs.
134. Catalán, D.: *Siete siglos de romancero (Historia y poesía)*. 224 págs.
135. Chomsky, N.: *Lingüística cartesiana (Un capítulo de la historia del pensamiento racionalista)*. Reimpresión. 160 págs.
136. Kany, Ch. E.: *Sintaxis hispanoamericana*. Reimpresión. 552 págs.
137. Alvar, M.: *Estructuralismo, geografía lingüística y dialectología actual*. Segunda edición ampliada. 266 págs.
138. Richthofen, E. von: *Nuevos estudios épicos medievales* 294 págs.
140. Cohen, J.: *Estructura del lenguaje poético*. Reimpresión. 228 págs.
141. Livingstone, L.: *Tema y forma en las novelas de Azorín*. 242 págs.
142. Catalán, D.: *Por campos del romancero (Estudios sobre la tradición oral moderna)*. 310 págs.
143. López, M.ª L.: *Problemas y métodos en el análisis de preposiciones*. Reimpresión. 224 págs.
144. Correa, G.: *La poesía mítica de Federico García Lorca*. Segunda edición. 250 págs.
145. Tate, R. B.: *Ensayos sobre la historiografía peninsular del siglo XV*. 360 págs.
146. García Barrón, C.: *La obra crítica y literaria de Don Antonio Alcalá Galiano*. 250 págs.
147. Alarcos Llorach, E.: *Estudios de gramática funcional del español*. Tercera edición. 352 págs.
148. Benítez, R.: *Bécquer tradicionalista*. 354 págs.
149. Araya, G.: *Claves filológicas para la comprensión de Ortega*. 250 págs.
150. Martinet, A.: *El lenguaje desde el punto de vista funcional*. Reimpresión. 218 págs.
151. Irizarry, E.: *Teoría y creación literaria en Francisco Ayala*. 274 págs.
152. Mounin, G.: *Los problemas teóricos de la traducción*. Segunda edición revisada. 338 págs.
153. Peñuelas, M. C.: *La obra narrativa de Ramón J. Sender*. 294 págs.
154. Alvar, M.: *Estudios y ensayos de literatura contemporánea*. 410 págs.
155. Hjelmslev, L.: *Prolegómenos a una teoría del lenguaje*. Segunda edición. Reimpresión. 198 págs.
156. Zuleta, E. de: *Cinco poetas españoles (Salinas, Guillén, Lorca, Alberti, Cernuda)*. Segunda edición aumentada. 526 págs.
157. Fernández Alonso, M.ª del R.: *Una visión de la muerte en la lírica española (La muerte como amada)*. Premio Rivadeneira. Premio Nacional Uruguayo de Ensayo. 450 págs. 5 láminas.
158. Rosenblat, A.: *La lengua del «Quijote»*. Reimpresión. 380 págs.
159. Pollmann, L.: *La «Nueva Novela» en Francia y en Iberoamérica*. 380 págs.
160. Capote Benot, J. M.ª: *El período sevillano de Luis Cernuda*. Prólogo de F. López Estrada. 172 págs.
161. García Morejón, J.: *Unamuno y Portugal*. Prólogo de Dámaso Alonso. Segunda edición corregida y aumentada. 580 págs.

162. Ribbans, G.: *Niebla y soledad (Aspectos de Unamuno y Machado)*. 332 págs.

163. Scholberg, K. R.: *Sátira e invectiva en la España medieval*. 376 págs.

164. Parker, A. A.: *Los pícaros en la literatura (La novela picaresca en España y Europa, 1599-1753)*. Segunda edición. 218 págs. 11 láminas.

165. Rudat, E. M.: *Las ideas estéticas de Esteban de Arteaga (Orígenes, significado y actualidad)*. 340 págs.

166. San Miguel, A.: *Sentido y estructura del «Guzmán de Alfarache» de Mateo Alemán*. Prólogo de F. Rauhut. 312 págs.

167. Marcos Marín, F.: *Poesía narrativa árabe y épica hispánica (Elementos árabes en los orígenes de la épica hispánica)*. 388 págs.

168. Cano Ballesta, J.: *La poesía española entre pureza y revolución (1930-1936)*. 284 págs.

169. Corominas, J.: *Tópica hespérica (Estudios sobre los antiguos dialectos, el substrato y la toponimia romances)*. 2 vols. 840 págs.

170. Amorós, A.: *La novela intelectual de Ramón Pérez de Ayala*. 500 págs.

171. Porqueras Mayo, A.: *Temas y formas de la literatura española*. 196 págs.

172. Brancaforte, B.: *Benedetto Croce y su crítica de la literatura española*. 152 págs.

173. Martín, C.: *América en Rubén Darío (Aproximación al concepto de la literatura hispanoamericana)*. 276 págs.

174. García de la Torre, J. M.: *Análisis temático de «El Ruedo Ibérico»*. 362 págs.

175. Rodríguez-Puértolas, J.: *De la Edad Media a la edad conflictiva (Estudios de literatura española)*. 406 págs.

176. López Estrada, F.: *Poética para un poeta (Las «Cartas literarias a una mujer» de Bécquer)*. 246 págs.

177. Hjelmslev, L.: *Ensayos lingüísticos*. 362 págs.

178. Alonso, D.: *En torno a Lope (Marino, Cervantes, Benavente, Góngora, los Cardenios)*. 212 págs.

179. Pabst, W.: *La novela corta en la teoría y en la creación literaria (Notas para la historia de su antinomia en las literaturas románicas)*. 510 págs.

180. Rumeu de Armas, A.: *Alfonso de Ulloa, introductor de la cultura española en Italia*. 192 págs. 2 láminas.

181. León, P. R.: *Algunas observaciones sobre Pedro de Cieza de León y la Crónica del Perú*. 278 págs.

182. Roberts, G.: *Temas existenciales en la novela española de postguerra*. Segunda edición corregida y aumentada. 326 págs.

184. Durán, A.: *Estructura y técnicas de la novela sentimental y caballeresca*. 182 págs.

185. Beinhauer, W.: *El humorismo en el español hablado (Improvisadas creaciones espontáneas)*. Prólogo de R. Lapesa. 270 págs.

186. Predmore, M. P.: *La poesía hermética de Juan Ramón Jiménez (El «Diario» como centro de su mundo poético)*. 234 págs.

187. Manent, A.: *Tres escritores catalanes: Carner, Riba, Pla*. 338 págs.

270. Anderson, J. M.: *Aspectos estructurales del cambio lingüístico.* 374 páginas.

271. Bousoño, C.: *El irracionalismo poético (El símbolo).* Premio Nacional de Literatura 1978. 458 págs.

272. Coseriu, E.: *El hombre y su lenguaje (Estudios de teoría y metodología lingüística).* 270 págs.

273. Rohrer, Ch.: *Lingüística funcional y gramática transformativa (La transformación en francés de oraciones en miembros de oración).* 324 págs.

274. Francis, A.: *Picaresca, decadencia, historia (Aproximación a una realidad histórico-literaria).* 230 págs.

275. Picoche, J. L.: *Un romántico español: Enrique Gil y Carrasco (1815-1846).* 398 págs.

276. Ramírez Molas, P.: *Tiempo y narración (Enfoque de la temporalidad en Borges, Carpentier, Cortázar y García Márquez).* 218 págs.

277. Pêcheux, M.: *Hacia el análisis automático del discurso.* 374 págs.

278. Alonso, D.: *La «Epístola moral a Fabio», de Andrés Fernández de Andrada (Edición y Estudio).* 286 págs. 4 láminas.

279. Hjelmslev, L.: *La categoría de los casos (Estudio de gramática general).* 346 págs.

280. Coseriu, E.: *Gramática, semántica, universales (Estudios de lingüística funcional).* 270 págs.

281. Martinet, A.: *Estudios de sintaxis funcional.* 342 págs.

282. Granda, G. de: *Estudios lingüísticos hispánicos, afrohispánicos y criollos.* 522 págs.

283. Marcos Marín, F.: *Estudios sobre el pronombre.* 338 págs.

284. Kimball, J. P.: *La teoría formal de la gramática.* 222 págs.

285. Carreño, A.: *El romancero lírico de Lope de Vega.* Premio Ramón Menéndez Pidal, 1976. 302 págs.

286. Marcellesi, J. B. y Gardin, B.: *Introducción a la sociolingüística (La lingüística social).* 448 págs.

287. Martín Zorraquino, M.ª A.: *Las construcciones pronominales en español (Paradigma y desviaciones).* 414 págs.

288. Bousoño, C.: *Superrealismo poético y simbolización.* 542 págs.

289. Spillner, B.: *Lingüística y literatura (Investigación del estilo, retórica, lingüística del texto).* 252 págs.

290. Kutschera, F. von: *Filosofía del lenguaje.* 410 págs.

291. Mounin, G.: *Lingüística y filosofía.* 270 págs.

292. Corneille, J. P.: *La lingüística estructural (Su proyección, sus límites).* 434 págs.

293. Krömer, W.: *Formas de la narración breve en las literaturas románicas hasta 1700.* 316 págs.

294. Rohlfs, G.: *Estudios sobre el léxico románico.* Reelaboración parcial y notas de M. Alvar. Edición conjunta revisada y aumentada. 444 págs.

295. Matas, J.: *La cuestión del género literario (Casos de las letras hispánicas).* 256 págs.

4. López Estrada, F.: *Introducción a la literatura medieval española.* Cuarta edición renovada. 606 págs.

6. Lázaro Carreter, F.: *Diccionario de términos filológicos.* Tercera edición corregida. Reimpresión. 444 págs.

8. Zamora Vicente, A.: *Dialectología española.* Segunda edición muy aumentada. Reimpresión. 588 págs. 22 mapas.

9. Vázquez Cuesta, P. y Mendez da Luz, M.ª A.: *Gramática portuguesa.* 2 vols. Tercera edición corregida y aumentada. 818 págs.

10. Badia Margarit, A. M.: *Gramática catalana.* 2 vols. Reimpresión. 1.020 págs.

11. Porzig, W.: *El mundo maravilloso del lenguaje (Problemas, métodos y resultados de la lingüística moderna).* Segunda edición corregida y aumentada. Reimpresión. 486 págs.

12. Lausberg, H.: *Lingüística románica.* 2 vols.

13. Martinet, A.: *Elementos de lingüística general.* Segunda edición revisada. Reimpresión. 274 págs.

15. Lausberg, H.: *Manual de retórica literaria (Fundamentos de una ciencia de la literatura).* 3 vols.

16. Mounin, G.: *Historia de la lingüística (Desde los orígenes al siglo XX).* Reimpresión. 236 págs.

17. Martinet, A.: *La lingüística sincrónica (Estudios e investigaciones).* Reimpresión. 228 págs.

18. Migliorini, B.: *Historia de la lengua italiana.* 2 vols. 1.262 págs. 36 láminas.

19. Hjelmslev, L.: *El lenguaje.* Segunda edición. Reimpresión. 196 págs. 1 lámina.

20. Malmberg, B.: *Lingüística estructural y comunicación humana (Introducción al mecanismo del lenguaje y a la metodología de la lingüística).* Reimpresión. 328 págs. 9 láminas.

22. Rodríguez Adrados, F.: *Lingüística estructural.* 2 vols. Segunda edición revisada y aumentada. Reimpresión. 1.036 págs.

23. Pichois, C. y Rousseau, A.-M.: *La literatura comparada.* 246 págs.

24. López Estrada, F.: *Métrica española del siglo XX.* Reimpresión. 226 págs.

25. Baehr, R.: *Manual de versificación española.* Reimpresión. 444 págs.

26. Gleason, H. A., Jr.: *Introducción a la lingüística descriptiva.* Reimpresión. 700 págs.

27. Greimas, A. J.: *Semántica estructural (Investigación metodológica).* Reimpresión. 398 págs.

28. Robins, R. H.: *Lingüística general (Estudio introductorio).* Reimpresión. 488 págs.

29. Iordan, I. y Manoliu, M.ª: *Manual de lingüística románica.* Revisión, reelaboración parcial y notas por M. Alvar. 2 vols. Reimpresión. 698 págs.

30. Hadlich, R. L.: *Gramática transformativa del español.* Reimpresión. 464 págs.

IV. TEXTOS